危機の地政学

THE POWER OF CRISIS
HOW THREE THREATS – AND OUR RESPONSE – WILL CHANGE THE WORLD

感染爆発、気候変動、テクノロジーの脅威

IAN BREMMER
イアン・ブレマー
［監訳］ユーラシア・グループ日本代表 稲田誠士
［翻訳］ユーラシア・グループ日本＆新田享子

日本経済新聞出版

グラスに半分も水がある、と考える人々へ
なくなった半分は美味だった

The Power of Crisis
How Three Threats – and Our Response – Will Change the World

Published by arrangement with the original publisher,
Simon & Schuster, Inc.
through Japan UNI Agency, Inc., Tokyo

日本語版への序文

本書は危機に関する本だ。さらにいえば、危機の持つ力についての本だ。平常時では不可能な難題の解決や、将来の課題への新しい対策の創出が、危機によって可能となることがある。もちろん、危機だけでは十分ではない。21世紀の世界を襲う緊急事態をどのように生き抜き、どのようにその危機を活用するかを理解したリーダーも必要だ。知的で、弾力性があり、強いリーダーシップが必要となる。だからこそ、本書の日本の読者は私にとって非常に重要な存在なのだ。

日本の読者には、なぜ日本の政治体制や文化が欧米で広く称賛されるのか理解しがたいかもしれない。日本経済は何十年も大きな成長を見せていない。人口も減り続けている。コロナウイルス禍は国民の自信にダメージを与えた。しかし、世界にとって幸運なのは、国際システムにおける日本の存在感が増していることだ。それは、日本の故安倍晋三首相がもたらした変化によるところが少なくない。安倍氏はインド、ドイツ、イラン、そしてアフリカの多くの政府との関係を築いた。日本がチャンスをつかみ、本書で取り上げたような拡大し続ける難題への解決策を提示できるようにしたのだ。韓国との関係改善も新たな希望につながる。

２０２２年、岸田文雄首相は、韓国、オーストラリア、ニュージーランドとともに、日本の指導者として初めて北大西洋条約機構（ＮＡＴＯ）首脳会議に出席した。パンデミック、戦争、気候変動、破壊的技術――世界的な危機の時代に、日本の特質である安定性、強靭さ、法治主義、イノベーションを重んじる文化、そしてリーダーたらんとする意欲は、世界にとって非常に大きな価値がある。

アメリカやヨーロッパの立場から見てみよう。世界は左右の政治的二極化という流れにのみ込まれたが、日本はそこに陥らなかった。世界では持たざる者の被害者意識が政治を動かす大きな力となっているが、日本の民主主義の強さと国家公務員の能力は疑う余地がない。他の主要先進国に比べて機会均等が進んでおり、日本の制度には国民からの信頼がある。私は日本のダイナミックで勤勉な民間部門とかかわって20年になるが、その経済の強靭さに大きな敬意を抱いている。この国では強力な社会的セーフティーネットが維持され、国民の尊厳が尊重されている。また、女性の社会進出が進むことで、日本が持つ創造性、創意工夫、勤勉性の潜在能力がより発揮されるようになってきた。このプロセスがさらに勢いを増していくと信じ、期待している。

気候変動の危機の時代において、日本は、世界の経済発展に貢献することができる。大気、水、土壌の汚染、地球温暖化と異常気象、市民との社会契約を守れない政府の姿が示すのは、世界が「持続可能な資本主義」のモデルを必要としているということだ。日本が目指す「Society 5.0」は、人工知能（ＡＩ）やロボット技術など、人々の生活を豊かにする高度な技術革新の上に成り立つ。この国の政財界のリーダーが世界に持続可能な道筋を示す機会となるだろう。今日の世界において、これほど価値のあることはない。

日本は他国にとっても貴重なパートナーだ。２０２２年7月、日本がアメリカと共同で次世代半導体の研究開発センターを開設することが発表された。21世紀のグローバルサプライチェーンを現在・将来の国際的混乱から守るために不可欠な貢献となるだろう。

本書の第1章は、アメリカと中国、そしてその複雑化する関係が中心となっている。日本は、この2国間の信頼を回復し、共通の利益となる問題での協力を強化させ、最も重要なこととして、２国間で高まる対立のリスクを抑制するために重要な役割を果たすことができる。欧州連合（ＥＵ）やカナダなどと連携し、欧米主導の既存の体制を守ることもできる。日本は、今日の危機の影響を抑え込むために、特に債務救済や移民への支援などで、指導的な役割を果たして各国をまとめることができる。日本のビジネスリーダーは、より良い医療、スマートシティの建設、新しい教育など、持続可能な投資を促進する新しい技術的解決策を提供することができる。

世界は日本のリーダーシップを必要としているのだ。本書が一助となることを願っている。

２０２２年８月

イアン・ブレマー

危機の地政学

目次

第1章 2つの衝突——「我々」対「彼ら」、「国内」対「国外」

第2章 パンデミックの地政学

第3章 気候変動という共通の敵

第4章 破壊的なテクノロジー

序章

我々に必要な危機

1985年の「談笑」

報道陣のカメラから離れ、暖炉のそばで暖まりながら、ロナルド・レーガンはミハイル・ゴルバチョフとの初めての談笑を、驚くべき質問で切り出した。

「もしもアメリカが突然宇宙から攻撃を受けたとしたら、あなたはどうしますか。我々を助けますか」

ゴルバチョフはためらうことなく「もちろんです」と答え、レーガンもまた「我々もそうするでしょう」と相手を安心させた。この会話が交わされたのは、1985年11月19日、スイスのジュネーブでのことで、一般には知らされていなかった。これが公になったのは、2009年3月、ニューヨーク市のロックフェラー・センターにあるレインボー・ルームで、ゴルバチョフが聴衆を前に講演したときだ。この初めての談笑の場にいたのは、レーガンとゴルバチョフ、そしてそれぞれの通訳のみだった。

ゴルバチョフがこの秘話を公にすると、彼の意図とはまったく異なる別の理由でニュースになった。その約5年前にレーガンは故人になっていたが、この会話がなされたときレーガンは既にぼけていたのではないかという議論が再燃したのだった。専門家た

ら笑いをしながら、レーガンが気に入っていたハリウッドのSF映画はどれなのかと臆測し（『地球の静止する日』で、当時意見は一致）、レーガンを慕う多くの人々は、ゴルバチョフとのこの逸話に当惑した。

本書の序章をこの逸話から始めた理由は2つある。

一つは、世界の2つの超大国、アメリカとソ連の首脳による初の談笑が、米ソ関係にとり重要な瞬間だったとゴルバチョフが述べていることだ。2人の会話によって、平和が保障されたわけでも、冷戦が立て直されたわけでもなかった。その後何年にもわたり、レーガン、ゴルバチョフ、そして米ソの交渉に携わった人々にとって、激論を交わさなければならないことばかりが続き、冷戦もすばらしい交渉が成立して終わったのではなく、ソ連の崩壊によって終結した。

しかし、信頼と善意の種をまくかのごとく、レーガンの質問と、それに対するゴルバチョフの答えは、それまでの米ソの首脳の間には存在しなかった、良い関係の土台を築いた。その土台の上に、核武装した敵対国同士が、両国と世界にとって存亡の危機を回避する目的で、協力のみならず連携さえも築くことが可能になった。

それまでの米ソの首脳たちは、冷戦時代を代表する2つの超大国は衝突の道を進んでいるのだと自らに言い聞かせ、相手に対しても説き伏せることを繰り返していた。レーガンとゴルバチョフは、米ソがその道から離れなければならないと理解し、方向転換を図ったのだ。このおかげで、冷戦終結以降、世界全体で国家の安全が保障され、繁栄に向かって進展し、世界はその成果を享受してきたのである。

もう一つの理由は、現在の世界の指導者たちが、彼らが統治する国の存亡の危機に実際に直面していることだ。まずは、世界を襲ったパンデミックだ。このパンデミックが引き起こした損害や痛みは、今後何十年も消えないだろう。途上国ならなおさらだ。新型コロナウイルスをきっかけに一種の戦いが始まったが、勝者は誰もいない。多くの政府は深刻な過ちを犯し、ほぼどの国でも、あまりにも多くの命が失われた。そしてどの国でも、経済が急速に冷え込み、新たな負債を抱え込むことになった。国内だけでなく国境を越えて、政治家たちが互いを指弾している間、我々全員のダメージを抑えることができたかもしれない重要な情報や医療資源が入手できなくなり、事態はさらに悪化してしまった。

次の10年で、我々はもっと大きなリスクに直面するだろう。本書で考察する問題を乗り越えるには、今回のパンデミックの教訓をすべて心に留め、学ぶ必要がある。たとえ世界の指導者たちが合意しなくてもだ。アメリカ、中国をはじめとする各国政府は、現在も今後も、決して意見を一致させることがない。政治や安全保障、経済の何百もの問題をめぐって、表舞台だけでなく裏でも、争い続けるだろう。しかし、世界を同時に脅かす大きなリスクについては、過去の過ちから学びながら、責任、情報、負担、非難、債務を分かち合うことが可能だ。

世界最重要国のリーダーたちが、協力して世界を襲う脅威に立ち向かえるだけの信用を築くことができなければ、ＳＦ好きのロナルド・レーガンが想像もしなかった破滅の危機に、全員が苦しむことになるだろう。

来たるべき危機

１００年に一度の公衆衛生危機が起きて2年あまりが過ぎた。世界は今もなお、態勢を立て直すのに苦戦しているが、我々の未来は少しずつはっきりと見えてきた。まずは２つの事実に目を向けよう。第一に、アメリカは依然として世界唯一の超大国だが、その国内政治は崩壊している。第二に、世界全体の将来を考えるうえで見逃せないことだが、米中関係は間違った方向に進んでいる。この２つの現実が、世界危機が起きていても、対応するのを難しくしている。

現在、我々は３つの世界危機に直面している。一つはパンデミックだ。世界は今も、新型コロナウイルスの経済的、政治的、社会的影響を払拭できずにいるばかりか、今後も危険なウイルスに苦しめられるのは間違いない。2つ目は気候変動で、何十億人もの人々の暮らしを一変させ、地球上の生命の持続性を脅かすだろう。3つ目は破壊的な新技術だ。これが、我々人類の未来に最も暗い影を落とし、我々の生き方、考え方、他人とのかかわり方を変え、それが思わぬ悪影響を人類におよぼし、人類の未来を決めるだろう。

アメリカ国内政治が崩壊し、米中の対立が激しくなっているせいで、国際的信頼関係の構築が危うくなり、現代を脅かす大危機に立ち向かうのが困難になっている。

アメリカの無意味な内戦

危険極まりない敵を探すのに、アメリカはもはや海外に目を向けていない。国内の州境界線の向こう側や、向かいの家、同じ集会所の中に敵が見つかるからだ。アメリカ国民は、自分の支持政党ではない政党の党員たち、近所の人々、親戚でさえも憎しみの目で見つめ、目を光らせておかなければならない無知な敵だとみなすようになっている。有権者は左派も右派も、自らの偏見を裏付けるとわかっている情報源から、あえて世の中についての情報（偽情報や誤情報も）を手に入れ、敵の言動に憤慨する。連邦政府も州政府も、地方自治体も、こうした歪《ゆが》んだ市民の声を恐ろしいほど積極的に取り入れている。

新興勢力である中国に対抗する政策など、従来ならアメリカの左派と右派が合意していたような問題であっても、意見が一致しなくなっている。何が問題であるかだけでなく、対処法についても意見が合わない。何千万人規模でアメリカ国民が二分し、互いを暴力的な過激派だ、救いようのないファシストだ、と揉《も》めている。これでは、外国の市民や政府は「アメリカが世界の問題を解決してくれる」とはなかなか思えないだろう。これについては、アメリカと世界が直面するかもしれない、取り返しのつかない結果も含めて、第1章で説明する。

新たな冷戦が起きる可能性

様々な面で、アメリカと中国は新たに衝突するだろう。そうなれば、米ソの冷戦よりもさらに悲惨な結果が我々を待ち受けているかもしれない。米中いずれも、自分たちが目指す世界目標の達成に、相手を真剣に巻き込もうとはしていない。両国の対抗意識は何年もかけて高まってきたが、新型コロナによって新たな敵対意識が生まれ、互いに態度を硬化させた。アメリカ政府にも中国政府にも正当な理由があって、意見が対立し、不満を抱いている。これからも様々な論点で、両国は争い続けるだろう。今のアメリカと中国は、冷戦時代の米ソ関係と比べ、相互依存度がはるかに高く、両国の指導者たちが進む衝突の道は、今までにないものになるはずだ。だが現代には、互いを守ってくれるベルリンの壁がない。

アメリカも中国も、自国の運命を相手から切り離そうとしても、やれることは限られていて、世界各地で起きている国際問題から逃げ隠れすることもできない。米中は互いの存在なくしては繁栄することもないのだ。両国の経済がつながっていて、その規模の大きさを踏まえ、今脅威が差し迫っていることを考えると、もしもまた冷戦が起きれば、両国だけでなく、世界全体が途方もない犠牲を払うことになるだろう。新しい冷戦そのものが、一種の相互確証破壊（訳注：互いに核による先制攻撃を受けても、相手に報復すれば耐えがたい損害を確実に与える核戦力を保持することで、核攻撃を抑止する核戦略構想）になるはずだ。

アメリカ合衆国も中華人民共和国もすぐには同盟を結ばないだろうが、今の衝突の道から離れ、実利的なパートナー国になることはできる。あとで考察するように、両国の指導者たちは、両国と世界共通の脅威に向かって協調路線をとることが可能だ。１９７０年代前半は、ニクソンだけが中国を訪れ、毛沢東ほどの権力を持った人物だけが中国を新しい道へと誘導できた時代で、当時の米中は冷戦を終わらせるために手を結んだ。その直接的な結果として、四半世紀にわたり米中の経済は相互依存し、人類史上先例のない世界的な繁栄の時代を迎えることとなった。その歴史的偉業が今、危機にさらされている。これについては、第1章の後半で考察する。

過去、現在、そして未来のパンデミック

第2章では、機能不全に陥っているアメリカと、米中対立が原因で今回のパンデミックに世界が効果的に対応できなかった事実を様々な角度から考える。新型コロナウイルスの蔓延《まんえん》は予測が可能だっただけではない。そうなることがあらかじめわかっていたのだった。最悪の事態を避けるために対策を講じる権力を持っている世界の指導者たちも、こうなることは予見していたのである。今は我々も、また別の型のコロナウイルスがやってくることや、次の型はさらに感染力と致死性が高い可能性があることを知っている。

また、今回のパンデミックの経験はいくつかの教訓を与えてくれた。世界が協力し合った、文字通りの成功例もあり、多くの犠牲者を出した失策も相当数あったが、その経験は、我々が他の世界問題にどう対処していけばよいのかを示している。今後世界を襲う危機に

対し、もっと効果的に対応するには、この成功と失敗の両方を理解する必要がある。

気候変動という「共通の敵」

第3章では、気候危機について考える。レーガンがゴルバチョフに話した宇宙からの侵略や、新型コロナウイルスのように、気候変動もまた国境や政治的意見の違いにかかわらず襲ってくる。気候変動により既に何百万人もの人々の生活と仕事が奪われ、今後もさらにその破壊は続くはずだ。今回のパンデミックが現代の経験した最大の危機だとしたら、気候変動はそれを超えた規模と期間で地球の未来を脅かすだろう。人類が共有する地球を混乱に陥れ、各国政府にかつてない規模の経済的措置を強い、政治的混乱をかき立てる。国内だけでなく国家間の不均衡が広がり、過去の戦争とは比べものにならないほど、自暴自棄になった人々が国境を越えざるを得なくなるだろう。

気候変動が引き起こす多くの問題を解決するには、互いを信用しない政府も、まったく異なる政治的、文化的価値観を持つ国民も、他のことでは競い合っていても、協力し、連携を図らなければならない。各国の政府、民間企業、個々の市民が手を取り合い、共通の敵と戦った実績はあるのだから、今回もそうしなければならない。気候変動は世界共通の敵なのだ。

破壊的なテクノロジー

第4章では、人類が直面する最大の脅威、つまり、破壊度が非常に高い技術が、精査されずに導入されている点について考える。デジタル時代の新ツールは、人間の生活のある側面を向上させることができる。実際に生活の向上は進むのだが、どのように新技術が導入されていくのか、本書では様々な角度から考察する。

新型コロナウイルスを乗り越えた我々は、危険な副反応を起こしかねない新薬を、世界中の人々の血管に注入する前に、試験を重ねなければならないという常識的な安全対策を、今まで以上に意識するようになっている。現在、新しいツール、新種の電子機器、新型兵器が発明されているが、これらの発明品は、人間への影響を追跡調査し、理解するのが間に合わないほど急速に人間の生活と社会を変えつつある。

歴史を通して、技術革新は人間を強くし、豊かにしてきたため、新技術がどう使用されるべきかについて、市民や政府が意見を完全に一致させることは不可能だ。しかし、人を死に至らしめる無人ドローン機や、サイバー戦争、人工知能（ＡＩ）はもはやＳＦの世界だけのものではなくなっている。職場で人間の代わりとなるために機械に学習させるアルゴリズムの存在にも、我々は驚かなくなっている。こうした新技術は、市民と政府の関係だけでなく、人間同士の関係を予測しづらい形で変容させている。その中で、人間であることの意義が変わりつつある。

リーダー不在の「Gゼロ」

今回のパンデミックの初期にニュースを見ていた人たちが、この混沌《こんとん》とした状況を生み出し、国際機関を混乱させた責任は、すべて新型コロナウイルスにあると思ったとしても仕方がない。世界最強国アメリカと、そのアメリカに対抗する新興国の中国は、両者の違いはいったん脇に置き、感染拡大を抑え込んでワクチンを開発し、世界中でパンデミックが引き起こした傷を癒やすために、協調路線をとることができたはずだ。

だが、実際には両国は互いを非難し合った。あのとき、アメリカ、中国、ヨーロッパが協力して、世界経済を安全に再開させるのに必要な技術を開発することもできたはずだが、互いを指弾することが当たり前になった。富裕国の経済的、社会的ダメージを和らげるため、あの手この手を尽くした各国の中央銀行でさえも、同じ方向に進んではいたが協力はしなかった。

協力を阻止した対立も疑念も、新型コロナウイルスが生み出したものではない。国際協調体制はパンデミック以前から何年も壊れていたのだ。2012年に、私は『「Gゼロ」後の世界―主導国なき時代の勝者はだれか』という著書を出版している。その内容をかいつまんで説明してみると、次のようになる。昔々（1975年から2009年まで）、先進7カ国（G7）と呼ばれる、アメリカ、イギリス、フランス、ドイツ、イタリア、日本、カナダの首脳が主導する世界に、我々は住んでいた。この7カ国は政治的価値観を共有し、世界経済もリードしていたため、他の民主国家や多くの途上国は、この7カ国が作るルールに従って行動していた。当時の西側諸国にとっての軍事的脅威は共産圏だったが、共産国には西側勢力に対抗できるほどの経済的影響力がなかった。

21世紀に入り数年が過ぎた頃、世界は変わりはじめた。インドや韓国、ブラジル、トルコ、インドネシア、メキシコ、そしてとりわけ中国が、過去の危機から立ち直って台頭し、国際ルールを作ってきた富裕な西側諸国に依存しない経済を構築し、新たな国際影響力を持つようになった。ロシアは西側の先進国クラブには加わらず、むしろ国際協調を阻止しようとし、小さくても新たな帝国を築く道をとった。

G7諸国の優位性が正式に終わりを迎えたのは、世界金融危機（2008年から

２０１０年まで）が起きたときだ。このとき、中国をはじめとする新興国が国際会議の席に着かないことには国際問題を解決できない現実が浮き彫りになった。こうして、新興国も含めた世界の主要国が連携し、この金融危機対策を講じるため、Ｇ７はＧ20に拡大されたのである。

しかし、Ｇ20は多様な国々が集まる大所帯で、民主主義や自由市場経済に関して共通の見解を持っていない。世界金融危機が世界を揺るがしていた頃は、各国ともまったくの同時進行で一触即発の問題を抱えていたためうまく協力し合えたのだが、危機が喉元を過ぎてしまうと、あまり合意を形成できなくなった。この新しい現実を言い表すため、私は「Ｇゼロ」という言葉をつくった。「Ｇゼロ」とは、揉め事を仲裁し、世界の安定と繁栄の名にかけて、コストのかかる危険な問題で各国を歩み寄らせる意欲や能力のあるリーダーが不在の世界を指している。

世界は今、ある種の地政学的停滞期に入っている。国際組織が協定を結んで活動しても追いつかないほど急速に世界の勢力均衡が変化するときに必ず起きる、政府間の関係が破綻する時期に入ったのだ。同盟国、国際組織、そして世界各国を一つにする価値観は、過去20年の間にばらばらになっていった。地政学的停滞は経済停滞ほど頻繁には訪れないが、世界は非常に不安定になる。

コロナ禍が明らかにした地政学的停滞

そこへコロナ禍が起きた。地震が起きると、どの建物が不安定な土壌の上に立っているのかがわかる。同じように新型コロナウイルスも、何十年と政治家に放置されていた問題が深刻化したままになっていたことや、世界の指導者たちにそうした問題を結束して解決する能力がないことを浮き彫りにした。2001年9月11日に同時多発テロ事件がアメリカで起きたときも、世界金融危機が起きたときも、共通の脅威だと考えられたものに対して複数の国々が協力し合ったのだが、今回のパンデミックではそうはならなかった。世界の指導者たちの間で非難の言葉が飛び交い、緊張が高まり、責任を押しつけ合い、国境が閉鎖された。このパンデミックは世界にとって、Gゼロ時代初の真の試練となり、公益のために協力し合えなかった各国政府は見事不合格となった。

地政学的停滞は国際機関の根本をも揺るがした。新型コロナの経済的影響により、7000万人以上の人々が住まいを失い、さらに多くの人々が貧困に陥ったというのは、歴史的事件である。国際機関のほとんどはもはや現代の世界の勢力均衡を反映していない。「自国優先」を訴えて選挙で選ばれたリーダーたちは、国際連合などの国際機関への拠出金を出ししぶるだろう。

国際機関は世界中の難民を助け、気候変動と戦うために連携して活動している。冷戦終結後30年が経《た》ち、大西洋を挟んで、各国の関心や価値観の分断が進むなか、北大西洋条約機構（NATO）の目的や有用性を疑問視する人々がかつてないほど増えている。アメリカ前大統領のドナルド・トランプは、主要な貿易協定や気候協定、そして、パンデミックの真っただ中にあっても世界保健機関（WHO）から離脱することがいかに簡単であるかを、世界中のポピュリズム支持者たちに示した。その当然の帰結が、ますます予測不可能になる不安に満ちた世界だ。21世紀の問題を解決するために新たな合意を形成し、組織を創設する準備がしにくい世の中になっている。Gゼロは今なお現代を特徴づける言葉なのだ。

我々に必要な危機

では、我々に今何ができるのだろうか。アメリカの政治の中核が機能不全に陥り、米中関係は毒され、国際組織は崩壊し、解決しなければならない極めて重要な問題がある。前進するにはどうしたらよいのだろうか。我々の政治指導者たちを動かすにはどうすればよいのだろうか。目の前のささいな問題に対し、付け焼き刃の対処法を考えるばかりで、長期的な国際問題に取り組むための戦略を考える時間をとらない政治指導者たちに、世界を脅かす問題の解決に向け、国境を超えて協力し合うための投資をさせるにはどうしたらよいのだろうか。

そのためには危機が必要だと歴史は示している。

たとえば1920年代から1930年代にかけて、拡張主義的で人種差別的なナショナリズムが勢いを増していくのを阻止し、史上初めて世界相互依存の必要性を認めた国際組織を創設に導き、それまでにはなかった様々な国際協定を結ぶには、第二次世界大戦という危機が必要だった。また、ヨーロッパ復興計画であるマーシャルプランをアメリカ国民に支持してもらうには、共産主義の脅威が必要だった。米ソ首脳に核の「ホットライン」を開設させ、緊張が最高潮に達したときにテレタイプとテレグラフで直接対話できるようにするには、核戦争寸前にまで発展したキューバ危機が必要だった。

人間は恐怖を感じないと、惰性に流され、壊滅的なレベルにまで膨れ上がったリスクに対してなかなか腰を上げないものだ。しかし、あらゆる国が相互依存している先例のない世界で、破壊的な力を持った新技術に囲まれて暮らす人類には、世界戦争が起きても、乗り越えることなどできないし、米中間に冷戦が起きでもすれば、効果的な国際協調路線をとるなど無理な話だ。

だからこそ、我々の周りで既に起きている危機を利用して、現代の目的、そして未来の目的に合った新しい国際機関を作らなければならない。新型コロナから得た教訓、気候変動がもたらす可能性のあるダメージ、急速すぎて、我々の理解を超えた技術発展による人類存亡の危機を利用するのだ。

我々には、新しい国際機関を作らずにはいられないほどの恐ろしい危機が必要だ。その国際機関は、いくつかの重要な国際問題に取り組むため、効果的な協調路線を促進する。世界の国々は友好関係を結ぶ必要などなく、あらゆるプロジェクトでパートナー関係を結ぶ必要もない。グローバルな競争は依然として人類の進歩を推し進めることができる。しかし、来たる大惨事を乗り越えられるだけの連携は欲しい。危機が必要といっても、悲惨すぎると、我々の変わろうとする力まで奪われてしまう。世界を恐怖に陥れるだけの適度な大きさの危機が必要だ。

時間は限られている

あまりにも大きく複雑な問題を解決するには、ビジョンとスタミナ、そしてなんとかなると信じる気持ちが欠かせない。詳しく後述するように、現在の危機は、１９８５年にレーガンとゴルバチョフが直面したものよりもはるかに複雑だ。危機には勢いというものがあって、いつまでも続くわけではない。また、敵対国同士が握手をし、保有している兵器を廃棄するだけで、危機を乗り越えられるわけでもない。核兵器削減に向けて交渉するのは至難の業だった。しかし、国際的な公衆衛生機関を新設し、エネルギーの生産と供給方法を考え直し、気候変動による大規模な被害をなんとか抑え、新技術が世界の未来を破壊しないようにするのは、核軍縮よりも困難で複雑極まりない作業になるだろう。

本音を言えば、我々の世界が次の50年を乗り切る保証はない。宇宙には想像を超える数の惑星があるが、地球以外に知的生命体が存在する証拠はまだ見つかっていない。それは生命を維持できるのが地球しかないからなのだろうか。その可能性は限りなく小さいが、おそらく今のところは我々は宇宙で孤独な存在だ。生命誕生のときから、「知的」生命体が生命を維持する環境を破壊するまでの時間は有限だ。文明が初めて宇宙へ検出可能な信号を送るときに扉が開き、その文明が自滅するときに扉が閉じるのだとしたら、その扉は我々が考えるよりも長くは存在しないのかもしれない。もちろん、宇宙全体で生命は存在してきたし、これからも存在するだろうが、宇宙の時間軸で見れば、ほんの一瞬の出来事なのかもしれない。

時間は有限なのだと、米中だけでなく世界のリーダーたちは意識すべきだ。米中の2国は今、軍事、経済、技術において地球最強の国である。だが、協力関係はこの2国に限らず、世界が結ばなければならない。本書で述べるように、世界が協力し合えるかどうかについては、ヨーロッパが鍵を握り続ける。もちろん、世界各地の多くの国々や非国家組織にもリーダーシップの発揮が待ち望まれる。

残念ながらコロナ禍で世界の分断はさらに進んだが、それでも今回のパンデミックから学んだ教訓から、危機対応を担う新たな国際組織の設立に向け世界は第一歩を踏み出せるはずだ。危険を見極め、問題が封じ込められなくなるほど大きくなる前に、解決策を慎重に計画し、国家間の調整を図り、解決策に対して合意を形成することができる国際組織が必要だ。

ここで、大胆な予測をしてみよう。ヨーロッパとアメリカ、中国、その他の国々、様々な組織、そして人々は、世界共通の問題に協力して取り組むだろう。だが、その協力は、我々に必要な新しい国際機関を設立するのに十分で、迅速で、効果的だろうか。今回のパンデミックで、21世紀の大きな脅威は国境などまったく気にも留めないことが鮮明になった。「各国が独自に対応する」アプローチでは、本書で説明する問題には歯が立たない。新型コロナウイルスのワクチンを開発して分配するまでの国家間の競争は、賢明で善意ある人々が真剣に取り組めば、記録的なスピードで新たな問題を解決できることを再び証明してくれた。人間の創意工夫の力は十分にある。しかし、歩み寄りと協力、連携はコロナ禍以上に必要になるだろう。

グローバリズムは、グローバルとは名ばかりで、過去40年にわたり失敗を繰り返してきた。富裕国では、大卒資格がなく製造業で働く人は、もはや中産階級の生活には手が届かない。貧困国では、新しい中産階級が台頭しても、その恩恵にあずからなかった人々が、自分たちよりも恵まれた暮らしを営む人々の姿をかつてないほど身近で目の当たりにするようになっている。不平等は拡大する一方だ。どの国でも、グローバリゼーションがもたらした歴史的恩恵から排除された人々があまりに多く、結果的に、世界各地で一般市民が暴動を起こし、次世代のポピュリズム派の政治家たちが台頭して、市民の怒りにつけ込んでいる。今後は、自国政府に期待する安全や繁栄を、指導者がもたらしてくれるのかどうかを疑問視する一般市民が増えていき、わが子にとって、より良い暮らしができる世の中になるのだろうかと問うだろう。指導者たちはそれに対してよい答えを用意しておくべきだ。

次の10年では、米中対立、パンデミック、歯止めが利かなくなっている気候変動、人間の生活を変える技術が問題になるだろう。この4つはいずれも、過去のいかなる危機よりも、我々人類に大きなダメージを与える可能性がある。本書では、これらの脅威が世界の勢力均衡をどのように変えていくのかを含めて説明し、可能性のある解決策を提示する。提案する解決策の多くは、我々が思うよりもずっと実現可能性が高いことが既に示されている。世界にのしかかる危機に対して責任を共有し、協力し合って解決に取り組むことで、ヨーロッパ、中国、アメリカ、アフリカ、日本、インドをはじめとする各国のリーダーたちは、あらゆる世界危機に対して有効に動ける、新しい国際機関を築くことができるはずだ。

1985年のあの私的な会話で、ロナルド・レーガンは、もしも人類を超えた大きな脅威に直面したとしたら、我々は協力し合えるだろうか、と尋ねた。それに対しミハイル・ゴルバチョフは「もちろんです」と答えた。

それが正しい答えなのである。

第1章

2つの衝突

──「我々」対「彼ら」、「国内」対「国外」

差し迫った危機をうまく切り抜けるには、あなたとわたし、アメリカと中国という、2つの関係において惨事を避ける必要がある。冷戦時代、ロナルド・レーガンとミハイル・ゴルバチョフは、協力関係を促すには共通の脅威が存在することがいちばんだと知っていた。しかし、現在に目を移すと、アメリカ人は右派も左派も互いを国の発展を妨げる最大の壁として扱っているし、米中両政府はこの数年間、双方が和解不可能だとみなす相違点をめぐって論争を続けている。

危機は我々の共通の未来を決める。まずは、危機対策を講じようとしても、その試みを阻止しかねない様々な力を理解しておく必要があるだろう。

衝突の道①：機能不全に陥ったアメリカ

アメリカは様々な矛盾をはらんだ国だ。新型コロナが世界を襲ったとき、アメリカは入院者数と死亡者数で世界のトップを走り続けながらも、驚愕《きょうがく》のスピードで画期的なワクチンを製造し流通させた。2021年1月には、前年の大統領選の結果を覆そうと、暴徒化した国民が連邦議会議事堂に押し寄せた一方で、アメリカ株式市場は史上最高値を更新した。翌月にはテキサス州に寒波が押し寄せ、何百万人もの住民が電気も暖房も清潔な水もない生活を何日も強いられたが、米航空宇宙局（NASA）が火星に探査機を着陸させている。アメリカは比類なき発明力と技術革新力を世界に見せつけているのに、国内政治は破綻している。世界各地に政治力、経済力、軍事力、そして文化的パワーを投射できる唯一の国としての地位を依然として維持しているが、国内では国民同士の争いが絶えない。

地球最強の国だからこそ、アメリカの指導者と国民が最初に直面する大きな課題がある。それは、来たる重大な世界規模の試練に立ち向かうのに十分な信頼と協力関係を、アメリカ国民のみならず、世界のあらゆる人々との間で、いかに構築するかである。

今のところ、アメリカ人は団結しているとはとても言いがたい。これに関して、米調査機関ピュー・リサーチ・センターが2019年10月に発表した報告書は厳しい結論を出している。[1]アメリカの有権者の78％が、共和党支持者と民主党支持者との分断が進んでいると回答しているのだ。「分断が縮小している」と答えたのはわずか6％だった。この2つの政党が掲げる政策に「大きな違いがある」と答えた人は半数を超え（55％）、2000年代半ばの約30％から増えている。

この傾向は政策に限ったことではない。アメリカ国内や世界で起きていることについての「基本的事実」に関しても意見が一致しないと答えた人は、どちらの政党を支持しているかに関係なく、有権者の73％に達したという驚くべき結果が出ている。民主党支持者に少しでも何かしら「良い考え」があると答えた共和党支持者はわずか17％、その逆は13％にとどまっている。しかもこの統計は、２０２０年の大統領選での敗北をドナルド・トランプが認めず、連邦議会議事堂で死者まで出した暴動が起こる前のものなのだ。

現在、民主党支持の有権者の過半数は自らを「リベラル」だと称していて、その数は一世代前と比べると倍に増えている。一方の共和党支持の有権者で自らを「保守」と称する人は、58％から73％へと、こちらも増えている。また現在、自分は無党派だと自認している人は、アメリカ全人口の約40％を占め、１９５０年代と比較すると倍増しているのだが、この無党派層は必ずしも中道派ではない。米調査会社ギャラップが２０２１年1月に発表した調査では、「穏健派」を自認する人は、無党派層の半数にも満たない。[2] 無党派層のほとんどが、この2つの政党のどちらかに共感しているのだ。

この党派性には地理的な要素も影響している。２０２０年の大統領選では、全米でも非常に人口密度の高い郡の有権者たちが、29ポイントの差をつけてジョー・バイデンに投票した。一方で、人口密度の非常に低い郡の有権者たちは、35ポイント差でドナルド・トランプ支持に回った。２０１６年の大統領選で、民主党候補のヒラリー・クリントンと共和党候補のドナルド・トランプが戦ったときよりも、これらの差は大きくなっている。協力や歩み寄りを信条とする我々のような人間にとって、さらに残念なのは、２０２１年２月に行われたＹｏｕＧｏｖ世論調査の結果だ。なんと、民主党員の41％が共和党員を「政敵」ではなく「敵」とみなし、共和党員の57％が民主党員に対して同様の見方をしているのである。

政治的分断は政府内でさらに顕著になっている。１９８０年代には、どちらの政党にも中道派と呼ばれる議員が今よりも多く存在し、議員たちの間でイデオロギー的に重なる部分も多かった。ところが今は、最もリベラルな共和党員と最も保守的な民主党員との間にほぼ共通項がない。異なる政党に属する議員と協力し合って法案を可決させることがほぼないという議員の数が急増している。この１００年以上で、議会はかつてないほど分裂している。つまり、アメリカの国会議員の間では、ありとあらゆる問題について歩み寄る余地が減ってきているのだ。

広がる機能不全状態

分断が深まるもう一つの重要な要因がある。それは、貧富の差の拡大だ。アメリカでの所得格差は、南北戦争直後の１８６５年からの「金ぴか時代」と呼ばれる好況期以来の最高水準に達している。経済協力開発機構（ＯＥＣＤ）の加盟国38カ国の中で、アメリカよりも貧富の差が激しいのは、チリ、トルコ、メキシコしかない。[3] アメリカでは、1979年から2016年にかけて、所得分布の上位1%の平均所得が226%上昇する一方で、労働者階級と中産階級の所得は横ばいだった。現在は、上位10%がアメリカの富の70%以上を所有し、上位1%の資産総額は下位50%の資産総額を上回っている。

その理由については、既に多くのことが書かれている。まず、製造業やサービス業の仕事が低所得国へアウトソースされ、賃金が低下した。労働組合による団体交渉の恩恵を享受しているアメリカ人労働者は、1980年代には約20%を占めていたが、現在では5%程度にすぎない。また、教育費が高騰し、多くのアメリカ人にとって、高等教育は手が届かないものになっている。にもかかわらず、最終学歴が大卒の人の収入は上昇している。世帯主が学士号を持っていれば、持っていない場合と比較すると、2倍の世帯収入が期待できる。さらに、ブルーカラーとホワイトカラーのいずれの職場でも、人間に代わってAIなどのスマートな機械が導入されつつある（これについては第4章で後述）。機会に恵まれない人々が将来的に収入を得られるかどうかは怪しく、大きな問題になっている。

アメリカ流資本主義

２世紀にわたり、アメリカ企業は並外れた技術革新によって、富を生み出し、経済を成長させてきた。世界で最も成功した起業家や産業界の重鎮といえば、何世代にもわたってアメリカ人が占めてきた。彼らの多くは、他の国では得られない商機を求めてアメリカにやってきた移民、またはその子どもたちである。この人の流れが、19世紀にはアメリカの産業を牽引《けんいん》し、20世紀になると、２つの世界大戦を経たあとに、すさまじい勢いで権力がアメリカに集中するようになり、21世紀にはＩＴ分野でアメリカ企業をいち早く優位に立たせた。

アメリカの資本主義文化は、市場の力が解き放つ「アニマルスピリッツ」と呼ばれる血気と、個人主義の象徴である独立独歩の起業家を崇拝する。２０２１年に行われたある調査によると、２０２０年の大統領選でバイデンに投票した人の68％、トランプに投票した人の61％が、雇用主を信頼していると回答したが、「政府の主導者たち」を信頼すると答えた人は、バイデン側で45％、トランプ側では28％しかいなかった。[4]アメリカ人は、司法制度や選挙によって、政治家や政治機関が専横的にならないように抑制され、均衡が保たれることを期待しているが、起業家や民間企業を抑制するのは、自由市場のみであるべきだと考えている人が多いということなのだ。

この民間企業崇拝は、雇用主とは必ずしも利害が一致しないアメリカの労働者をないがしろにしてしまう。議員の中には――その多くは共和党の議員なのだが――最低賃金引き上げの危険性に警鐘を鳴らしつつ、法人税や富裕層が払う税金の税率を下げるため、必死に闘っている人たちがいる。企業は従業員に福利厚生を提供するよう義務づけられているが、現在と将来の経済的安定に必要な健康保険や年金がもらえない従業員の数がどんどん増えている。規制環境は、一般市民の健康や安全、福祉よりも、民間企業のニーズによって動かされがちなのだ。さらに、技術革新が進んだ結果、将来的には資本主義における労働の価値が薄れ、機会不均衡は慢性化して、さらに大きな政治的緊張を招くだろう。

こうした問題に拍車をかけているのが、アメリカ政治における「資金」の偏重だ。１９５０年代以降、アメリカの選挙運動には飛躍的に費用がかさむようになり、議員たちは政治家としてのキャリアを積むため、個人や組織からの献金に深く依存するようになっている。２０１０年の最高裁の判決で、企業や外部団体が選挙に無制限に資金をつぎ込めるようになり、以来10年間で選挙に流れる金額は加速度的に増えている。[5] 上院と下院の党派勢力図を決めた２０２０年の大統領選には約１４０億ドルがかかり、２０１６年に記録した最高値の2倍以上に膨れ上がった。その資金の出所の多くは富裕な個人や企業で、彼らはその見返りを政治家たちに期待している。つまり、国全体に犠牲を強いてでも、自分たちの利益を優先してほしいのだ。

信用を失ったメディア

アメリカで大企業や富裕層の政治献金が増えても、選挙運動に欠かせない資金供給源は、今もなお小口献金者である。だからこそ政治家たちは、彼らから献金を獲得するために、国民の注目を集め続けなければならない。ソーシャルメディアでフォロワーを増やすには、群衆のなかで目立つ方法を心得たインフルエンサーたちが視聴者に衝撃を与えるような投稿をし、インターネット上で拡散する手法をとる場合が多い。

現在のアメリカの政治の世界では、候補者たちはインフルエンサーと同じようなことをする。権力や影響力を競うのに必要な資金は高額になるばかりなので、候補者たちはそれを集めるために、とんでもない発言をしたり、極端な立場をとったりして脚光を浴びようとする。ソーシャルメディアの流行を目の当たりにした候補者たちは、怒りが注目を集め、ひいては資金を集め、成功につながることを知ったのだ。アメリカのいわゆる文化戦争

（訳注：保守とリベラルの価値観の衝突）は、ソーシャルメディアが登場するずっと以前から始まっていたが、ソーシャルメディアという新ツールは、この火に油を注ぎ、切迫感を与えている。

実際ここ数十年で、アメリカ人は他のどの機関よりもメディアへの信頼を失っている。現在、何千万人ものアメリカ人が、自分たちの世界観や政治的偏見を裏付けてくれる情報源から国内外のニュースを受け取っている。しかも、自分たちの情報源と、政治的に対極にある人々が求める情報源との間には事実上何の接点もない。

ケーブルテレビ局ＭＳＮＢＣのニュース番組は、主に中道左派の視聴者たちに政治のニュースを伝えている。番組の司会者たちは、共和党政治家たちの最新の暴言を報道しては、視聴者たちの道徳的な怒りを煽《あお》り、１週間後には、前週と同じゲストたちを招いて、共和党政治家たちの暴挙がいかに言語道断であるかを延々と議論させる。フォックスニュースは、民主党は危険な極左の集まりだと信じたい年齢の高い保守層の視聴者たちに、その考えをますます強めるような報道をしている。急進右翼のケーブルチャンネルであるワン・アメリカ・ニュース・ネットワーク（ＯＡＮＮ）、極右の陰謀論集団Ｑアノン、掲示板サイト４ｃｈａｎなど、扇動的な情報発信源やプラットフォームを通じて、現在私たちが耳にする真に過激なメッセージは、１９８０年代の政治トークラジオの人気とケーブルテレビニュースの成長によって、市場と文化が変わっていったことに端を発している。

こうしたトレンドの発祥地はみなアメリカだ。ヨーロッパでは、アメリカと比べると、規制当局によって個人のプライバシーが非常に重視され、言論の自由により多くの制約が課されているし、ソーシャルメディア企業の影響力も厳しく制限されている。日本では、一般的に主流メディアがそれほど政治化されておらず、大人がソーシャルメディアに費やす時間も、アメリカ人やヨーロッパ人に比べてはるかに少ない。

ソーシャルメディア企業は、広告費を原資に、アルゴリズムを使って市民や消費者の個人データを商品化するビジネスモデルを作り上げた。第４章で詳しく述べるが、このビジネスモデルに従って、世論を形成する目的でインターネット上にボットを徘徊《はいかい》させて情報を収集し、それがメディア企業に利用されるようになっている。時には、現実を歪曲《わいきょく》する偽情報を流して世間の注目を集める――そして広告収入を増やす――一方で、情報の消費者はインターネットに流れる衝撃的な情報や怒りに慣らされてしまうのだ。

今も続く人種差別

アメリカ社会に深く根付いている激しい怒りの根源といえば、構造的な人種差別であり、そんなものは存在しないというふりを決め込んでいる一部のアメリカ人である。アメリカ社会において人種は重要でないと信じる人々は、奴隷制度や人種隔離政策などの差別は過去のことであり、現在の出来事とは無関係だと主張する。しかし、小説家ウィリアム・フォークナーの言葉を借りれば、制度的人種差別は死んでなどいないし、過去のものですらない。

1930年代、フランクリン・ルーズベルト大統領のニューディール政策の一環として新設された連邦住宅局は、人種別に住民を隔離する境界線を作って赤線引き（訳注：特定地域の住民には融資をしないこと）を確立し、人種隔離が違法な地域でさえも、白人と黒人の隔離を強化するためにこの政策を実施した。[6] 黒人は赤線引きされている地区では住宅ローンを組めなくなり、次世代に相続させる財産や貯金を蓄積することができなかった。

1935年の社会保障法も、そのほとんどが黒人の農業従事者や家庭内労働者には適用されず、彼らは失業保険も年金も受けられないままだった。さらに、退役軍人に奨学金や低利融資などの恩典を与えるGIビル（訳注：退役軍人援助法の通称）からも黒人は切り離された。軍を退役しても、大学の学位を取得する機会が与えられなかった黒人たちが、新たなキャリアを築く望みは皆無に等しく、将来の世代に残せる財産もほとんど持てなかった。

アメリカで黒人の中産階級が増えていると言われていても、２０１６年のアメリカの資産分布における白人世帯の中央値は17万１０００ドルであるのに対し、黒人世帯はわずか１万７６００ドルにとどまっているのは、こうした背景が理由の一つでもあるのだ。[7] また、アメリカに移民してきたアジア系の女性たちがアメリカ市民権を得て投票できるようになったのは、１９５２年のことである。[8]

このような制度化されたハンディキャップがあるにもかかわらず、公民権運動やアファーマティブ・アクション（差別是正のための特別措置）、他国と比べて寛容な移民制度などが追い風となり、有色人種のアメリカ人たちに前例のない機会がいろいろと与えられるようになった。アメリカは、白人が過半数を占める国の中で、黒人の国家元首を選出（そして再選）した唯一の国である。国内の人種は多様化が進み、２０４５年頃には非白人が過半数を占めると予想されている。[9]

ところが、現在、白人系アメリカ人の圧倒的な支持と献金を受けている共和党は、この歴史の流れを押しとどめようと、投票規制を変える方策をとっている。人種差別を是認してきたアメリカの長い歴史の中で、わざと黒人が票を投じにくくする州法が今も約20州で可決され続けている。[10] またアメリカ全土では、多くの黒人系アメリカ人たちが、自分たちに向けられたダブルスタンダードに日々直面するなか、黒人の命も大切《ブラック・ライブズ・マター》であることを訴えている。

1980年代から1990年代前半にかけて、クラックコカインがアメリカ都市部の黒人社会に壊滅的な打撃を与えたとき、政府やマスコミの多くは、この問題を犯罪の急増として扱った。一方で、白人系アメリカ人の間でオピオイドなどの処方薬への依存症が問題になると、それは悲劇として扱われている。こうした理由から、白人系アメリカ人は、軽犯罪を犯した疑いのある黒人が白人警官によって殺害されている事実を、黒人と同じようには問題視していない。一方では不正に対する憤りが高まっているのに、もう一方では、党派性の強いメディアやネット上の偽情報に煽られた反感によって、問題が政治化されているのだ。

他にも分裂と機能不全を引き起こす要因はあるが、とりわけ上述の要因に影響力と永続性があると私は考えている。企業による国家統治の乗っ取り、アメリカ政治におけるマネーの支配的影響力、この2つの現象が生み出す富と機会の不均衡、疑念や恐怖、怒りを商品化する思考没入型の新メディアの力、長期的に社会を蝕《むしば》んでいく制度化された人種差別は、どれも肩を並べて今も続いている。

具体的な解決策

経済のあり方があらゆるところで変化している。民主党も共和党も、そのことを理解しているとアメリカ国民に示し、働くアメリカ人すべてに、変わりゆく世界で成功するチャンスをそれなりに用意していると証明することが可能だ。

たとえば、次のような政策を実施する――普遍的な生涯教育に投資し、その教育を受けた人の中でも卓越した人材を登用して、世界で最も革新的な労働力を築き上げる。働き方が変わってきている事実を受け入れ、拡大し続けるギグ・エコノミー（訳注：労働者がインターネットで単発の仕事を請け負う形で成り立つ経済）から利益を得るため、健康保険など、生活の質の向上に必要な、より柔軟な福利厚生を考案する。

ソーシャルメディアに投稿された誤情報や偽情報が広まれば、そのプラットフォームを運営している企業に責任を負わせる。企業や個人からの寄付金で成り立っている公共のテレビ放映ネットワークＰＢＳやラジオネットワークＮＰＲがあるのだから、それと同じように寄付を募って、メディア市場で競う目的ではコンテンツを作らない、公共ソーシャルメディアを立ち上げる。

また、民主党陣営にも共和党陣営にも、とんでもない選挙区変更を勝手にさせないよう、共通のルールを作ってそれに従うよう両者に合意させる。極端な二極化を抑えるため、地方選挙で優先順位付き投票制（訳注：投票用紙に候補者の優先順位をつけられるようになっている）を実験的に試行する。政治家たちには、あえて、伝統的に自分を支持しない有権者たちと対話を持つように仕向ける。実験的に、ユニバーサル・ベーシックインカムの様々な形態を地域ごとに実施し、プラスとマイナス、両方の結果を嘘偽《うそいつわ》りなく評価するなど、様々な解決策が考えられる。

アメリカの議員の大半がこうしたアイデアを全面的に支持すると信じるほど私は考えが甘くないが、50の州をはじめとする地方自治体は、常に民主主義の実験場であり続ける。その創意工夫の中には、民主主義や国家の結束を損ねたものもあるが、国家を前進させたものもある。

たとえば、カリフォルニア、フロリダ、イリノイ、マサチューセッツの4州は、次の数年間で最低賃金を15ドルに引き上げることを目標に掲げ、既に動き出している。[11] 共和党の知事2人、民主党の知事2人に代表される、この4州を合わせた人口は7000万人を超えているため、連邦議会がどう動こうと、この動きは止められない。ニューヨーク市は先陣を切って、最低賃金を15ドルに引き上げている。また、この全米最大都市では、

2021年に初の優先順位付き投票制による市長選が実施されており、他の地方自治体がこれに追従するのはほぼ確実だ。

オバマケアも忘れてはならない。何百万人ものアメリカ人に健康医療保険への加入を義務づけ、保険適用範囲の拡大を目指したこの法案を可決させるのに、民主党は過半数の票をとりつけて実現させた。のちに、この医療保険制度の人気がより高まったのは、利用者たちがその恩恵を実感したからだ。

もっと広く捉えると、この2つの政党は「労働世帯」へ訴えかけることの力を認識している。民主党は経済的なアプローチをとって、この層の人々の私利を追求する意欲に訴えかけているし、共和党は文化的なアプローチをとって、家族という連帯感に訴えかけている。アプローチに違いはあっても、両党ともブルーカラー労働者層の市民の力を強化し、アメリカの国力を高めようとしている共通点がある。

前述の実験的な取り組みはどれも、両党のニーズを満たす一助になる。自由放任のグローバリゼーションは格差を生み出した。その格差が教える大切な教訓の一つを民主党も共和党も学ぶ必要がある。つまり、アメリカの外交政策はアメリカの労働者階級のニーズに応えるものでなければならないし、この層のアメリカ人が外交政策の恩恵を感じて納得しなければならない。

アメリカ人とアメリカ経済は、他の先進国に比べ、いち早くパンデミックから抜け出して回復した。これは主に、この国の起業家精神あふれる文化や経済活動重視の規制、財政支出の拡大、低金利を維持する意欲のおかげである。大規模な景気刺激策による救済が間髪いれずに行われれば、危機は去り、生活は正常に戻ると、多くの権力者だけでなく、多くの一般アメリカ人に確信させるだろう。残念ながら、この「正常に戻る」という感覚こそが、今アメリカが直面している変化への最大の妨げになっている。なぜなら救済策は、前述のような、より大きな課題に一切取り組むことなく、現状への満足を許すからである。

アメリカのように中央集権的でない国においては、州政府などの地方自治体が志を同じくする企業や慈善団体のリーダーたちと協力関係を結びながら、パンデミックによって最も被害を受けた人々を支援し、イノベーティブなビジネス文化に合った、よりイノベーティブな政治文化を作り上げるためにできることがあるはずだ。機能不全状態に陥った政治は、あらゆる面で怒りを増幅させる。そして、政府の立て直しよりも、その解体に関心を持つ、無能なポピュリスト政治家が新しく支持者を獲得する危険性を増大させるのだ。

機能不全状態からの脱却

あとの章で詳しく説明するが、グローバルな課題に取り組むには、リーダーシップが必要だ。一部の取り組みは、世界唯一の超大国が主導しないと実現しない。アメリカの政治が機能不全状態に陥っていると、アメリカが主導力を発揮する能力は失われ、次の２つのことが起きるだろう。

一つは、複雑な問題の解決に向け、長期的な投資を持続させられなくなることだ。バラク・オバマ大統領は、イラン核合意とパリ協定を積極的に推進したが、ドナルド・トランプは大統領に当選すると、選挙公約を守って、この両方から離脱した。さらにトランプは、過去１００年で最悪のパンデミックの真っただ中で、世界保健機関（ＷＨＯ）との関係を断絶すると表明した。次にジョー・バイデンが大統領になると、オバマ政権時代の国際協力を復活させ、ＷＨＯからの撤退命令を覆している。

２０２４年にドナルド・トランプが大統領に返り咲くか、トランプ陣営の誰かが大統領に当選すれば、これらの決定はまたもや覆されることになるだろう。冷戦時代は、世界平和とアメリカの価値観への主たる脅威はソ連だと保守派もリベラル派もほぼ意見が一致していて、党派に関係なく、当時のアメリカ大統領たちは一貫して封じ込め政策を踏襲していた。ところが、今のアメリカ政治は、まったく意見の統一がとれていない。

もう一つは、この国が長期的な問題に持続的に取り組むことができないと誰の目にも明らかになっていくことだ。同盟国も敵対国もみな、アメリカが今日誓ったことが明日にはきれいさっぱり破られかねないことを知っている。日本や韓国、インド、オーストラリアなどの民主国家は、強硬姿勢が強まる中国の外交政策のほうが、アメリカの長期的な対中政策よりもはるかに予測可能であることを知っている。ヨーロッパや中東の同盟国もこのことを理解している。すぐにまた「アメリカ・ファースト」へ突入するかもしれないというのに、感染症や気候変動、人間の生活を脅かす新技術などの世界的な脅威に対してアメリカが一貫して戦うと、誰が期待できるだろうか。

世界の指導者たちが、他のところでは競いながらも、最重要課題についてだけは協力の道を模索しなければならないように、アメリカの保守派もリベラル派も、アメリカの強さを取り戻せる程度に協力し合う方法を学ぶ必要がある。互いを排除する方向に進むのはだめだ。どちらの陣営の意見もアメリカ社会の深い潮流を反映しているのだから。両陣営があらゆることに合意する必要はないが、いくつかの大きな論点では合意しなければならない。

つまり、アメリカと中国、そして世界が耐えることのできない冷戦型の対立を避けるには、実利を重視して中国政府とパートナーシップを築くことが、最重要課題の一つなのである。

衝突の道②：アメリカと中国

習近平は温かい拍手に応えるかのように、笑顔で手を振りながら壇上に向かった。２０１７年世界経済フォーラム（ダボス会議）で最も注目されている演説を始めるためだ。中国の国家主席がダボス会議に出席するのはこれが初めてで、客席には、資本主義世界の政財界のエリートを中心としたいつもの顔ぶれが並び、習が何を言うのか興味津々の様子だった。習は壇上に立ってから数分間にわたり、中国が歴史を変えるときが来たと語った。この2年前の２０１５年に、彼は、ＡＩ、量子コンピューター、ロボット工学などのハイテク分野で世界の覇権を握ることを目指した政策「中国製造２０２５」を発表していた。１９９０年、当時の指導者だった鄧小平が、中国は「韜光養晦《とうこうようかい》する（力を隠して時を待つ）」のが賢明だと警告したことは有名な話だ。しかし、あの２０１7年1月の朝のダボス会議で、習は、中国は力を隠すのも待つのもやめたと明言したのである。

「あれは最良の時代でもあり、最悪の時代でもあった」と習は言った。小説家チャールズ・ディケンズの言葉を引用したのは、もちろん聴衆を引きつける狙いがあってのことだ。中国は、中国企業は国内を第一に優先して多国籍化は二の次、それもかなりの後回しにするという経済発展戦略をとってきた。なぜ中国にとってその戦略をとるのが賢明だったのかを習は説明した。だが、この演説の目玉は、「国家間の相互依存が我々全員を強くする」と発言し、グローバリズムを力強く、精力的に擁護したことだ。彼はポピュリズムと保護主義を糾弾したが、3日後に、反グローバリズムの旗手、ドナルド・トランプの大統領就任式を控えていたこともあって、習の発言はより強い印象を残した。

それから9カ月後、今度は、中国共産党第19回全国代表大会で習は演説を行い、中国の将来像についてさらに踏み込んだ。[12] まず、中国とその国民に「新時代」が到来したことを告げ、中国は世界政治の「中心舞台に近づく」つもりだと述べ、「他の国々にとっての新しい選択肢」「西洋の民主主義に代わる選択肢」として中国を描き、世界の諸問題に対する「中国流の解決策」のあらましを示した。

習近平の指導の下で、中国は今の国際システムの改革を要求し、その実現を推し進め、さらにその改革を主導する計画を練るようになった。中国の指導者たちは中国が東アジアを支配するつもりで動いている。香港では政治的支配を強化し、台湾には中国大陸との統一を求める中国政府の動きに抵抗しないよう圧力をかけ、南シナ海では軍事力強化を着々と進めている。

東アジア以外の地域においては、中国がなくてはならない経済大国となり、それに伴う政治的影響力を持つことを習は望んでいる。２０１６年には、海外投資を行うためのアジアインフラ投資銀行（ＡＩＩＢ）を開業した。十数カ国にまたがる東アジアの巨大自由貿易圏である、東アジア地域包括的経済連携（ＲＣＥＰ）にも加盟した。また、「一帯一路」構想に基づいて、アジア、アフリカ、ヨーロッパに、道路、鉄道、橋、港などを建設している。一帯一路の協力国数十カ国で、中国の企業と労働者に新たな機会を創出し、各国政府への中国の影響力を強化するつもりだ。貿易、投資、借款クレジットチェーンにおける中国政府の影響は拡大し、発展途上国の新技術には中国の標準が採用されつつある。

コロナ禍は中国に新たなチャンスを与えた。高度な監視技術を駆使した社会統制に支えられた権威主義的な政治体制と、政府による経済への直接的な介入により、中国は世界に先駆け、２０２０年にコロナ不況から抜け出した。パンデミックのせいで貧困国の政府や企業の債務不履行や倒産が相次ぐなか、中国政府は経済力をてこに、農地、化石燃料、鉱物、エネルギー資源、さらに高速道路や橋、港といったインフラなど、突然価値が下落した資産の買い占めに走った。かたやアメリカは、新型コロナウイルスの脅威にどう対処すべきか、このウイルスを封じ込めるため、政府に都市封鎖（ロックダウン）をする権利があるのかどうかで、国内で大いに揉めた。パンデミックの被害が大きかった国々に、医療機器や資金、助言を提供したのはアメリカ政府ではなく中国政府だったのだ。

ただし、中国が提供する製品は粗悪なものが多く、特にヨーロッパで反発を招いた。また、医療専門家たちの間では、新型コロナウイルスの起源は中国で、中国当局が、感染が抑えられたかもしれない時期に感染規模を隠蔽《いんぺい》したことで、他国の事態をより悪化させたと意見が一致している。

中国の勢力が急速に増しているのは、トランプ大統領がアメリカは世界を主導する立場から退くと表明したことの必然的結果だと思えるかもしれない。しかし、この勢力図の変化は、中国が数十年かけて貧困国から経済大国へと成長したことから始まっている。1979年にはカーター大統領が中国との国交を正常化させ、さらにクリントン大統領が中国との経済関係を正常化させて、2001年、中国は世界貿易機関（WTO）への加盟を果たした。

しかし、習近平が中国国内で権力を自らに一極集中させ、国際システムにおいて中国が中心的役割を果たすのだという壮大な野望は2012年に始まっている。中国が世界最大の経済大国になるとき、中国の野望はさらに加速するだろう。米中関係を対立の軌道に乗せたのは、歴代のアメリカ大統領ではなく、習近平なのである。

新たなグローバル・ガバナンスを手に入れられるか

中国は14億人の人口を抱えた中所得国に成長するという比類なき偉業を成し遂げた。そのおかげで、中国政府は国家の優先順位に沿い、国内外の建設プロジェクトに巨額の資金を投入することができる。この資金力と同じく重要なのは、欧米の指導者たちが次々と交代するなか、中国だけが長期的な世界戦略を持ち、それを実行し続けることができる点だ。権威主義国家が世界最大の経済大国でもある世界には、まだ誰も住んだことがない。だが、それが我々の向かう先であり、これが現時点での世界最強国であるアメリカと中国を衝突させることになるのだ。

現在の政治や将来の経済のことを考えただけでも頭が痛く、新たな形の戦争のリスクが高まっているだけでも深刻なのだが、米中関係は世界の平和と繁栄にとっても極めて重要である。あとの章で説明するが、歴史的課題の取り組み方について、もしも世界各国の政府が何らかの意義のある合意に達することができるとすれば、それはアメリカと中国の政治指導者たちが、それぞれの国民の支持を得て、協力関係を築いたからに他ならない。この協力関係は、グーグルの元CEO、エリック・シュミットの言う「ライバルパートナーシップ」――つまりライバル関係と共存するものになるはずだ。米中は共通の合意点を見いだして初めて、相互に安全で豊かな未来のために協力し、投資することができるのである。

米中が近い将来に同盟国になることはないだろう。だが、この2大国が感染症や気候変動、破壊的な新技術といった世界的脅威の解決に向け、手を組むことができれば、グローバリゼーションでは実現できなかったグローバル・ガバナンスをようやく手に入れられるだろう。米中両国は新国際システムの基盤を作り、誰もが暮らしていける未来を築くための優れたアイデアを、ヨーロッパ、日本、インドなどの国々から結集させることになるだろう。

今のところ、米中関係は協力とは逆の方向に向かっている。今のアメリカ人の祖父母の世代は、ソ連の世界初の人工衛星スプートニクの打ち上げを目にして、アメリカの衰退の前兆と未来への恐れを感じていた。今、アメリカの為政者と国民の多くは、中国の台頭を同じ気持ちで見ている。一方で、中国の為政者と国民の多くは、中国の躍進に対するアメリカの抵抗を、中国の成長を阻むことで欧米の既得権益を守ろうとする的はずれな行為だとみなし、この抵抗に必ずや打ち勝つと決意を固めている。

つまり、米中関係は悪化の一途をたどっているのだ。アメリカは世界の先進民主主義国の中でも政治的にひどい機能不全に陥り、国が分断している。中国のほうは、世界の主たる権威主義政権の中でも圧倒的な団結力を誇り、機能している。この差が広がれば、アメリカの思うままに米中関係を改善することはより難しくなっていく。したがって、高い代償を払うことになる、破壊的な対立を回避することが喫緊の課題になっている。

中国の台頭

中国は史上最も目覚ましい躍進を果たした。その台頭ぶりは世界の誰もが知る成功談の一つとなっていて、それを物語る数字は、今も人々に驚きを与える力を失っていない。１９９０年から２０１８年にかけて、世界経済に占めるアメリカのシェアは26・４％から23・９％へと小幅に減少したのに対し、中国のシェアは１・６％から15・８％へと激増し、何億人もの中国国民が貧困層を抜け出して中間層入りを果たしている。

共産主義の中国は、今や貿易で世界を牽引している。一世代前は、世界の８割以上の国で、中国よりもアメリカとの貿易量が多かった。[13] ２０１８年のデータを見ると、アメリカよりも中国との貿易量が大きくなっている国は、１９０カ国中１２８カ国に増えている。

また、中国は国内に貴重な資源を保有している。たとえば、兵器や車両に使われるレアアースなど、戦略的価値のある鉱物資源の最大埋蔵地が国内にある。

14億人という大きな市場を国内に抱えているので、規模の経済が優れているのは当然だが、中国は規模のみに頼っているわけではない。1999年に、世界知的所有権機関（WIPO）が中国から受け取った特許出願は、わずか276件だったが、2019年には約5万9000件に増えている。[14] また、中国は権力に付随する国際的責任を担うリーダー的存在にもなっていて、2012年以降は、国連安保理の中国以外の常任理事国であるアメリカ、イギリス、フランス、ロシアを合わせた分よりも、国連平和維持軍に貢献している。[15]

他にも、中国の躍進を示す数字は何百もあり、それが中国国民の深い誇りの源となっている。中国の指導者たちが国民から信頼を獲得してきたのは、国民にプロパガンダを流し、国内外の情報の流れを統制しているからだけではない。中国共産党が何億人もの国民の生活を向上させてきた事実が、今の中国人たちの記憶に刻み込まれているからでもある。

見えてきた成長への懸念

ただし、中国の成長は今後も確約されているわけではない。習近平は自分のライバルになりかねない人々を時に追放し、毛沢東以降のどの指導者よりも体制内で権力を強化してきた。この体制強化にはデメリットもある。もし習政権が安定した繁栄をもたらすことができず、中国国民を様々な危機から守ることができなければ、他の人に責任を転嫁するのは難しくなっていく。国民の怒りは大きなうねりになりかねず、それも計算に入れておかなければならない。習近平は民間部門が共産党の掲げる開発目標に足並みを揃《そろ》えるのを期待している。しかし、民間部門の技術革新と進歩に国が依存を深めていくと、国全体の経済成長を継続させることは、今よりももっと難しくなるだろう。

賃金が上昇してアウトソース先としての中国の魅力が低下し、製造の自動化が進めば、中国国民のために職を確保するのは難しくなる。中国の大企業の多くは負債を抱えているが、中国政府はこれまでにこうした企業に債務不履行を許したことはほとんどない。債務不履行は短期的には失業率を増加させ、投資家を遠ざけるという理由から、経済を不安定にさせるが、長期的に財政を健全に保とうとするなら避けられない道だ。

アメリカや、分野によってはヨーロッパとの貿易戦争の悪化も、中国の拡大スピードを減速させるだろう。また中国では、2030年には、総人口に占める65歳以上の人口の割合が現在の13・5%から倍近くにまで跳ね上がると予想され、高齢化が進むなかで社会保障を一層充実させていく必要がある。さらに、経営破綻しかけている銀行や低迷する不動産部門を支えなければならないし、経営に問題のある国営企業には資金を注入しなければならないため、中国で金融危機のリスクが高まっている。これが現実になると、倒産が相次ぎ、人々は職を失い、社会保障にもっと負担がかかることになる。これらのすべてが、次の10年の間に起こりうるのだ。

アメリカの「無関心」

しかし、中国の指導者たちは、何十年にもわたってこうした脅威を回避してきた。今のところ、中国の国際影響力は拡大し続けるだろう。アメリカに世界を支配されるほうがましだとは考えない人々が世界中で増えてきているのも、その理由の一つだ。近年はアメリカ国内でさえも、選挙で選ばれた指導者たちが、民主主義と個人の自由のために、遠く離れた外国で戦うべきだと叫ぶことはほとんどない。大半のアメリカ人は、バイデン大統領と議会に、経済回復、国民健康医療保険制度の充実、雇用創出、銃規制、教育、国境警備、テロ対策、人種差別などの国内問題に正面から取り組んでほしいと望んでいる。[16]

それに、アメリカ国内の選挙が激しい議論の的になっているような状況では、アメリカ政府が他国の民主改革を支援したくてもなかなかできない。不正の責任を負おうとしない警察から、アメリカの黒人たちがこれほど頻繁に虐待され、移民が犯罪者扱いされているのに、どうしてアメリカ政府が他国の人権侵害を非難できようか。両党の政治家たちが「自由貿易はアメリカ人から仕事を奪う」と主張しているのに、世界で自由貿易を推進できるはずがない。同盟国はアメリカの納税者から金を巻き上げていると前大統領が公然と非難したのに、有能で志を同じくする同盟国たちをアメリカ政府が率いるなどあり得ないではないか。

とはいえ、「西側」という響きにはまだ十分な魅力がある。自由市場を守るためのルールを整備した貿易協定は引き続き締結されているし、今後、北大西洋条約機構（ＮＡＴＯ）は拡大されて、アジア太平洋地域に加盟国を持つかもしれない。そうなればＮＡＴＯは初めて真に世界的な義務を負うことになる。ところが、中国は西側がこれまで示してきたのとは違う別の発展モデルを提示し、世界の関心を集めている。しかも、中国の指導者たちが公に分裂することは稀《まれ》だ。

こうして中国は、トランプ大統領が「肥だめ」と呼んだような国の政府に接近する。中国は荒廃したインフラストラクチャーを取り壊し、21世紀の道路や橋、病院、港を建設して、その国の経済成長を促進し、生活水準を目に見えて向上させると提案するが、欧米の金融機関が要求しがちな痛みを伴う経済改革は求めない。そんな中国に、多くの国が首を縦に振る。今後もそういう国は増え続けるだろう。

しかしながら、中国の台頭に危機感を募らせる国もある。特に日本、韓国、フィリピン、オーストラリアなど、アメリカの伝統的な同盟国ではその傾向が顕著だ。これらの国々は、アメリカに真に中国に代わる何かを提供し続けてほしいと考えている。中国企業との利益の多い取引を続け、中国との経済関係を保ちたい、しかし中国企業の多くは国有であるため、中国政府への危険な依存を避けたい、だから米軍に守られたいのである。

こうした国々の多くは、環太平洋経済連携協定（ＴＰＰ）には特に魅力を感じていた。ＴＰＰは史上最大の自由貿易圏の一つを形成することを目的とし、もともとアメリカが主導して、12カ国で発足するはずだった。オバマ大統領はこの協定の発足を約束したが、それを成し遂げることができなかった。またヒラリー・クリントンは、かつてＴＰＰを「貿易協定のゴールドスタンダード（訳注：絶対的基準）」と発言したにもかかわらず、２０１６年の大統領選の選挙運動期間中にＴＰＰへの支持を撤回したため、中国の近隣諸国の多くは、アメリカの両党が海外貿易と環太平洋地域に見切りをつけたのではないかと思ったほどだ。[17]最終的にアメリカは、ドナルド・トランプが大統領に就任した3日後に、TPPの交渉から離脱している。

その後、日本が主導して縮小版の協定が発足したが、アメリカにアジアで実権を握り続けたいという長期的な決意や姿勢はないのではないかとの疑いがこれまで以上に深まる結果となった。これを中国政府は喜んでいたのだが、アメリカにはその声は届かなかったのだろうか。ここアジアから離れることはありませんよ、と中国の指導者たちがアジア諸国に明言しているのに、アメリカ政府は無言を貫いているようなものだ。

はっきりしない勢力均衡

それでもなお、アメリカが優位性を保つことができる要因は多く残っている。国土は地理的に有利な位置にあり、国内ではかつてないほどエネルギー生産量が急増しているし、ドルも世界の基軸通貨としての地位を維持し続けている。

だが、アメリカが伝統的に保ってきた優位性の中でも、特に軍事力の優位性は以前ほど意味を持っていない。アメリカは数十カ国と防衛条約を結んでいるが、中国の軍事同盟国といえば、北朝鮮のみである。アメリカは1隻に80機の戦闘機を搭載できる原子力空母を11隻保有しているおかげで、今もなお、世界各地に通常戦力を投じることができる唯一の国なのだが、中国が保有する空母は2隻（訳注：2022年6月に3隻目が進水）だけで、いずれもアメリカの空母に比べればはるかに小さい。またアメリカは世界40カ国に軍事基地を構えているが、中国のほうはわずか3カ国で、人民解放軍の活動範囲はほぼ東アジアと東南アジアに限られ、アメリカやロシアに対抗できるほど大規模な核兵器も開発されていない。[18]

米中間の軍事的不均衡はこれほどまでに開きがあるにもかかわらず、「ライバルパートナーシップ」を構築するのに十分な安定性を以前のようにはもたらしてくれない。これからの大国間の戦争は、空母や戦車、地上軍を使っても勝てないからだ。どちらか一方の国がサイバー兵器で優位性を見せつけたり、貿易や対外投資をてこに経済戦争や経済制裁を始めれば、決着がつく可能性が高くなっている。

サイバー兵器は世界の地ならしをする。サイバー戦争の結果は、これまでの戦争に比べると、予測するのが難しい。特定国のミサイルサイロや軍事基地、軍艦などの物理的な施設は宇宙から撮影することができるが、サイバー兵器の場合は、そういうわけにはいかない。サイバー空間における真の勢力均衡を数値化することは、少なくとも、物理的世界における潜在兵力を計算するような方法では不可能だ。なぜなら、サイバー兵器の攻守能力は、物理的な兵器に比べると、よく理解されておらず、変化も激しいからである。歴史が示すように、勢力均衡がはっきりしないと、紛争は起こりやすくなる。

新興国の罠

24世紀前の古代アテナイの歴史家トゥキディデスは、新興国アテナイが既に権勢を誇っていたスパルタにどのように恐怖を与え、両者の戦争が不可避となったのかを書き記している。トゥキディデスの指摘は、今の米中関係を論じるうえで言及されることが多い。従来の覇者と挑戦者はぶつかり合う運命にあるという考え方を、「トゥキディデスの罠《わな》」と呼ぶ[19]。異なる時代の異なる国家間の力関係は簡単には比較できないが、トゥキディデスの論理は21世紀にも通用する。

米中両者とも恐怖は感じている。アメリカの政治家たちは、冷戦後の世界でアメリカが優位な立場を築き上げ、守ってきた様々なルールを中国が書き換えるのではないか、しかも、中国のルールは、民主主義と個人の自由の大切さを世界に訴えかけてきたアメリカの努力を無駄にするのではないかと恐れている。一方、多くの中国人は、アメリカが覇権国家としての優位性を守るために、中国の自然な成長に歯止めをかけるのではないか、アメリカが支配する世界では中国が正当な能力を発揮することはできないのではないかと恐れている。この15年間で、覇者と挑戦者の勢力バランスは急激に変化している。アテナイとスパルタが戦ったペロポネソス戦争は、最終的にスパルタの勝利に終わったが、双方に破滅的な代償をもたらした[20]。

しかし、ここ数十年の間に、中国とアメリカを結びつける相互依存関係が深まっているのも事実である。中国はまず安価な労働力の供給源として台頭し、その後、アメリカ製製品の巨大な消費市場となって、アメリカ企業に史上最大の収益を上げる機会をもたらした。2019年末の時点で、中国では約7万社のアメリカ企業が数千億ドル規模の事業を展開している[21]。

一方の中国は、アメリカ主導の国際システムがもたらす安定の恩恵を受けながら、経済成長を遂げ、海外での影響力を拡大させてきた。その代わり、中国はアメリカ国債の保有数を増やし、アメリカ政府にとって極めて重要な貸手になっている。米中両国の経済を結ぶサプライチェーンほど、米中の相互依存関係を象徴するものはない。

にもかかわらず、中国のあまりの成功の大きさに、アメリカは不安と恐怖を覚えはじめ、アメリカの政治家たちは、中国が成功持続のために用いる手法を疑問視するようになった。

アメリカは通商に関して、①中国政府が外国企業へ市場開放を進めないこと、②中国企業に多額の補助金を出し、外国の競合企業よりも不当に優位に立たせていること、③中国の消費者への足場づくりと引き換えに、外国企業に知的財産の共有を強要していること、または単に盗用していること――の3点に主に不満を抱いている。

新技術が世界経済を急速に変化させ、それに伴って勢力バランスも変化していることから、アメリカなどの国々は中国に対し、中国政府によって促されている、中国企業による大規模な知的財産の盗用をこれ以上容認しないと警告している。アメリカでは、この警告は民主党と共和党の両方から支持され、これを支持するアメリカ企業や投資家の数も増えているのは言うまでもない。アメリカ企業の多くは、中国との取引や投資のメリットがデメリットを上回るとは、もはや考えていないのだ。

米中貿易戦争の影響

ドナルド・トランプは、リンドン・ジョンソン以来、アメリカが中国に対してとってきた「関与優先」のアプローチを初めて否定した大統領だ。トランプ大統領は2018年3月、中国からアメリカに輸入される鉄鋼とアルミニウムに高関税を課した。輸入制限措置はその後対象製品が大幅に増え、関税は数千億ドルにおよんだ。中国も対抗措置をとった。ここに至るまでに、米中政府にはそれぞれ政治的な強い後押しがあって、どんな争い事であっても「強気に出る」ことをよしとするようになっていた。

この米中貿易戦争はこうした強気の姿勢をさらに強めただけではない。この数十年の間に、2国間の経済統合がどんどんと進んだせいで、対立すると相手につけ込まれかねない弱みが数々あることを両政府に示す結果となった。その認識が、互いに距離を置いたほうが得策だと思わせるようになった。アメリカと中国は今、経済、金融、技術面での相互依存度を下げるため、あらゆる手段を講じて「デカップリング（分断）」を進めている。米中関係はあらゆる面で悪化の一途をたどり、自国のため、世界のために共通の基盤が最も必要なときなのに、それを築くことが難しくなっている。

中国は依然としてアメリカの投資、技術、消費者を必要としている。一方のアメリカは、中国が東アジアや東南アジアを支配し、アメリカの同盟国が中国に追随せざるを得なくなるのを防ぐだけの軍事的優位性をまだ持っている。しかし、中国がアメリカを抜いて世界最大の経済大国になることが予測される2030年には、アメリカの優位性は著しく低下し、今後のアメリカ大統領は、習近平、あるいは彼の後継者との交渉において、より柔軟で創意工夫に満ちた対応を迫られることになるだろう。

貿易戦争が始まったとき、習近平もトランプも、対立を恐れていないことを自国民に示す正当な理由があった。そのあと、新型コロナウイルスが襲いかかり、米中はより一層強気の態度をとった。アメリカで新型コロナの感染死亡者数が激増しはじめると、トランプはこのウイルスの起源について中国は嘘をついたと責任を転嫁し、自分自身の一貫しない感染症対策への批判をかわそうとした。しかもトランプは間違ってはいなかった。中国政府は、このコロナウイルスの感染が広がりはじめた時期に、中国の面目を保とうと大掛かりな隠蔽工作を行ったのだ。このウイルスに関する報道をもみ消しただけでなく、その危険性について初めて公に警鐘を鳴らした医師を公安に処分させ、謎の感染症について報道した外国人ジャーナリストを国外に追放し、ＷＨＯや海外から中国訪問中の医師や科学者に重要な情報を隠し、新型コロナに感染した多くの中国人に国内外を旅行することを許したのである。中国政府の初期対応の失敗と嘘により、新型コロナウイルスは中国から世界へ飛び火して、パンデミックになったのだ。

しかし、こうした現実が広く認められても、中国が後退を余儀なくされることはなかった。なぜなら、中国は世界第２位の経済大国であり、首位への道を順調に歩んでいたからである。世界のサプライチェーンに欠かせない存在の中国がコロナ禍の影響を受けると、切実に必要とされていた医療品などが世界各地で手に入らなくなった。中国はいち早く経済活動を再開し、国際的な支持をとりつけようと支援活動に着手した。

トランプが報道陣に個人的な侮辱の言葉を投げつけ、新型コロナウイルスの偽治療法を紹介している間、習近平は武漢を視察して、ロックダウンの成功を誇示した。さらに、新型コロナウイルスと闘いながら自らも感染して犠牲になり、中国のソーシャルメディア上では英雄となった医師に対し、武漢市公安当局に「厳粛な謝罪」を行うよう命じた。中国はその後、欧州連合（ＥＵ）第３位の経済大国であり、Ｇ７ではいち早く一帯一路に署名したイタリアが新型コロナで大きな被害を受けたため、医療アドバイザーと人道支援用の物資（その多くは医療機器）を送った。さらにスペインにも多くの中国人医師と医療機器が送られた。習近平は２０１７年にアピールした「他の国々にとっての新しい選択肢」を具体的に示してみせたのだ。

遠のくパートナーシップ

実際、中国は単なる「選択肢」以上の存在になっている。なぜなら、トランプ政権には対抗して世界に提供できるものがほとんどなかったからである。２００４年にインドネシアを津波が襲ったとき、アメリカはすぐに軍隊を派遣して人道支援を行い、日本は資金と医薬品を提供し、ヨーロッパの政府と企業は支援を申し出たのに、中国はほとんど何もしなかった。だが、そういう時代はもう終わっている。2020年、新型コロナウイルスが欧米をはじめとする多くの国を襲い、多数の犠牲者を出したとき、中国はアメリカとその同盟国がもはや埋める意思も能力もないと思われる隙間《すきま》を見つけ、人道支援に熱心に取り組みはじめたのである。

その戦略は功を奏した。2020年6月、欧州理事会が外交問題について行った調査によると、今回のパンデミックを経験し、ヨーロッパの人々は対米態度をさらに悪化させたという。また、新型コロナウイルスとの闘いにおいて最も頼りになった国はどこかという質問に対しては、イタリア国民の間では、わずか4%がEUを、25%が中国を挙げた。[22]中国は2020年、香港での強硬な政治、新疆ウイグル自治区での大規模な人権侵害、中国が提供する救援物資の質の低さなどで批判を浴びた。しかし、習近平の国際政治における「新時代」を実現しようとする決意は、世界的な危機の中でリーダーシップとして発揮され、中国政府がこれまで試みたことがないほどの顕示ぶりだった。

パンデミックが最悪の状態にあったとき、米中関係はここ数十年で最低レベルにまで冷え込んだ。ドナルド・トランプは新型コロナウイルスのことを「カン・フルー」（訳注：カンフーとインフルエンザを混ぜ合わせた差別的な造語）と中国の感情を逆なでするような呼び方をして中国を非難する一方で、中国政府は米兵が武漢にこのウイルスを持ち込んだという噂《うわさ》を広め、中国メディアには反米コンテンツが氾濫した。

2020年は特にその傾向が顕著で、中国ソーシャルメディアでは、中国政府が劇的なロックダウンを命じて新型コロナの封じ込めに効果を発揮したのに対して、アメリカの対応は無能だったと強調するストーリーが次々と投稿された。同時に、中国国営メディアは、中国人起業家ジャック・マーがアメリカに50万個の検査キットを送ったというニュースを大々的に報じていた。[23]

その間、太平洋の向こう側のアメリカでは、中国に対する態度が硬化していた。2020年3月に実施されたピュー・リサーチ・センターの調査では、アメリカ人の66％が中国を否定的に見ていると答え、2017年のトランプ大統領就任時に比べると20ポイント跳ね上がっている。[24] ピュー・リサーチ・センターは2005年から同じ調査を行っているが、66％というのは調査開始以来最も高い数字だ。逆に、中国を好意的に見ていると答えたアメリカ人はわずか26％だった。

この調査結果は、民主党にも共和党にも、中国に対して「強気になれる」ことを正当化する理由をさらに与えた。ジョー・バイデンは、トランプ政権の政策を継承して、中国製品に高関税を課し続け、中国の秘密主義を批判しただけでなく、中国の人権侵害に対しても非難を新たにした。アメリカのワクチン外交はすぐに中国を追い越したが、両国の競争は激化した。2021年5月、バイデン政権でインド太平洋調整官を務めるカート・キャンベルは、中国との関与の時代は「終わりを迎えた。（中略）支配的なパラダイムは競争になるだろう」と公言している。[25]

つまり、米中間の「ライバルパートナーシップ」という考え方は遠のいてしまったのだ。この2国間においてはライバル関係が激化するばかりで、パートナーシップは程遠いものになっている。

台湾、そして東アジアの火種

今後、様々なことが引き金になって、米中が衝突する可能性がある。まずは最も危険なものから考えてみよう。1996年、中国は台湾を威嚇するため、弾道ミサイルを台湾に向け発射した。これに対し、クリントン大統領は、中国政府にメッセージを送るため、空母2隻を台湾海峡に送り込むよう命じ、中国は引き下がった。これは四半世紀前のことだ。以来、中国は最新のミサイル、防空システム、潜水艦、サイバー兵器など、21世紀の兵器に何兆ドルも費やしている。

2021年3月、中国共産党の機関紙『人民日報』は、習国家主席が中国軍と警察に対し、国家の主権を守るため、「戦闘態勢」を整えるよう呼びかけたと報じ、ある中国の著名な学者は、習国家主席が「(彼の) 3期目に台湾問題の解決に向けて加速させたいと考えている」と予想した。[26] つまり、中国が動くのは、2022年から2027年の間だということになる。米軍のある司令官もまた、2021年3月に、中国が「今後6年以内に」台湾を侵略する可能性は十分にあると警告している。[27] もし今、中国が台湾に向けてミサイルを発射するとしたら、バイデン大統領はどう出るだろうか。クリントン大統領の例にならえば、中国政府は再び引き下がるだろうか。もしも引き下がらなかったらどうなるだろうか。これが5年後に起きるとしたら、どうなるだろうか。

アジアでは、軍事力のバランスが変わった。アメリカは数十カ国と防衛条約を結んでいるが、中国が軍事同盟条約を結んでいるのは北朝鮮だけである。しかし、アメリカは本当に、中国の南シナ海支配を阻止するために、ベトナムやフィリピンのために、核武装した中国と戦争をするのだろうか。もしも戦争になったとしたら、一体何カ国がアメリカ側につくのだろうか。

米中対立は、米ソの冷戦よりも危険だ。なぜなら、サイバー兵器などの新兵器によって戦われ、前述のように、どちら側からも真の勢力均衡が見えにくくなって、対立がエスカレートする可能性が高くなるからである。しかも、この対立は共産主義と資本主義のイデオロギーの戦いというよりも、経済力や技術力を競い合うことになるだろう。中国はソ連と違って、習近平が国内でいくらマルクス・レーニン主義を語ろうと、イデオロギーを輸出しているわけではない。その代わり、自分たちが強く、有能で、賢明で、善意ある一つの存在であることを世界に認めてほしいと求めている（「一つの存在」とは台湾が中国の一部であるという意味だ）。

技術をめぐる対立構造

米中関係における最も破滅的な問題は、特定の島や水域をめぐる領土争いではなく、関税措置とも関係がない。それは、次世代の通信機器、機械学習、監視ソフトウエア、人工知能といったテクノロジーの将来をめぐる争いなのだ。これについては一章を割いて後述する。

中国が技術超大国になって久しく、米中の技術関係には既に冷戦のような二極化構造ができあがっているため、今後は世界各地に影響をおよぼすことになるはずだ。商品や物品、サービスの市場において、アメリカと中国は競争相手であると同時に（潜在的な）パートナーでもある。今はそれぞれが市場シェアの拡大を追求しているが、オープンな取引システムによって誰もが利益を得ている状態だ。特定の目的を達成するために貿易戦争は始まるかもしれないが、貿易そのものはゼロサムではない。貿易は「平常運転」で行われ、一人ひとりに何かを約束する。つまり、世界の平和と繁栄を支えるのに貿易は欠かせないのだ。

しかし、データと情報の世界市場となると話は別で、こちらの市場は今や2つに分かれている。インターネット――ワールド・ワイド・ウェブ――は、その黎明《れいめい》期においては、一本化された規格とルールで動いていた。ごくわずかな例外を除き、消費者は他の誰とも実質的に同じようにインターネットにアクセスすることができたが、そういう時代はもう過ぎている。

今、中国とアメリカは、オンライン上にそれぞれに異なるエコシステムを築いている。これは、現在のインターネットの変容ぶりに限ったことではなく、家電、自動車、ウエアラブル医療機器、人工衛星など多様な機器がインターネットにつながることで生まれるネットワーク「ＩｏＴ（モノのインターネット）」にも言えることだ。アメリカのハイテク・エコシステムは、良くも悪くも、民間企業によって構築され、政府によって（ゆるやかに）規制されている。一方の中国のエコシステムは国家に統制され、ビッグデータの収集や、ＡＩの開発、５Ｇ規格の展開、サイバー攻撃に対する防御と報復までもが国家に支配されている。

仮想のベルリンの壁がどこに建つのかはまだわからない。ＥＵがアメリカと足並みを揃えるのか、それともヨーロッパ各国の判断でパッチワークのように分断されてしまうのかもわからない。インドや韓国、ブラジル、そして日本さえもがどういう立場をとるのか、自信を持って予測するには時期尚早だ。技術面で中国が失敗すること、またはアメリカと歩調を合わせることをアメリカが望んでいるのはわかっている。なぜなら、中国の技術開発は、その権威主義と国家資本主義的な政治モデルと相まって、民主主義や個人の自由、そして世界の安定と繁栄が依存している価値観の根本を覆しかねない挑戦を投げかけているからである。この点に関しては、珍しく民主党と共和党の意見が一致している。

中国は一帯一路構想を通じて、既に他国のインフラ設備に１０００億ドル以上を投資している。この投資により、一帯一路の参加国内での中国政府の影響力は高まるが、インフラは建設してしまえば誰でも利用することができる。ところが、技術競争は他の競争とは違う。世界のハイテク・エコシステムを２つに分ければ、異なる情報とデータの空間が生まれる。テクノロジーの冷戦が始まれば、人類は新たな形で分断することになる。

たとえば、アメリカ人たちの間では、見ているケーブルチャンネルが違うと、同じアメリカに住んでいても自国について、天と地ほどに異なる見方をしてしまう。それと同じで、ルールや規格が一本化されずに分断された世界における米中の断絶ぶりを想像してみてほしい。世界規模で「我々対彼ら」の構図ができてしまう。

並列に存在するハイテク・エコシステムを作り出した「スプリンターネット」がグローバリゼーションへの脅威になるだけではない。この分断が生む競争では、政治的自由を信じる人々が負けるかもしれないのだ。両者が互いに理想とする結果は、相手のシステムを排除することである。つまり、これはゼロサム・ゲームであり、米中のライバルパートナーシップへの希望に突きつけられた最大の挑戦なのである。

アメリカの軍事介入がもたらしたもの

米中の冷戦を回避し、世界の緊急課題解決に向け協力するのに必要なパートナーシップを構築するには、アメリカ人は中国台頭の価値を認識しなければならない。まずは、欧米の価値観と主導力は安全かつ公正で、豊かな未来のために不可欠な基盤なのだと主張する人は、欧米の主導力こそが現在の混沌とした危機的な世界情勢に我々を追い込んだという現実を直視すべきだ。ヨーロッパとアメリカの分断、そして多くの西側諸国の中で二極化が激化していることは、誰の目にも明らかである。

世界金融危機の震源地は中国ではなかった。それはアメリカの責任だった。アメリカが融資をきちんと規制しなかったために、世界各国の金融機関を巻き込んだ連鎖反応が起こり、世界全体に大損害を与えたのだ。国境を越えた商取引が広範な繁栄をもたらすと信じる人々は、アメリカではなく、中国が世界貿易の覇者となったことを認めざるを得ない。また、西側の主要国は中国ほど効果的に新型コロナウイルスを封じ込めてもいない。気候変動との戦い、新技術の規制、国境管理、ロシアへの関与、中国の台頭への対応に関して、欧米諸国は一枚岩の結束を見せていない。

それに、アメリカの軍事介入が常に安定をもたらすかのようなふりをするのはもうやめよう。中国の指導者たちは、自分たちの国に外国が介入することを恐れているが、彼らにはその恐怖を正当化する長い歴史がある。だからこそ、いかなる国も他国に先制攻撃をする権利や内政干渉をする権利を有していないと主張するのだ。

ほとんどのアメリカ人は中国の見解には同意しない。冷戦終結以降、米軍は単独で、時にはNATOや他の同盟国とともに、他国への介入を繰り返してきた。その最たる例が、パナマ、ハイチ、ソマリア、旧ユーゴスラビア、イラク（2度戦争している）、アフガニスタンだ。軍事介入の目的はその都度異なっていて、犯罪者の逮捕、人道的危機の阻止、民族浄化の防止、隣国への侵攻に対する処罰、危険兵器の製造阻止、テロとの戦いなど様々である。

パナマ侵攻やユーゴスラビアの解体、第一次イラク戦争など、一部の介入は、少なくともある程度は、その目標を達成した。しかし、ソマリア内戦やハイチへの介入、第二次イラク戦争、アフガニスタン戦争などは大失敗に終わっている。中国なら、ありもしない大量破壊兵器を探しに2003年にイラクに侵攻し、新世代のテロリストたちを生み出す温床となった政治的空白を作ることはなかっただろう。アフガニスタン戦争は、アメリカにとって永続的な利益をほぼもたらすことなく、アメリカの納税者たちに何兆ドルもの負担を強いるだけに終わっている。[28]

2021年8月に米軍がカブールを撤退したとき、最後までカブールに残った米兵の中には、2001年9月11日にアルカイダがアメリカで同時多発テロ事件を起こしたとき、まだ生まれてもいなかった者もいる。このような危険な介入のコストは、実際に戦闘に従事したアメリカの退役軍人の長期ケアに換算して考えると、今後何十年にもわたって増大し続けるだろう。

中国を必要とする国々

アメリカで中国を批判する人々は、中国が人道的危機回避のために他国に介入するコストとリスクを負おうとしないと主張する。かといって、アメリカとその同盟国は、困ったときに必ずしも助けに来てくれるわけではない。ルワンダにはそのことを証明してくれる人々が何百万人と存在する。

さらに、中国は世界各国が抱える開発問題の多くの解決に協力することができる。まず明らかな例として、より良いインフラ設備を必要としている貧しい国々への支援が挙げられる。前述のように、中国政府は国際金融機関ＡＩＩＢを設立した。アメリカは他国の参加を抑えようとしたが、78カ国の加盟国には、イギリス、フランス、ドイツ、韓国、オーストラリア、イスラエルといったアメリカの伝統的同盟国が多く名を連ねている。[29] ＡＩＩＢは、アジアにおける一帯一路プロジェクトの資金調達支援を目的とし、道路や橋、港、空港の建設から、新型コロナの感染拡大の抑制まで、これまでに何十億ドルもの投資を行ってきた。

中国政府の政治目的のためだという批判はあるが、２０２０年6月、ＡＩＩＢは中国のライバル国ではあるが、新型コロナ対策に苦戦していたインドを支援するため、7億5000万ドルの融資を承認している。[30] しかもこの融資決定は、インド北部の中国との国境付近で両国の軍隊が衝突し、死者も出しながらにらみ合いが続いていたのと同じ週に行われたのである。

中国が国際通貨基金（ＩＭＦ）や他の地域金融機関に代わるものとしてＡＩＩＢを設立したのは、自分たちの政治目標にかなった新たな融資ルールを押しつけるためだと非難されがちだ。それでも中国はＩＭＦへの主要出資国であり続けているし、ＡＩＩＢは世界銀行、アジア開発銀行、イスラム開発銀行、アフリカ開発銀行、欧州復興開発銀行と提携している。[31] 発展途上国だけでなく、より裕福な国々の多くも、物理的なインフラ設備への投資を喉から手が出るほど必要としている。中国はそうした国々のニーズに応えているのだ。

アメリカの政治家たちは、中国が、中国に疑いを持たないパートナーを巻き込む形で経済関係を築き上げ、アジア全域に影響力を拡大していると警告する。中国が一帯一路構想を利用して、他の国に返済不可能な債務を負わせ、戦略的に価値のある資産を没収するのではないかと懸念する声もある。ダムや発電所、道路、鉄道の設備投資に何百億ドルも費やす計画の中で、中国がインド洋に面した港の建設のためパキスタンに融資をしたら、どういうことが起きるのかを考えるべきだ、と中国を批判する人々は言う。経済的なトラブルが発生すれば、パキスタンは債務不履行に追い込まれ、それを見て中国はこの貴重な港の領有権を主張し、ライバル国インドが従来支配してきた海域に新たな足がかりを得ることになる、と彼らは主張する。

だが、どの融資なら返済可能なのかは債務国自身が決めるべきことであって、アメリカ政府からお墨付きをもらうようなことではない。アメリカも戦略的な目的があるからこそ、同盟国に多額の融資をするのだ。ヨーロッパの復興という正当な理由があって歓迎されたマーシャルプランですら、アメリカの輸出市場を開拓し、ヨーロッパ諸国の政府がソ連と協調するのを防ぐ目的があってのことだったのだ。

中国の台頭はチャンスでもある

アジアで商業的影響力を拡大する中国に対し、不満を持つアメリカ政府のもう一つの問題は、ＴＰＰからトランプ政権が手を引いたことだ。この協定では、加盟国が非加盟国の中国よりもアメリカと歩調を合わせるはずだった。トランプ大統領がＴＰＰのことを「わが国へのレイプ行為だ」と独特の表現で言い放ち、アメリカを交渉から離脱させたため、残された加盟国はアメリカ不在の状態で協定を終結させることになった。

これを見た中国は、ＴＰＰ加盟国のほとんどに、中国に有利な条件を含んだ、東アジア地域包括的経済連携（ＲＣＥＰ）への加盟を呼びかけた。ＲＣＥＰは貿易量としては紛れもなく史上最大級のもので、２０２０年11月に締結されている。[32] アジア諸国は、その多くが現在両方の経済連携協定に加盟しているのだが、アメリカが中国よりも優れたオファーをできるのか、あるいはオファーするつもりがあるのかと疑問を抱きながら、アメリカを見ている。

中国の経済成長に伴い、中国の指導者たちは新たに築いた富を利用して、世界における権力と威信を強めている。これはどの大国も常に行ってきたことだ。「独裁政治を貫くために世界を安全にする」基本計画など中国にはないし、中国がアメリカに「取って代わる」つもりがあるという証拠もない。しばらくの間は、中国がアメリカを超えることはできないだろう。

世界は中国が中央舞台に出ることを必要としていて、中国の投資を必要としている。中国には安定を保ち、予測可能でいてもらいたいし、成長もし続けてもらいたい。アメリカ政府が中国政府と現実的なパートナーシップを築きたいと考えているのならば、他の国々と同じように、世界は中国を必要としているという現実を認めるべきだ。

「不干渉」を貫く理由

しかし、大きな課題についてパートナーシップを結ぶときは、アメリカ人でなくても、中国がもたらす危険性を無視してはならない。

中国の「不干渉」は時に代償を伴う。もしNATOが旧ユーゴスラビアでの戦争を阻止するために武力を行使しなければ、もっと多くの罪のない人々が犠牲になっていただろう。2003年に中国が超大国であったなら、イラクを侵略しなかったかもしれないが、クウェートに侵攻したイラク軍を1991年に撤退させることもしなかっただろう。ひょっとしたら、イラクの独裁者サダム・フセインを解放し、サウジアラビアの奥地まで一方的に土地を奪取させて大量の原油を盗ませ、エネルギー輸入国を操作させていたかもしれない。国際社会による介入が成功すれば、他国の失策は正当化されない。そして、国際社会の介入が最も急を要するときに、失政を許し、うやむやにすべきでもないのだ。

中国の巨大な投資プロジェクトに伴うリスクは、単なる仮説ではない。実際に、スリランカは2017年に中国への返済に行き詰まって、主要海港の運営権を99年間中国政府に譲渡することを余儀なくされた。[33] マレーシアの首相は2018年、一帯一路構想に基づく中国からの融資は「債務の罠外交」であり、「新しい形の植民地主義」になると警鐘を鳴らした（ただし、数カ月後に発言を撤回）。アフリカや南米の活動家たちは、中国が融資するインフラ建設プロジェクトが始まっても、中国人の建設作業員を連れてくることが多く、現地の労働者からせっかくの就労の機会を奪っていると訴えている。

また、一帯一路プロジェクトは、必要なインフラ設備を提供するよりも、投資家に利益をもたらすことを目的にしているものや、ほとんど使われない道路や橋を建設しているものがあまりにも多いとの指摘もある。かつてのソ連政府でさえ途上国の心を摑《つか》もうとしていたのに、中国の投資家たちは現地の人間には無関心を決め込んでいるかのように見えがちだ。

どの政府も自国の利益のために行動する。しかし、効果的な主導力を発揮するには、リスクをとることが必要だ。たとえば、ホルムズ海峡のような交通の難所を通過するタンカーを同盟国と協力して警護し、交易の自由な流れを守るには、海軍を危険にさらす覚悟が必要だ。１９９０年代の欧米の有権者たちの間で、バルカン半島の平和を国家の優先課題だと考えた人はほとんどいなかったにもかかわらず、ユーゴスラビアの内戦を食い止めるため、欧米の軍隊は危険な状況に置かれた。

習近平の独断的で自信に満ちた指導の下であっても、中国共産党は依然として、公益のためにリスクをとることにはほとんど関心を示していない。中国政府は巨額の融資を行い、平和維持軍に貢献するかもしれない。だが、中国が直接的な利害を持たない戦争では、どれほど大きな人道的危機のリスクがあっても、中国人民解放軍を派遣することはないだろう。

主導力とは、助けを切実に必要としている人たちを救うことでもある。難民避難所の提供などがそうだ。アメリカは１９８０年以来、３００万人を超える難民を受け入れてきた。[34] EU加盟国やトルコ、ヨルダン、さらにはイランといった国々は、アフガニスタン戦争が続いていた間や、２０１５年から２０１６年にかけての難民危機の際には、何百万人もの難民を受け入れているので、亡命者たちが続々とやってくる。中国は同盟国であり最貧国の一つである北朝鮮からの難民さえも受け入れようとしない。１９５１年の難民条約で定められた義務を無視し、長年にわたり北朝鮮から逃げてきた数知れない人々を逮捕し、強制送還してきた。[35]

トランプ政権の移民政策は激しい批判を浴びたが、それでもアメリカは２０１９年に約１００万枚のグリーンカードを発行している。ところが、中国が２００４年から２０１７年にかけて永住権を与えたのは約1万人にすぎないと言われている。中国に居住する人のうち、外国で生まれた人は０・１％にも満たない。[36]

中国の台頭は危険でもある

西側の民主主義が真理を独占しているわけではないし、より良い人生を送るための唯一の道でもない。中国を強力に擁護する人の主張では、中国は今のアメリカの主導力に代わる理にかなった主導力を発揮しているし、中国の成功とその政治経済システムの正当性を認めない欧米人は道徳的に愚鈍だ（または人種差別主義者だろう）。

しかし、法律は主に個人の権利を守るために存在するのだと信じる人にとって、中国はお手本になるような国ではない。旧ソ連の反体制運動家だったナタン・シャランスキーは、2004年（邦訳は2005年）に『なぜ、民主主義を世界に広げるのか――圧政とテロに打ち勝つ「自由」の力』を出版している。シャランスキーはその著書の中で、「タウン・スクエア・テスト」と呼ぶものを説明している。[37]「もし、ある人が町の広場の中央に歩いて行き、逮捕や投獄、拷問を恐れることなく、自分の意見を表明できないなら、その人は自由社会ではなく、恐怖社会に生きている」

天安門広場や、中国各地の公共スペースの真ん中で、中国共産党支配に異議を唱えるビラを配りはじめれば、その晩は自分のベッドで寝て過ごせないはずだ。

２０１３年、習近平の率いる中国共産党は、普遍的価値、報道の自由、党の過去の過ちについての議論を一切禁じた。[38] ２０１８年には、幼稚園から大学まで、教師はみな、「習近平思想」を守り、常に共産党を擁護するよう命じられた。党の指導に従っていないとみなされた教師や大学教授は監視され、生徒たちからネット上で攻撃を受け、インターネットへのアクセスや旅行の権利などの特権を剝奪されるのはもちろんのこと、公然と恥をかかされ、解雇され、逮捕されることすらある。[39]

要するに、中国は警察国家なのだ。その点では、１９８９年6月4日に天安門広場で平和的に行われていた抗議運動を戦車が鎮圧して以来、何も変わっていない。あらゆる国のあらゆる人々が自由社会で暮らすべきだと考える人々にとっては、いくら経済成長や技術発展があっても、一党独裁の権威主義的支配や、自由に考えて発言しようとする人々に向けられる残虐行為を正当化することはできない。

今の中国で起きている国家弾圧の話題には事欠かないが、最もひどいのが中国最西端の新疆ウイグル自治区におけるウイグル族の弾圧だ。この自治区はかつてウイグル族が人口の過半数を占めていたのだが、中国政府は長年にわたりウイグル族の優位性を弱めるため何百万人もの漢民族をこの地域に植民させてきた。この地域の人口構成の統制を強めるため、中国当局は「産児制限」に積極的な関心を寄せている。習近平は中国の「一人っ子政策」の規制を漢民族に対しては緩和したが、AP通信の2020年の報道によると、ウイグル族の数十万人の女性に対しては、妊娠検査、避妊リングの子宮への埋め込み、中絶、さらには不妊手術を定期的に強要しているという[40]。

ウイグル族は差別や弾圧に対して抗議行動を起こし、時には暴力で対抗してきた。それに対し習近平は、世界が未だかつて見たことのない規模の組織的な弾圧を行っている。中国は100万人ものウイグル族を強制収容所に収監している。中国政府はこれらの収容所を「職業訓練センター」と呼び、ウイグル族にテロを拒むことを教え、職業技能を習得させるのが目的だと主張している。また、中国国境内で何が起ころうと、他国が立ち入るべきではないとも主張している。

しかし複数の人権団体が、収容者たちがレイプや拷問を受けている証拠として、数百ページにおよぶ中国の国家文書などを入手している[41]。ウイグル族の窮状は、中国の不干渉原則がいかに空疎なものであるかを物語っている。要するに、中国は自国内で大規模な人権侵害を行う権利を手放したくないから、他国での犯罪や他国の侵略を無視しているのだ。中国との共通の基盤を簡単に見いだせないのは、こうした明白な理由があるからでもある。

世界が中国政府によるこれらの犯罪に目をつぶらないと、中国との戦略的パートナーシップを持てないわけではない。むしろ、中国を変わらせるために、世界各国が利用できる唯一の武器になりうるのだ。

「サイバー空間の主権」政策の実態

国民を監視し管理するため、中国は「サイバー空間の主権」と呼ばれる政策をとっている。これは、特定の国の中の人々がインターネット上で何にアクセスできるのかを管理するという高慢な意味の用語だ。２０１７年に制定された中国のサイバーセキュリティー法では、インターネットを利用するすべての人に実名での登録を義務づけており、個人の視聴習慣や議論を国家が監視しやすくなっている。また、「国家安全保障、国家経済、国民生活に影響を与える」個人情報へアクセスする権利も国家に与えられ、もちろん、こうした言葉の定義も国家が決められるようになっている[42]。

中国の規制当局はこの原則を利用して、グーグル、ツイッター、フェイスブック、ウィキペディア、ユーチューブなどのサービス利用を禁止し、中国国内の人々が何を見聞きし、読むのかをより厳しく管理できるようにしている。今後は、発展途上国で欧米の大手企業と競争する中国企業が増えるにつれ、情報統制に関して中国に追随したいと考える他国政府のため、中国がプライバシーや検閲に関するルールを決めていく可能性もある。

さらに中国は、何億人もの中産階級の消費者へアクセスできる巨大市場の力を利用し、欧米のハイテク企業の中国国内での行動を変えさせようとしている。たとえば、香港のデモ隊が市内での警察の動きを追跡するために使っていたHKmap.liveというアプリは、アップルのオンラインストアからダウンロードできるようになっていた。ところが、2019年、中国国営メディアがそのアプリの使用を批判すると、そのわずか1日後に、アップルはオンラインストアからアプリを削除し、デモ隊が警察を攻撃するためにこのアプリを使っているという中国政府の苦情を受け入れたと説明したが、この動きを批判する人々は、アップルが単に中国政府からの圧力に屈しただけだと非難している。[43] インターネットの理想はあらゆるところからオープンにアクセスできることだったはずなのに、中国はこの理想を脅かしている。他の国の独裁者たちも中国の動きに注目している。

国家によるプライバシーへの介入は、ますます絶対的なものになりつつある。2020年、オーストラリア戦略政策研究所の報告によると、中国7億人の男性（成年、未成年の両方を含む）の「遺伝子地図」を作るプロジェクトの一環として、中国の警察が3年かけて、全国から男性の血液サンプルを集めていたことが明らかになった（対象を男性に絞っているのは、成人男性や少年は犯罪に手を染めやすく、政府に抗議するとしたら彼らだろうという考えが前提になっている）。[44] この7億人の男性は犯罪者などではない、中国国民なのである。子どもたちも含まれるが、この情報がどのように使われるのか知る由もない。公共の安全という名の下に、あらゆる市民が潜在的な犯罪者扱いを受けている。あちこちに設置された最先端の監視カメラや、顔認識技術、人工知能に支えられた監視社会に向け、中国は着々と歩みを進めている。[45]

社会信用システムへの依存

中国当局は、まだ発展途上の「社会信用システム」への依存度も高めている。中国以外の富裕国の消費者なら、債権者や債権者となりうる人たちが、どれだけの負債を抱えているか、請求書に記された金額を期日までに支払っているかどうかなどがわかるよう、民間企業がスコアを作成しているのを知っている。また、アマゾンや、オークションサイトのイーベイ、配車サービスのウーバーなどのレビュー機能のように、商品やサービスの提供者と消費者が互いを評価し合えるシステムがあることも知っている。中国ではまだ包括的な社会信用システムは存在しないが、中央政府や地方自治体はこの概念の利用方法を拡大して国民を監視し、信号無視、公共の場での泥酔、乱闘騒ぎといった軽犯罪を犯した者に罰則を与えている。

このシステムの適用範囲は今後さらに広がるだろう。中国当局によれば、その目的は「正常な社会秩序を著しく損なうような行為」を防ぎ、「信用のある者が太陽の下のいたるところを歩き回ることができる一方で、信用のない者は一歩も歩けないようにする」のが目的らしい。

離婚した相手へ扶助料の支払いを怠ったことはないか、解雇されたことはないか、嘆願書に署名したり、抗議運動に参加したりしたことはないか、友人や家族が以上のいずれかをしてはいないかで、信用度のスコアがつけられていくかもしれない。中国当局はまだ国民にここまでの信用スコアをつけてはいないが、この社会信用システムの開発が進めば、この種の統制を行ううえで壁になるものといえば、法律ではなく技術になる。

社会的信用度のスコアが高ければ、高い給料が得られ、良いアパートに住め、航空券や鉄道のチケットを買えて、年金も多くもらえるかもしれない。逆にスコアが悪ければ、自分は改心したのだと裁判官を説得できない限り、永久にこうしたものを手にする権利を拒否される可能性がある。このシステムは、不正行為や盗み、暴行を働いた人たちを罰するためにに使われるだけでなく、政府に批判的な意見を持つ人々を統制する目的で使われることもあるのだ。

弾圧の道具を売る

中国の自国民の扱い方は、我々の懸念だけでなく、怒りさえかき立てるはずだ。中国はさらに、監視技術を他国へも輸出している。我々はその事実も危惧すべきだ。市民なら、警察には犯罪者を捕まえてほしいと思うのが当然だし、頭上に監視カメラが設置されている生活に慣れてしまった人も多い。しかし、顔認識技術を一般市民全体に用いることについては議論が高まってきている。中国では監視技術分野で先駆的な企業が数多く存在し、国が新しい監視ツールに多額の投資を行い、ハイテク企業はそのツールを発展させるため、膨大なデータを収集している。もちろん、中国はこうした技術の設計や使用方法について独自のルールや規格を作り上げ、外国政府に売っている。

新疆ウイグル自治区は、こうした監視ツール、つまりは弾圧ツールの実験場になっていて、実験がうまくいったものは輸出できるようになっている。２０１９年４月の『ニューヨーク・タイムズ』紙の調査で、中国治安当局が監視カメラと最先端の顔認識技術を使って、ウイグル族全体を監視していることが発覚した。要するに、人種差別を自動化する目的で人工知能が利用されていることが、この世に初めて知られたのだ。[46] 実験に成功すれば、同様のツールを中国全土に展開し、外国政府にも売ることができる。

中国のＡＩ企業クラウドウォーク（雲従信息科技、CloudWalk）が、世界で最も抑圧的な政権の一つであるジンバブエ政府に顔認識ソフトを売ったと報じられたが、これもおそらくインターネットを使った安全度の高い銀行取引技術を開発するプロジェクトの一環だと思われる。ジンバブエとのこの取引は、一帯一路構想の一環として行われた。

中国の国営新聞『科技日報』の報道によると、クラウドウォークはジンバブエの全国顔認識データベースの開発も支援したという。[47] ジンバブエとの取引には、表立ってはいないが、もう一つ別の目的があった。ジンバブエ政府がクラウドウォークと共有したジンバブエ国民の顔写真のデータベースは、同社のＡＩ技術で黒人の顔をより正確に識別するのに役立っている。ひいては、同社のソフトウエアの魅力を他のアフリカ諸国にも訴え、同様の技術開発に取り組むアフリカのスタートアップ企業の成長を妨げようとしているのだ。

民主化を推進する非政府組織（ＮＧＯ）のフリーダム・ハウスの２０１８年の報告書によると、ジンバブエ以外にも、アラブ首長国連邦から、ベネズエラ、ウズベキスタン、パキスタン、ケニア、そしてドイツまで、17カ国が中国製の「インテリジェント監視システム」を使っているという。中国はさらに30カ国以上に対し、「世論誘導」などについてのトレーニングを提供している。[48]

この「世論誘導」という言葉の意味は、ジョージ・オーウェルの説明を待つまでもない。こうしたハイテクの監視ツールの販売は、中国に限ったことではなく、欧米諸国も売ることができる。パランティア・テクノロジーズのようなアメリカのビッグデータ分析企業は、特にアメリカ中央情報局（CIA）や移民税関捜査局（ICE）との関係が取り沙汰され、国際社会の監視の目にさらされている。[49] だが、アメリカなどの民主国家には、政府や企業の責任を調査し、追及する自由な報道機関が存在する。中国にはそういうものがない。秘密主義が政治文化と商取引の一部になっていて、中国政府や中国企業は、多くの民主国家が取引しない外国政府へ売り込みをかけている。また、ジンバブエの民主化運動家や野党議員が、中国が自国政府に売りつけた監視製品が一体どのようなものなのかを明らかにするよう、中国に強制できるわけでもない。それに、多発する凶悪犯罪に辟易《へきえき》した国民は、自国に監視カメラやハイテクな監視システムの設置を歓迎することが多いのだ。

しかし、独裁国家においては、警察が犯罪者を捕まえるために使うツールは、秘密警察が反体制側を監視し、取り締まるために使う武器にもなり得る。カメラや顔認証技術にいえることは、犯罪が疑われる（あるいは政治的に疑わしい）インターネット上の行動を追跡する人工知能にも当てはまるだろう。

破壊的な新ツール（および武器）の発明は、人類の歴史に匹敵する長い歴史があり、それらを発明されなかったことにすることはできない。新しい情報技術によって、ユーザーが自分たちのプライバシーをどんどんと放棄し、個人の安全が脅かされているのではないかという恐怖が高まるにつれ、最終的には、中国がアメリカのような国になるよりも、アメリカが中国のような国になる可能性のほうが高いかもしれない。いずれにせよ、疑心暗鬼は、米中のパートナーシップの障壁となり、ますます膨らんでいくのである。

対決は必至

専門家の間では、20世紀の米ソ対立と今の米中対立の違いを認めつつも、「新たな冷戦に突入した」との見方が強まっている。歴史学者でジャーナリストのニーアル・ファーガソンは、これを「第二次冷戦」と呼び、「我々は再び、平和ではない平穏の中にいる自分に気がつく。それが冷戦の定義だ」と言っている。[50]

ジャーナリストのロバート・カプランも同意して、「新しい冷戦が始まった」と、2019年に『フォーリン・ポリシー』誌に寄稿し、「アメリカと中国の間の相違は著しく、根本的だ。[51] この2国間の相違は交渉してもほとんど埋められず、本当の意味で和らげることなど不可能だ」と述べている。アメリカ・カナダ関係を担当するドイツ政府高官のペーター・バイエルは、２０２０年に、「米中間の新しい冷戦は既に始まっていて、この冷戦が今世紀を形作るだろう」と警鐘を鳴らしている[52]。

私はこうした見解に同意しない。米中間には多くの相違があり、その中には埋められないものもあるが、両政府はまだ新しい冷戦に陥ってはいない。彼らは新しい冷戦を戦っているようなふりをやめるべきだ。そのような対立は両国にとって最大級の戦略的失敗となるだろうからだ。新たに大国間の対立が起きれば、相互依存関係が損なわれ、我々の経済を発展させ、安全を守り、また、本書で説明する喫緊の世界危機への最良の対抗措置を講ずることが難しくなるだろう。

アメリカと中国は、多くの分野で真っ向から対立することになるはずだ。分野によっては、両国間の競争がゼロサムになるものもあるだろう。たとえば、米中両政府が、台湾、香港、南シナ海の将来について合意することは絶対にない。その一方で、貿易や投資のように、競争しながらも、相互利益を目指して協力し合える場合もある。他にも、たとえば、第3章で説明するような分野で、連携は不可欠だ……。さもなければ、一巻の終わりになってしまう。そうならないように、問題の仕分けを明確に、そして率直かつ現実的に定義することが、両政府の利益にかなっている。

今のところ、アメリカにとっての最大の脅威は、あまりにも二極化が進んだ政治、格差の拡大、政治制度やメディアに対する不信の深まりといった、アメリカ自身の失策に起因している。しかし、やがて中国は比類なきライバルとなって、アメリカや世界の民主国家に前代未聞の課題を突きつけてくるはずだ。

かつてソ連は軍事面とイデオロギー面でアメリカを挑発したが、通商面ではライバルにはなり得なかった。1980年代の日本は、アメリカにとって通商面では手ごわい競争相手であることを証明したが、政治面や軍事面では同盟国であり続けた。21世紀の中国は、アメリカにとって軍事面、政治面、そして通商面でのライバルだ。新技術の領域では、この3つの境界はまたたく間に曖昧になる。アメリカと中国という2大国は、東ドイツの安いセメントで作られた壁ではきれいに分断することができないのである。

小説家F・スコット・フィッツジェラルドは、「優れた知性とは、2つの対立する概念を同時に抱きながら、その機能を十分に発揮していくことができる、そういうものだ」という有名な言葉を残している。その精神に基づき、アメリカは中国と他の分野では競争し、対立しながらも、両国と世界が直面する最大の課題に中国と協力して取り組まなければならない。もちろん、アメリカとその同盟国は、世界各地で民主主義、法の支配、人権の原則を守るために努力すべきだ（その努力は、当然、自分たちの足元から始まるが、終わるのはそこではない）。

中国の台頭を抑えることはできないし、抑えるべきでもない。中国の発展は自然なことであり、中国の国民はより良い生活を望んでいるし、それを享受するに値する。マイク・ポンペオ元米国務長官はかつて、アメリカとその同盟国は「中国には世界における立場をわきまえさせる」ように仕向けるべきだと主張したが、中国の「立場」を決めるのはアメリカではない。ポンペオのような発言は、「アメリカは中国を抑えつけようとしている」という中国国内の声を強めるだけだ。

中国が世界に貢献できる分野はいろいろとある。そうした分野で、アメリカをはじめとする国々は中国の貢献を歓迎すべきであるし、それだけにとどまらず、たとえば、中国主導の国際貿易・金融機関に加盟してみるべきだ。もしアメリカが中国の発展を実際に支援するのなら、中国の国粋主義者たちがアメリカは中国の成長を阻もうとしていると主張するのもはるかに難しくなるだろう。

これ以降の章で説明する危機は、壁や国境などまったく気にしない。仮にアメリカと中国が冷戦を始め、世界各国にどちらの側につくのかと詰め寄っても、こうした危機には取り組めない。米中両国がある程度の代償や犠牲を払い、リスクや創意工夫を共有しなければ

ば、これらの危機には立ち向かえない。真の米中の戦いは、両政府の間で繰り広げられるのではなく、むしろそれぞれの国内で起きている。アメリカと中国は世界のために協力し合わなければならないと信じる人々と、そうは思わない人々との間でだ。

終章でも述べるが、建設的かつ協力的な競争を、調整を図りながら繰り広げるだけの共通の基盤は十分にある。ただし、米中双方が直面している脅威について、互いを信頼できると信じることが可能であればの話だ。そして、これが重要なのだが、公衆衛生の危機、気候変動、人間の暮らしを脅かす新技術の出現が、あらゆる国家とあらゆる人間に脅威を与えている事実を、各国の政府、企業、市民社会、そして個人がみな認めなければならない。そして、その総意を基盤として、みなが協力して真の解決策を打ち立て、世界共通の未来に投資していかなければならないのだ。

ここからは、世界が待ち受ける大きな試練とチャンスの第一弾に話を進めていこう。

第2章
パンデミックの地政学

新たな国際協力関係と、より優れた国際システムを構築するには、危機が必要だ。新型コロナはそういう危機だった。今回のパンデミックの経験から学ぶべき教訓はいくつかあり、前途に立ちはだかる、より大きな課題に取り組むときに役立つだろう。

これらの教訓を学ぶには、今回のパンデミックが広がっていったスピードを忘れてはならない。中国で最初の死亡者が出てから、全世界で100万人以上が感染するまで、わずか3カ月足らずだった。[1] 正確な数字は決してわからないだろう。検査が広く行われず、多くの国で医療があっという間に逼迫《ひっぱく》し、途上国では多くの人々が病院に行くことすらできなかったからだ。感染の拡大があまりにも速かっただけに、次の公衆衛生の危機に備え、各国の政府は十分に前もって、しっかりとした対策をしておくことがさらに重要だ。感染症対策を練るには、国境を越えたコミュニケーションと協力が要になる。

大惨事の予兆

危機によっては予測や準備をするのが難しいが、新型コロナはそうではなかった。

2005年11月に、ジョージ・W・ブッシュ大統領はこう発言している。

> パンデミックは山火事に非常によく似ている。早めに発見できれば、損害を抑えて鎮火できるかもしれない。もし発見されずに火をくすぶらせておくと、我々の消火能力を超えてあっという間に燃え広がり、地獄さながらの状態へと発展しかねない。（中略）パンデミックに対応するには、医療従事者と十分な医療機器が必要だ。パンデミックでは、注射器から病院のベッド、呼吸器、マスク、防護具に至るまで、あらゆるものが不足することになるだろう。
>
> パンデミックが発生した場合、至急必要になる新ワクチンを迅速に製造して供給できる能力を備えていなければならない。

そして、２０１４年12月には、オバマ大統領が次のように述べている。[2]

> 死に至るような空気感染性疾患が発生する時代がいつか来るかもしれないし、来る可能性が高い。それに有効に対処するには、インフラを整備する必要がある。ここアメリカにだけでなく、世界各地にだ。そうしておけば、感染症の発生をすぐに把握でき、すばやく隔離策がとれて、迅速な対応が可能になる。
>
> （中略）そうすれば、仮にあるいは実際に、５年後、10年後にスペイン風邪のような新

型インフルエンザが発生したとしても、我々は既に投資をしているから、感染症の拡大を止めることができる。我々にとってそれは賢い投資なのだ。それは単なる保険というものではない。これから先、感染症のような問題が繰り返し起きるとわかっているのだ。1日で世界の端から端まで人が移動するグローバル化の進んだ世界では特に、避けられないことなのだ。

それからほぼ5年後に、中国で新型コロナウイルスが出現した。

ビル・ゲイツも同じことを警告していた。トランプ政権が公衆衛生の専門家たちの警告に耳を貸さず、専門家たちが起きると予想していた緊急事態に何の備えもしない一方で、ビル&メリンダ・ゲイツ財団は、ワクチン開発研究や感染症追跡システムに何億ドルも投資していた。ゲイツ自身も世界のリーダーたちに避けられない事態に備えるよう呼びかけていた。

西アフリカでエボラ出血熱が発生したことを受け、２０１４年11月、ゲイツは次のように警告を発している。[3]「感染症対策の準備は、世界が一つになって進められていない。私たちはこれまでにも何度かインフルエンザの恐怖に襲われ、いくつか軽微な措置をとったが、十分ではない。（中略）新しいツールをいろいろと使えば、これまでよりも幅広い範囲で感染症を監視することは、かなり現実的に可能だ。年間数十億ドルもかける必要はない。実際、数億ドルでかなりいい仕事ができる」

パンデミックが起きるかもしれないと何十年もの間警鐘を鳴らしてきた科学者たちは、致死率の高いウイルスをすべて完全に封じ込めることは不可能だと認めている。必要なのは世界全体の取り組みだ。たとえば、新たな感染症監視システム、各ウイルスを追跡および分析するための新しい手法、ウイルスの発生源でアウトブレイク（集団発生）が起きたときの迅速な初動手順、ウイルスが飛び火して世界各地に集団発生が突然起きたときの、迅速かつ効率のよい治療を行うための新システムを用意しなければならない。

こうした取り組みには投資が必要で、道徳的想像力（訳注：共感力や気づきのようなもの）と政治的意思も求められる。そのためには、各国政府の間に、万人のために歩み寄り、協力し、連携し合おうとする新たな意欲がなければならない。

分断を深めた危機

新型コロナの脅威に対する世界の初動には先が思いやられるものがあった。世界最強の2つの国の国内でパンデミックに絡んだ争いが起き、とんでもないダメージをもたらしたからだ。アメリカでは、１ドルの医療マスクでさえ、「文化戦争」の発端となりうることを新型コロナが証明した。他の多くの国々と同じように、もっと本質的な議論も全米各地で繰り広げられ、長期間の隔離による心の健康へのダメージを避けながら、ウイルスを封じ込め、経済を回し続けるには、どうバランスをとるのがよいかと議論が交わされた。しかし、その議論もまた政治的争いに発展していった。正当な意見の違いであっても、政治家やメディアによって極端に解釈され、右派も左派も、ケーブルテレビのニュース番組やソーシャルメディアに流れる投稿に裏付けられた情報だけを信じる道を選んだ。

危機の中には、愛国心を生むものもある。たとえば、２００１年9月11日に起きた同時多発テロ事件がそうだ。あの事件のあと、約３０００人が殺害されたことに恐怖を覚えたアメリカ国民は結束を固め、当時の大統領ジョージ・W・ブッシュの支持率は86%に急上昇した。

ところが、新型コロナの場合は違った。ウイルスが蔓延していても、何が本当に起こっているのか、なぜこんなことが起きているのか、それに対して何をすべきなのかに関して、アメリカ国民の間で意見が大きく分かれ、２０２０年初めに42・6%だったドナルド・トランプ大統領の支持率は、45・8%を超えることはなかった。[4] 新型コロナは、右派にも左派にもお互いを攻撃する新たな理由を与え、この攻撃自体が、ウイルスとの戦いをさらにこじらせ、危機克服の代償を大きくしたのだ。

消えない中国への不信感

選挙も文化戦争もない中国でも、新型コロナは多くの問題を生み出し、政治家たちは頭を抱えた。何億人もの中国国民は今、この新型ウイルスによる感染症が蔓延しはじめた頃に、ウイルスに関する重要な情報を共有しようとした医師たちを、政府がどのように黙らせたかを知っている。このウイルスが世界に飛び火してパンデミックになると、他国政府は中国政府が感染症の拡大を食い止めようとしなかったことを非難した。

習近平国家主席は、香港の民主化運動、アメリカの台湾支援、インドとの国境紛争、オーストラリアとの貿易摩擦と外交問題、南シナ海の領有権争いに、ますます強硬姿勢を示した。それは新型コロナ危機の初期対応の失敗と、それがもたらした経済的ダメージから国民の目をそらすためだったのだ。

新型コロナウイルス第一波の集団発生を封じ込めた中国は、ライバルのどの民主国家よりも早く立ち直った。２０２０年に世界の主要経済国で経済成長を果たしたのは、中国だけだった。[5] 中国の指導者たちはこの成功を利用し、欧米主導に代わる存在として中国を世界に誇示した。たとえば欧米製ワクチンの承認が下りる数カ月前に安価なワクチンを開発して世界に売り込み、多くの途上国にそれを普及させ、アメリカの指導力低下で生まれた空白に踏み込んでいる。

それでも、パンデミック以前から高まっていた中国に対する不信感は拭えなかった。それどころか、中国政府が最初の集団発生を隠そうとした事実が発覚し、逆効果になっている。２０２０年６月、欧州委員会は中国（とロシア）が「ＥＵとその近隣諸国、そして世界全体で、自国の影響力を高めるため、標的を定めて偽情報を広めている」と非難した。[6]ひどい実例を挙げると、ヨーロッパで新型コロナウイルスの感染が拡大している最中に、フランスのある介護施設の職員たちが仕事を放棄して入所者を死なせた、というデマが中国大使館のウェブサイトに掲載されたことがあった。

「Gゼロ」世界の対応

こうしたことのすべてに対して中国は国際的な反発にさらされた。２０２０年10月に発表されたピュー・リサーチ・センターの報告書によると、ヨーロッパ、北米、オーストラリア、アジアの14カ国の回答者のほとんどが、習近平国家主席が「国際問題において正しいことをする」とは信じていない。[7] また同じ報告書から、中国を世界第一の経済大国だと考える回答者が増えていることも判明した。結局のところ、このパンデミックでは、アメリカが政治的機能不全と激しい二極化に陥るなか、中国が自信を深めると同時に、他国が中国経済への依存度を危惧しはじめ、中国が経済だけでなく、何か大きな目標を持っているのではないかという懸念を強めることになった。

言い換えると、新型コロナウイルスは地政学的後退（訳注：世界のリーダーがアメリカではなくなり、リーダーが不在になっていく過程）を深刻化させたのだ。公衆衛生と経済の両方から世界を襲った真にグローバルな危機は、協力よりも責任をなすりつけ合う機会をはるかに多く生み出し、国境を越えて情報や緊急物資が共有されることはほとんどなかった。世界最強の２大国の指導者たちは、人命を救い被害を最小限に抑えるのに最も適した国際機関である世界保健機関（ＷＨＯ）とも協力しようとしなかった。結果的に何が実際に起きているのか、どう対応するのが最善なのか、責任は誰にあるのかと、怒りに満ちた各国の一般市民が、しばしば暴力的な抗議運動を起こしたのである。

新型コロナ対策の失敗は右派も左派も関係なく政治全体におよんでいる。ブラジルとイギリス（右派政権）、メキシコとスペイン（左派政権）はそれぞれ別の時期に、新型コロナウイルスによる人口当たり死亡者数で世界最悪レベルとなった。[8] 責任のなすりつけがあまりにも多かった。

なぜこのようなことが起きたのか理解する必要がある。つまり、世界秩序が崩壊したことにより、国際的なガバナンスの破綻が避けられなかったのだ。我々はみな、国際システムそのものに失望した。各国政府と様々な国際機関が有効に協力する可能性がないことを示してしまったからだ。この問題を解決しなければ、万人のために、パンデミックだけでなく、本書で後述する（さらに大きな）課題に取り組むことはできない。

貧困国の長期的なダメージ

過去50年間のグローバリゼーションの大きな成果は、富裕国と貧困国の貧富の差を劇的に縮め、世界的に中産階級を増やしたことである（富裕国の多くで不平等が拡大しているとしても）。新型コロナはその歴史的な流れを逆行させてしまった。パンデミックが残した最悪の遺産は、多くの貧困国に与えた長期的ダメージだ。これらの国は、極度に脆弱な医療システム、ひどく効率の悪い官僚機構、途方もなく古いインフラ設備、あまりにも少ない準備資金しか持たない。貧しい国々は、感染とワクチン接種の組み合わせによる集団免疫に到達するのが遅く、経済の回復には長い年月がかかることだろう。

新型コロナのパンデミックからの回復状況

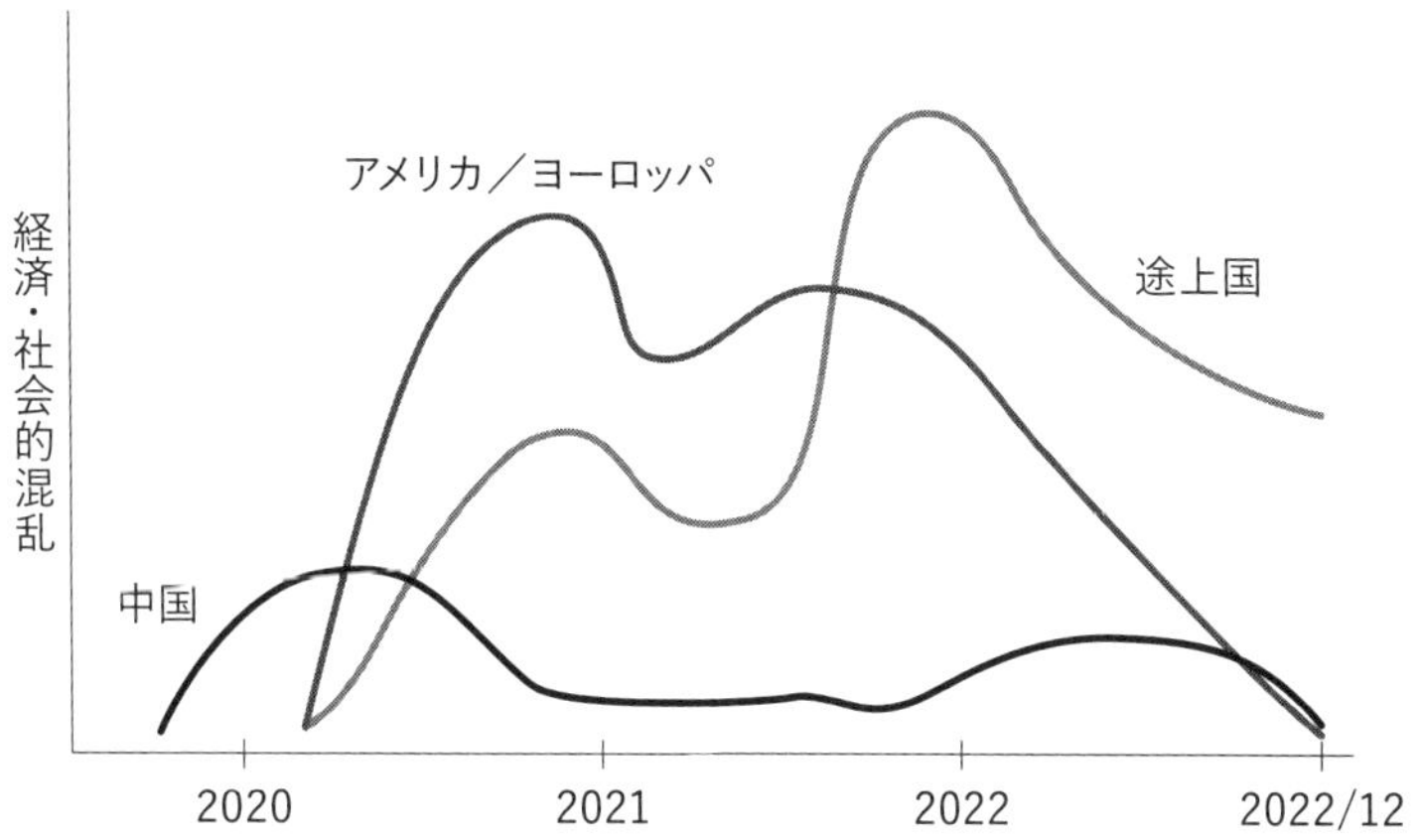

グラフが示すように、新型コロナからの社会、経済の回復は３段構えになっている。第１段階では中国が回復している。中国の権威主義的な政府が感染者を追跡して隔離し、ロックダウンを強化するのに必要な技術的手段と、国民に対する政治的権威を持っていたために、早期の回復が可能だった。第２段階では、ワクチン接種を普及させ、経済的打撃を緩和するための資金を持っていたアメリカやヨーロッパが回復していった。第３段階は途上国の回復だが、途上国ではワクチンと資金の両方が不足しているため、依然としてパンデミックとその経済的余波に苦しんでいる。

もしも富裕国の人々が、国家間の不平等の拡大を自然の摂理として受け流し、貧困国の苦しみなど自分たちの生活に影響を与えないと思いたいならば、伝染病に関する事実をいくつか思い返すべきかもしれない。一つでもウイルスが活発な場所があれば、世界中で活発化する可能性がある。このメッセージは我々の耳に幾度となく届いているのに、我々の多くにはそれを心に留めている形跡があまりない。ウイルスは国境を越え、封じ込められずに、放置されたままになっている場所で変異しては危険な新種を生み出し、全世界を脅かすのである。

途上国の後退

経済の停滞も他国に感染しやすい。富裕国は最悪の感染状況からいち早く脱出して経済的に回復したが、途上国の人々は「ウイルスと共存しながら生きる」ことを強いられている。

こうした途上国では、職場や学校が閉鎖されても、家庭から安定してインターネットへつなぐことができず、リモートで働いたり勉強したりすることができない人が多い。コロナ禍で観光客も減ったため、観光がもたらす収入に政府が頼ることもできない。海外で働く家族や友人からの送金が減ると、貧しい国にいる家族が手にする現金も減る。やがて経済的に苦しくなると、政治が混乱して暴動が起きる。貧困国は世界の多くの組織的犯罪の温床となり、国民の大多数がより良い暮らしを求めても、それがなかなか手に入らずに自暴自棄になる。彼らはやがて難民となって国境を越える。

広い視野で見れば、ほんの一部の地域を除き、世界はより安心安全に暮らせて、様々な機会に恵まれ、繁栄した社会を目指して少しずつ前進してきたのに、新型コロナはその長期的な進歩を止めてしまった。ビル＆メリンダ・ゲイツ財団は２０２０年より前の報告書で「貧困や病気との闘いにおいてここ数十年間は成果が見られ、大変喜ばしいことだ」と述べていたが、２０２０年には「この進歩は今、止まっている」と報告している。そして「世界は約25週間で25年ほど後戻りした」とも述べている。

新型コロナは、栄養失調やＨＩＶ（エイズウイルス）と戦うための国際的な取り組みに打撃を与え、各国の医療制度を逼迫させた。家計の負担を減らすため、子どもたちは学校へ行かせてもらえず、教育の機会が消えてなくなった。世界的に貧困が拡大した。

世界銀行は２０２０年10月、このパンデミックにより、２０２１年までに１億５０００万人もの人々が極貧状態に逆戻りすると予測し、貧困に関する統計では、20年以上ぶりの悪化となった[9]。特に女性は、非公式経済において男性よりも多く雇用されていることもあり、大きな打撃を受けている。ゲイツ財団は「西アフリカでエボラ出血熱が流行したときのデータを見ると、学校が再開しても少女たちが学校に戻る可能性は低く、少女たち自身や将来の子どもたちに機会が閉ざされることが推測される」と報告している。[10]新型コロナは世界中で、男性を、そしてより女性を極貧に追いやっている。[11]また、独立非営利財団のグローバルファンドの報告書によると、HIV、結核、マラリアの感染率が男女ともに今後大幅に上昇するリスクがあることがわかっている。[12]

貧困国は今後、富裕国からさらに支援を必要とするだろう。債務危機は世界全体の問題だからだ。融資を受けられなくなった政府は秩序を維持できなくなり、1つの国の政情が不安定になれば、それは国境を越えて波及する。残念ながら新型コロナの発生以前から、欧米では世界最貧国を救済する「財政支援」という考え方は不人気になってきていた。何百万人ものアメリカ国民は今でも、貧しい国からの移民や、貧困国への財政支援に対して強硬な姿勢をとるトランプ前大統領を支持している。バイデン大統領がどのような意図や政策目標を掲げていようと、移民問題や他国への財政支援に関しては、多勢の心を変えるのは難しいと言わざるを得ない。

ヨーロッパもまた移民問題を抱えている。EU南部の国々は債務危機と、シリア内戦を逃れ、北アフリカや中東から続々と押し寄せる難民の波のダブルパンチを受け、財政支援を求める一方で、EU北部の国々はそんな南部諸国を無責任だとみなし、EUの南北間に対立が生まれている。国際的な「債務免除」という考え方は、大西洋のどちらの側でも納税者の間で人気がない。中国の「一帯一路」計画への投資や信用供与も、２０１５年をピークに激減している。中国では高齢化が進み、社会保障強化のため、さらなる国家支出を余儀なくされている。したがって、中国の経済と長期的な成長見通しにも圧力がかかっている。

次のパンデミック

次のパンデミックが発生するまで、我々が思っているほど時間はないのかもしれない。この50年間で国境を越えて旅する人の数は、目的が出張だろうと観光だろうと、あるいは迫害から逃れるためだろうと、記録的に増えている。新型コロナウイルスが中国から世界に広まるのにかかった日数は数日だったのに対し、科学者たちがその感染経路を遡るのに数週間かかったことを思い出してほしい。

過去半世紀の間に、動物から人間に感染する、致死率の高い病原体が40種類以上発見されている。[13]途上国、先進国を問わず、動物たちの生息域へと郊外や別荘地が拡大しているため、動物と人間が直接接触する機会が増え、病原菌が新たに発見されるペースは速まる一方だ。

特に影響が出ているのが鳥類だ。鳥の移動経路にある土地が開発で舗装されたために人口密集地や農場に飛来することが多くなり、鳥同士、また他の動物や人間へのウイルスの感染ペースが加速している。また、不衛生な工場畜産も、新たなウイルスの発生を招く危険性をはらんでいる。２００９年に発生した豚インフルエンザの流行では、１２０カ国以上で数千万人が感染し、数千人が死亡したが、遺伝子解析により、アメリカのノースカロライナ州にある養豚場が起源であることが判明している。[14]

もっと気がかりなのは、新型コロナウイルスは感染力が非常に強かったが、今後さらに強毒で致死率の高いウイルスが確実に現れると科学者たちが考えている点だ。過去20年間を振り返っても、新型コロナウイルスの致死率は大して高くない。重症急性呼吸器症候群（ＳＡＲＳ、２００３年）、Ｈ７Ｎ９（２０１３年）やＨ５Ｎ１（２０１４年）などの鳥インフルエンザ、中東呼吸器症候群（ＭＥＲＳ、２０１９年）は、いずれも新型コロナウイルスより感染力は弱いが致死率が高かった。コロナウイルスの変異についてはまだ解明されていない点が多い。次の株はもっと感染力が弱く致死率も低いと考えるのは愚かだ。

ところが、感染拡大を食い止める対策を誤った国の指導者たちが国境を越えて責任をなすりつけ合い、感染防止対策を調整するはずの公衆衛生機関をスケープゴートにするなどして、感染症対策は政治化される一方なのである。この問題は新型コロナウイルスをめぐる論争、特に米中政府間の激しい対立によってさらに複雑になった。そして次の病原体が出現したときには秘密主義はさらに助長されることになるだろう。

今回のパンデミックは我々の生活における非常に大きな危機だった。だがパンデミックそのものは、新たな国際協力制度を作らなければと思わせるほど、あるいはアメリカ国内で、共和党と民主党の結束を促すほど、我々を震え上がらせはしなかった。新型コロナを世界的脅威だとみなし、世界が一つにならなければ有効に解決することなどできないと認めた指導者たちは少なく、実際にそのような解決策を講じようとした指導者となると、さらに少なかった。

それでも新型コロナは、今後のパンデミックを抑えるための有用な教訓をいくつか我々に与えてくれた。これらの教訓は、他の問題に向き合うときの協力体制の基盤になるかもしれない。そこで、３つの重要な教訓を紹介しよう。

教訓①：今すぐ投資する

新型コロナが教えてくれた最初の教訓は、基本中の基本のものだ。何事もない晴れた日に嵐の準備をしておくか、準備を怠り、自業自得に甘んじるかの選択しかないということだ。次の場合、新型コロナのような惨事が起きると、人的および経済的被害の範囲はさらに広がるため、各国政府は国ごと、地域ごとに大惨事に備えて投資すべきである。

- 科学者や医師が大量の感染検査を行えず、社会全体でウイルスの感染経路を追跡できない場合
- 感染者数が急増し、病院で治療に必要な医薬品や設備が不足する場合
- パニック状態に陥り、政府が即席の封じ込め対策を講じなければならない場合
- 州政府や連邦政府が国際機関から緊急資金援助を受けられない場合
- 国家・地方自治体の政府がいずれ来ることがわかっている緊急事態に対応するための確かな計画を持っていない場合

一つとして同じ災害はないが、新型コロナウイルスのように予測可能なものについては、情報を駆使した計画を立てて、被害を軽減することができる。もしも政府が感染症予防対策を慎重さや寛大さの問題としてではなく、国際的優位性を獲得するための重要戦略（中国にとって新型コロナへの対応がそうであったように）として考えれば、政府は世界全体へのダメージを抑えるための行動をとるだろう。

特に、一見無駄に思えることへの投資が重要だ。世界的な経済競争の中で、企業（および政府）はコストを削減して効率性の最大化を迫られる。グローバリゼーションの特徴の一つ、「ジャストインタイム・サプライチェーン」が誕生したのもそのためだ。雨も降っていないのに、なぜ何百万本もの傘を余分に購入しないといけないのか。数十年に一度の公衆衛生の危機が起きたときにしか必要にならない人工呼吸器を、なぜ病院に設置しなければならないのか。答えは言うまでもない。いつか必ず激しい雨は降り、大惨事を避けるには医療機器が不可欠なのだ。

準備と投資が必要なのである。わかりきった常識だが、何度も言わなければならない。新型コロナが証明したのは、常識だからといってみなが実践するわけではないということだったからだ。

自国に投資する

各国政府は自国に投資しなくてはならない。どの政府も、公衆衛生の危機が発生したときの指揮系統と責任分担を明確にしておく必要があり、重要物資を備蓄するだけの財政的余裕もある。しかし、このような緊急事態が発生した場合、真っ先に対応を迫られるのは地方自治体だ。決定的なときが来る前に投資を行っておく必要がある。

今回のコロナ禍では、アメリカのように連邦制をとっていて中央集権的ではない場合、意思決定が分散化されているために、緊急事態を不必要に悪化させる可能性があることが証明された。急場しのぎの危機対応しかできず、わずかしかない医療機器の入手をめぐって各州が入札合戦を繰り広げたために、多くの人命が奪われてしまった。数十年にわたり各州の公衆衛生機関へ大した投資が行われてこなかったために、アメリカではぎりぎりのウイルス対策しかできなかった。

また、各国政府が国内だけに投資するのでは不十分だ。前述のとおり、感染症は人間が作った国境や壁をものともしない。感染症の世界的流行を予防または終息させるための有効な国家戦略はなく、国際的な戦略しか効果を発揮しないのだ。感染症の集団発生が起きれば、必ず数週間以内に世界的な問題に発展する。それを避けるため、どの国にも防護服や検査機器、有効な治療、ワクチンが必要だ。今回の新型コロナウイルスが示したのは、ウイルスの変異から人々を守るため、貧困国が早期に対応できるよう、そのワクチン生産能力に投資することが重要だということだ。

各国政府が国際協力の橋よりも壁を作りがちな世界では、友好的とは言えない国からの重要物資に依存しすぎると、サプライチェーンが破壊されたときに、新たな緊急事態が発生することになる。「ショックに対する強さ」への投資とは、物資とその供給者の両方に余剰を持たせるための投資を指す。国際協力の強化は、何もかもを分かち合うことを意味するわけではない。自国の独立性がなくなると考えて協力に抵抗する政府も出てくるはずだ。しかし、十分な数の政府が協力して国際システムに弾力性を持たせれば、協力に抵抗する政府も参加するかもしれない。

民間企業も、個人も備えを

ショックに対する強さへ投資するのは、政府だけではない。社会がパンデミックを乗り切るために必要な、検査や治療用の医療器具、防護具、ワクチンを作っている民間企業もだ。かつての戦時中のように、政策立案者たちと密に連携しながら、少数の企業が中心となって解決策を生み出し、しかも、政府との契約から多大な利益を得られることを今回の新型コロナウイルスは示した。また、将来の危機に備え、国内だけでなく、国際的に感染症対策の計画を進めるには、コミュニケーションや指揮系統の一部に民間企業を組み込むことが極めて重要だ。政策立案者と大学には、彼らが得意とする基礎研究分野で本領を発揮してもらい、民間企業がその基礎研究をすぐに大量生産可能な新しい道具に変えて市場に出すようにする。

今回のパンデミックでは、政府は非常時に民間企業の技術革新に依存していることを思い知らされた。また企業も、同じ非常時に自らの脆弱な部分を政治家の誤った判断に委ねることになりかねないと思い知った。今回の新型コロナウイルスは、政府と企業の双方に甚大な打撃を与えた。それだけでも、今後の緊急事態対応策は両者が協力し合って考えていかなければならない理由になる。また、はるか彼方《かなた》にあって見えない脅威を理解し、それに備えるための時間や資金、人的リソースを持つ民間慈善団体を、企業や個人が支援することも可能だ。

最後になるが、指導者たちが予防対策を講じるだけでは十分ではない。家庭や個人にも備えが必要だ。つまり、感染症の脅威にどう対応するのが最善なのかを学んでおかなければならない。

シンガポール、ベトナム、台湾などのアジア諸国は、過去にウイルスの流行で大きな打撃を受けた経験があり、これらの国の国民は感染症が広まりはじめたときに何をすべきか、何をすべきでないかを知っていた。それもあって、今回の新型コロナウイルスへの対応は、そうした経験のない国よりは効果を発揮した。彼らはマスクを着け、手を洗い、人と距離を置いただけではない。正確な情報や役立つアドバイスを得るには、誰に尋ねればよいのかを知っていた。政府や党派的な政治家、ジャーナリスト、反逆者たちが反目し合い、二極化した社会に偽情報を吹き込む我々のような世界では、正確な情報を見つけて共有することが生死を分けることになるのだ。

教訓②：情報を共有する

何百万もの人々が感染する前にウイルスを特定し、有効な対策を講じれば、ウイルスを封じ込め、百万人の命を救うことは容易である。情報は自国民だけでなく全世界とも共有すべきだ。中国の指導者たちは自国民に流れる情報を統制したがるが、今回の新型コロナウイルスは情報の一部は統制しようがないことを証明した。

もし、中国当局が自分たちだけで情報を処理して対応するのではなく、武漢の医師たちの意見に耳を傾け、ＷＨＯを現地に招き、これらの医師たちに直接聞き取り調査をさせて情報を共有していたなら、彼ら自身だけでなく、中国の国民、そして世界の人々に多大な苦痛を与えずにすんだはずだ。

もし、医師たちが見たことを心置きなく自由に話せていたなら、中国だけでなく、他の国々も先手を打って封じ込めに出たはずだ。もしそうなっていたなら、中国共産党の国際的なイメージは、悪くなるどころか良くなっていただろう。中国の指導者がもっとオープンだったなら、国民は国が提供する情報と共産党をもっと信頼し、そのあとに続いた危機の波をもっと楽な方法で管理できたはずだ。

イランでは、2020年2月の議会選挙で高い投票率を維持したかったことと、国際制裁と原油安の影響で低迷していた経済活動を止めたくなかったために、政府が新型コロナウイルスの健康リスクを軽視した。ウイルスを軽く扱わなければ、中国以外の国で初めての大規模な感染拡大地域になることはなかったかもしれない。[15]

正確な情報が自由に流れるのを妨げるのは、権威主義的な秘密主義だけではない。2005年に発生した鳥インフルエンザを受け、ブッシュ政権は動物から人間に感染するウイルスの追跡調査、感染対策の組織化を担うプロジェクトを立ち上げた。「プレディクト（Predict）」と呼ばれるプロジェクトで、アメリカ国際開発庁（USAID）の監督の下、約1000種の新種ウイルスが発見されている。また、アフリカとアジアの30カ国で数千人を対象に研修を行い、途上国を中心に60カ所の医学研究所を設立または支援した。

ところが2019年10月、トランプ政権はこのプロジェクトの停止を発表した。おそらく政権内の誰かが税金の無駄遣いだと考えたからだろう。発表時、「プレディクトはパンデミックが起きるのをじっと待ってから動きはじめるのではなく、先回りしてパンデミックを阻止するためのプロジェクトだった。そうするにはコストがかかるのだ」とプロジェクト参加者の一人が『ニューヨーク・タイムズ』紙のインタビューに答えている。[16] 新型コロナウイルスが確認されたのはその６週間後だった。

大規模な検査は政権の評価を守る

動物から人間へ感染したウイルスがどのように致死性を持つのか解明するには、さらに研究とそのための資金が必要だ。ウイルスが動物から人間に感染するのを監視システムで突きとめ、それがなぜ起きるのかを究明するのはもちろん、対応に要する時間を短縮するため、世界的な情報共有・連携システムの構築に投資を増やす必要がある。たとえば、サンプルの共有に合意するよう各国に求めたり、国境を越えて科学者たちが協力しやすいようにしたりする。もちろん、情報共有の協定に合意することと、実際に共有するかどうかは別問題だ。感染症の拡大よりも政治的にデリケートなニュースの拡散を心配するよう政府高官たちが教育されている国は、中国だけではない。

科学者や医師が必要とする情報は有効な検査から得なければならない。見えないものと戦うことはできないのだ。新型コロナウイルスの感染が確認されはじめた頃は、その危険性に関する基本事実について科学者たちの意見が一致していなかった。空気感染性の疾患なのか、それとも、ウイルスが何かの表面に付着して感染が広がるのか、マスクを着用すると効果があるのか、年齢によって症状の出方が違うのかなどについて、意見が分かれていた。こうした疑問に答え、人命を救う方法を見つけ出すための大きな第一歩が、大規模な検査だったのだ。

検査で集めた陽性結果は、人命や仕事を救うだけでなく、政権の評価を守るための重要な情報を提供する。新型コロナウイルスが流行しはじめた頃から、政治の指導者たちはパンデミックのパラドックスに気づいていた。わずかな人しか経験していない感染症の拡大を防いでも、政治家として何の評価にもならないうえ、ロックダウンなどの強硬な封じ込め戦略をとれば、経済が落ち込んで非難されることになるのだ。政治家たちが悪い知らせを隠そうとするのは、このジレンマを抱えているからである。

しかし、指導者が検査結果を政治の成績表だとみなし、陽性結果が出れば自分の成績が下がると考えているなら、検査の実施を推奨しなくなる。これでは科学者たちが闇の中に置かれ、誰もが危険にさらされてしまい、犠牲者が増え、経済的ダメージも深刻になる。

人口当たりの死者数が非常に少なく、経済的ダメージも最小限に抑えられている国は、いち早く大規模な検査を開始していた国々だ。ウイルスとの戦いが成功するかどうかは、政府の形態や政権政党のイデオロギー、経済規模、人口規模に依存しないことを、この新型コロナの危機は示している。民主的な韓国、権威主義的なベトナム、富裕なシンガポール、貧しいギリシャ、保守的なドイツ、リベラルなカナダ、経済規模の大きな日本、小さなニュージーランドは、アメリカやブラジル、インド、メキシコ、イギリスに比べて、はるかに効果的に危機に対処している。

17世紀のフランスの哲学者ブレーズ・パスカルは、不可知論者が神を信じることはまったく合理的だと主張した。神が存在するという不可知論者の考えが正しければ、その人は永遠の命を得て、間違っていても、何も失うものはない。同様の論理で、もしもドナルド・トランプをはじめとする新型コロナ懐疑派の世界の指導者たちが、発生当初から新型コロナの脅威をもっと真剣に受けとめていれば、最悪の事態が起きても、自分たちの指導能力を証明する準備ができていただろう。

仮に新型コロナに対する恐れが過大だったとあとで証明されたとしても、失うものはほとんどなかったはずだ。トランプ政権がもっと強硬なパンデミック対策をとっていたなら、トランプが再選されたかどうかはわからないが、強硬な対策をとらなかったことが接戦で不利に働いたであろうことは想像に難くない。

韓国では、積極的に早期検査が行われ、文在寅《ムンジェイン》大統領は新型コロナがもたらす危険性を軽視することはなかった。マダガスカルのアンドリー・ラジョエリナ大統領のように、いんちきなハーブ療法を押しつけるようなことはしなかったし、[17] ベラルーシの大統領アレクサンドル・ルカシェンコのように、サウナとウオッカで国民の安全を守れるというふりもしなかった。[18] また、トランプのように、自国の最重要な公衆衛生機関の誠実さや信頼性を意図的に攻撃することもなかった。[19]

文政権は新型コロナウイルスの検査数が多く、陽性者数が一時的に増えたせいで、短期的に政治的代償を払うことになったが、新型コロナの危険性は誇張されていると言い放った政府を持つ国よりも、はるかに迅速に、国内での集団感染を抑えることができた。しかも、パンデミックが他国で猛威を振るうなか、文が率いる「共に民主党」は、２０２０年４月の選挙で地滑り的勝利を収めている。[20]

個別企業の情報を共有する

情報を共有しなければならないのは政府だけではない。製薬会社は研究開発にかかる費用を収益に依存しているため、自社の知的財産を守ろうとする。このことに問題はない。だが、何百万人もの人々が致死率の高い疾患を引き起こすウイルスに感染している状況では、知的財産や治験、検査に関するリアルタイムの情報を共有することで、人命を救うことができる。

こうした製薬会社は、治療法やワクチンの開発に何十億ドルもの税金を受け取っている。それに、ウイルスは世界全体で封じ込めないと意味がない。１つの国だけでは無理だ。コロナ禍の間は、欧米の民間製薬会社と、中国やロシアなど国が支援している製薬会社とが、万人のために情報を共有するよりも競い合っていたが、これからは製薬会社の情報はもっと有効に共有されるべきである。

教訓③：負担を共有する

国際金融機関は、脆弱な国の政府が今後のパンデミックを乗り切るための資金を提供しなければならない。このコロナ禍の間は、国際通貨基金（ＩＭＦ）ができる限りの支援を行ったが、限界がある。富裕国はその融資能力を引き上げ、貧困国が予定通りに返済できるような貸出金利を設定し、様々なＮＧＯの活動意欲を刺激するインセンティブを作り、返済に苦しむ国で政治的、経済的混乱が起きそうになったときには債務を免除すべきだ。

ここでアメリカと中国が協力し、国際金融システムが両国だけでなく、援助を必要とする国々のためにも機能することを証明しつつ、大きな効果を上げることができるだろう。国連の「持続可能な開発目標（SDGs）」――2015年に193カ国によって承認された指標――に沿って融資を体系化するというIMFの努力により、我々は既に真の進歩を目の当たりにしている。貧困、飢餓、不平等をなくすための投資は、教育資金、特に女子教育への資金を増やすなどして、世界中の人々にとって目に見える利益をもたらすはずだ。

WHOはパンデミックの間ずっと、問題の規模を把握して対応するのが遅すぎたという批判にさらされた[21]。その批判の一部は正当なものだ。WHOはウイルスの起源に関する報告書を2021年に発表したが、そもそも中国入りしたWHOの調査団に対し、中国政府がすべてを開放しなかったため、報告書の信頼性を決定的に低下させてしまった。WHOは国連と同じように、万人のため、万人によって作られ、資金提供を受けている。どこかの国の政府がWHOを攻撃するのは、自分たちを守るために他の国々と協力して設計した機関を攻撃することだ。だが、コロナ禍は加盟国がWHOの任務を再定義する必要があることを教えてくれた。

WHOは栄養不良の解消や一次医療の普及から、環境基準の発展、医薬品や食品の安全性の向上、慢性疾患の処置、感染症拡大の抑制に至るまでを監督しているが、この責任をすべて果たすには、予算があまりにも少ない。WHOにもっと多くの資金を投入するか、複数の組織に分割して、現在ＷＨＯが担っている仕事に最も関連し、十分な資金を持つところへその責任を分担してもらう必要がある。

ＣＯＶＡＸ（コバックス：各国政府とワクチン製造者を集め、新型コロナのワクチンを世界に公平に分配する国際的な枠組み）も同じような障害に直面している。[22] コバックスには、先進国と途上国の両方から１７０カ国を超える国々と、ＷＨＯをはじめとするＮＧＯ、それにワクチン製造者たちが参加している。トランプ政権はコバックスへの参加を拒んだが、当時のホワイトハウス報道官は「腐敗したＷＨＯや中国の影響を受けた多国間組織に束縛されたくない」と説明した。[23] ２０２１年初め、バイデン大統領はアメリカが再びコバックスに参加し、その活動に対して数十億ドルの追加資金の拠出を約束したが、既に多くの時間と人命が失われている。[24]

２０２２年、コバックスは、他の方法ではワクチンを入手できないような場所にいる人々にワクチンを配る支援をしている。だがＷＨＯと同じで、あまりにも大きな重責を担っている。新型コロナウイルスは、コバックス、あるいはそのような組織に十分な資金を提供することが賢明であり、費用対効果に優れていることを証明した。今、資金を投じるか、それとも、あとでもっと高い代償を払うかの問題なのだ。

資金提供国はより寛大になることで多くを得ることができる。私が設立したユーラシア・グループの調査によると、低・中所得国への支援は、今後数年で世界経済の回復をより早める下地になることがわかっている。つまり、より多額の資金を今投じれば、世界の成長を後押しし、何倍にもなって返ってくる。やるなら、今すぐにでもやったほうがよいのだ。

新型コロナウイルスから何を学んだか

あらゆる危機にチャンスの種は含まれている。新型コロナは政治的リーダーシップの失敗を多く露呈させたが、成功もあった。我々は何を学んだのだろうか。

従来のワクチンは実際のウイルスの一部のタンパク質を含み、危険な侵入物を特定して抑え込む方法を人体の免疫システムに「教えて」いたが、今回のパンデミックに触発され、科学者たちは新しい概念を試すことにした。新型コロナのワクチンの2種類には、標的となるタンパク質を自ら作り出す方法を人体に教える「メッセンジャーRNA（mRNA）」を利用した技術が使われている。この画期的な手法により、安全で有効なワクチンの開発と大量流通が劇的にスピードアップした。アメリカでは、こうした創意工夫は、政府からの資金と、国立衛生研究所、国防総省、連邦政府出資の学術研究所の研究、そして民間企業が持つ専門技術と技術革新力の３つによって生み出されたものだ。

このイノベーションにより多くの仕事と人命が救われ、連邦政府と州政府の政治的ダメージも抑えられた。また製薬会社は巨額の利益を得て、自社ブランドを世界に認知させることができた。この新ワクチンの取り組みに貢献した一人ひとりが、歴史的な偉業に携わったという誇りを持つことができるのだ。今回の新型コロナのパンデミック自体は、今起きている「地政学的後退」に世界の指導者たちを向き合わせ、我々を待ち受けているさらに大きな課題に取り組ませることはない。だが、ｍＲＮＡワクチンの場合と同じように、変化の潮目を捉える用意ができている人々にとっては、新たな協力の機会を生み出すことになる。

パンデミックが引き起こした経済的ダメージは、20世紀型経済の名残を躍動的な21世紀型の経済へと加速度的に移行させていくはずだ。イノベーションの力にあふれた企業が、食糧やエネルギーの生産・流通・消費を変えながら、世界を席巻していくだろう。

それは次章で扱う気候変動を考えてみればわかる。今回のパンデミックによって、世界中の人々が地球温暖化の抑止に必要な大胆な取り組みを考えるどころではなくなったのは間違いない。だが、新型コロナが引き起こした経済的ダメージは、化石燃料の需要を激減させ、大気中に放出される二酸化炭素などの温室効果ガスの量も減らした。これをきっかけに、石油・ガス会社は再生可能エネルギーに投資する方向へ急転換を迫られている。

さらに、このコロナ禍の間に、世界中の人々がネット上で集い、働き、買い物をし、学ぶことを余儀なくされただけでなく、検査や接触者追跡アプリから、治療法やワクチンの開発にまで役立つ新ツールが次々と登場した。その中で、既に気候変動対策に果敢に取り組んでいたデジタル時代の企業が力をつけてきたことを忘れてはならない。

各国政府にとって、コロナ禍で得たいちばんの地政学的成果は、ヨーロッパの指導者たちが歩み寄り、アメリカと中国の指導者たちに協力のあり方を示したことだ。新型コロナウイルスはヨーロッパを何度も襲った。第一波が来たときは、ほとんどのヨーロッパ諸国がアメリカよりも有効なロックダウンを実施し、中国のように個人のプライバシーを永遠に損なうようなことはしなかった。世界金融危機とその後のソブリン危機（２００８〜２０１２年）、欧州難民危機（２０１５〜２０１６年）、イギリスのＥＵ離脱（２０１６年）はみな、不平等が憤りを生み、ポピュリズムを刺激することをＥＵの指導者たちに気づかせる役目を果たした。全加盟国がＥＵの結束を強める努力をするつもりでいるなら、危機が富める国と貧しい国の対立軸を常に生むわけではないことを信じる必要がある。

ＥＵの27カ国すべての支持を得て、ヨーロッパの各国政府は２０２０年に、２兆３６４３億ユーロを超える経済回復案に合意した。[25]その内訳は、新型コロナからの復興基金に７５００億ユーロ、労働者、企業、加盟国への社会保障の強化に５４００億ユーロ、２０２１年から２０２７年のＥＵ予算で１兆７４３億ユーロとなっている。これは国際的な歩み寄り、協力、調整の最たる例で、現代世界が見たことのない規模のものである。

この協力体制の実現に向け、ドイツのアンゲラ・メルケル首相とフランスのエマニュエル・マクロン大統領は、かつて富裕国の納税者を激怒させ、貧困国の恨みを買い、旧共産圏のＥＵ加盟国を疎外し、イギリスのＥＵ離脱を許したのと同じ、ヨーロッパ統合の計画を積極的に推し進めた。その過程で、メルケルとマクロンはＥＵ全域でＥＵ懐疑派の主張を弱体化させ、多くの加盟国が切実に必要としていた支援を得ることに成功した。すべての資金が分配されるまでには何年もかかるだろうが、ＥＵ全体が合意した緊急対応策は、自国優先のポピュリズムによってＥＵの将来が疑問視されていた時期に、犠牲を分かち合うことの価値を示したといえる。

新型コロナ危機が与えた「希望」

これらの財政支援に含まれているのは、グリーンテクノロジーへの投資刺激策だけではない。[26] ヨーロッパと貿易を行う非ＥＵ諸国に対し、ヨーロッパの規格に合わせることを求め、それに応じられなければ高い税金を課すという規制も含まれている。今後、新技術や環境保護に関する世界的な規制を設けるとき、ヨーロッパは強い影響力を持つことになるだろう。

アメリカに比べると、ヨーロッパ各国のワクチン接種は出遅れた。EU加盟国の政府がEU本部と必ずしもうまく調整できていないことが一因だった。「EUは（ワクチンを）認可するのが遅かった。大量生産に関して楽観的になりすぎ、発注したワクチンが予定通りに届くと確信しすぎたのかもしれない」と、欧州委員会のウルズラ・フォンデアライエン委員長は2021年2月に述べている。[27] それでも、2020年のヨーロッパの行動は、普段はコストや重荷を分担したがらない各国政府であっても、緊急時となれば協力体制をとれることを多くの面で示している。

世界最大の共同市場であるヨーロッパには、世の中を変えるようなハイテク企業、強力な軍隊、有力な銀行、豊富な天然資源、そして世界的な基軸通貨がない。また、犠牲と妥協が伴うとなると、何に関しても、EU加盟国の間で合意を得ることは難しい。しかし、気候やテクノロジー、進化する労働環境に関して、市民を保護する社会保障制度を構築するとなると、ヨーロッパの指導者たちは世界で最も優れた主導力を発揮する。特にアメリカ政府と中国政府は彼らから学ぶべきだ。本書はアメリカと中国に焦点を当てている。だからこそ、世界秩序の混乱から逃れ、やがて直面する危機にうまく対処できるように持続可能な国際システムを構築するためには、ヨーロッパの主導力が必要だと考えるのだ。

今回の新型コロナは、次のパンデミックが起こる前に、国境を越えて協力し合うための良い経験になった。アメリカと中国が合意に達するなどほぼあり得ない現状を見ると、楽観はできないが、それ以外の国の政府は独自の主導力を発揮している。

２０２１年３月、23カ国の首脳が、ＷＨＯとともに、次の世界的な公衆衛生の危機から我々全員を守るため、パンデミックの予防と備えに関する国際条約を提案した。[28] これこそが、パンデミックの事前対策における協力、連携、調整を強化するために世界が必要としているもので、リーダーシップが限界に達したあとの世界を考える「ポストＧゼロ」のモデルなのだ。このモデルは後述のすべての問題にも適用できる。残念ながら、中国もアメリカもこの条約の制定を求める共同文書には署名しなかった。米中が不在では、この国際条約は形だけのものでしかない。

新型コロナなど我々は求めていなかったが、この危機は将来の方向性と希望を与えてくれた。この2つがあれば、次の危険なウイルスに直面しても、もっと有効に対応しやすくなり、さらに危険な緊急事態がやってきても立ち向かえるだろう。

次の章では、予測するまでもない、現在進行中の危機について考える。我々の命と暮らし、そして世界の平和と安全保障に与える影響は、新型コロナウイルスによるダメージよりもはるかに広範にわたり、より深刻なものとなるはずだ。

第3章

気候変動という共通の敵

２００7年から2年間、シリア北部の肥沃な農地は壊滅的な干ばつに見舞われた。この地域の農業従事者の4分の3が作物を失い、ダマスカスにある政府も資金難に陥っていたため、ほとんど支援を行わなかった。何十万人もの人々が家族を養うために仕事を求め、命がけでシリアの各都市に押し寄せたが、そこに着いた彼らが歓迎されることはなかった。腐敗の蔓延や経済的な機会の不足に対する怒りから、既に街のあちこちでトラブルが起きていたところへ、新たに地方から人々が加わり、街は過密状態となって、住民間の緊張も高まっていった。

２０１1年には、「アラブの春」が始まった。チュニジアから広がったこの社会不安は、エジプトとリビアで政権を崩壊させ、北アフリカと中東地域の各国政府をパニック状態に陥らせた。シリアにも波及して内戦が起きた。２０１1年当時シリアに住んでいた人々の半数が、その後殺されたか、家を追われている。内戦から逃げ、難民化した何百万人ものシリア人が国境を越え、その多くがヨーロッパにたどり着いたが、彼らはそこでも歓迎されなかった。

当時のEUは、２００8年から２００9年にかけて起きた金融危機による経済的、政治的な余波とまだ戦っている状態だった。EU内の富裕国の納税者たちは、経済が低迷していた南欧諸国への救済措置に腹を立て、一方の南欧諸国の住民たちは、やがて歴史的な難民危機の最前線に立たされることになった。バルカン諸国からイギリスまで、人々は新たにやってきた難民に対して不快感をあらわにした。難民に仕事を奪われ、社会福祉サービスが食い荒らされることを恐れ、イスラム原理主義者によって頻繁に起きるテロ事件に怒った。ヨーロッパにたどり着けなかったシリア難民は何百万人もいて、彼らは今もなお、トルコ、ヨルダン、レバノン、およびその近隣諸国で暮らし、多くがそこから出ることを願っている。

その次は、ダマスカスから西へ約1万２０００キロ離れた中央アメリカだ。[1]この地域では、２０１４年から数年にわたってひどい干ばつが続き、エルサルバドル、グアテマラ、ホンジュラスが乾ききった大地と化していた。これらの国々の農業従事者たちは次第にやる気をなくし、ひどい天候不順を乗り越えても、生活を支えるのに十分な収穫を得るのは無理だと思うようになっていった。腐敗が蔓延し、いい仕事は見つからない。人々は貧困から抜け出せないままだ。農作物が壊滅的な打撃を受けた地域は、村ごと消滅してしまったところもあった。やがて重武装した犯罪組織が暗躍するようになると、中央アメリカの人々は祖国に未来がないと見切りをつけるようになった。

２０１８年、何十万人もの人々が中央アメリカを離れた。[2]アメリカにたどり着いて亡命申請をするという希望を抱いていたが、その頃のアメリカは、トランプ大統領が政権の要となる政策として「大きく美しい」国境の壁を築いている最中だった。中央アメリカから来た難民たちはメキシコに足止めになり、メキシコの政治をも揺るがした。2021年にジョー・バイデンが大統領に就任すると、密入国の仲介業者たちに促され、さらに何万人もの難民がアメリカとの国境を目指したのである。

気候変動は、環境だけの問題ではない

気候変動について語るのに、まずは内戦とトラウマを抱えた難民の話から入るとは、意外に思われるかもしれない。気候変動といえば、未《いま》だに、溶けていく氷や海水の上昇、クジラや森林の保護のことだと思っている人が多いため、そう思われるのも仕方がないのかもしれない。しかし、地球が温暖化すると、ある地域では干ばつが、別の地域では洪水が、と、不安定な気象が繰り返し災害を引き起こし、特に若年層の人口が急増している最貧国で人々の命と暮らしが破壊されやすい。

このまま温暖化が進めば、気象災害によって何億人もの人々が住まいを追われ、そのほとんどが路頭に迷うことになる。[3] 難民がさまよえば、世界各地で経済的、政治的な混乱が起きるだろう。そうなることを我々はよく知っているのだが、地政学的な観点から、その

計り知れない代償を正しく評価した人は、我々の指導者たちはもちろんのこと、ほぼ皆無である。全体として損害がどれだけの大きさになるかを知ることが、この章の目的なのだ。もちろん、気候変動だけがシリアや中央アメリカの悲惨な状況を作り出したわけではない。アラブの春は、中東や北アフリカ地域が数十年にわたって抱えてきた不満が噴出したものであり、また、シリア内戦にも多くの原因があった。エルサルバドル、グアテマラ、ホンジュラスは、その歴史を通じて犯罪と腐敗に悩まされてきた。しかし、貧しい国の中で災害が起き、突然大量の飢えた人々が祖国を追われると、暴力的な政治的混乱に火をつけることになりかねない。その火がコロナウイルスのように国境を越えて燃え広がれば、世界中の人々の生活を一転させ、地獄さながらになる。

シリアや中央アメリカでの大惨事は、ほんの始まりにすぎない。今後、アフリカ（２０４０年までに55％増）、南アジア（18・４％増）、中央アメリカ（18・８％増）で人口が急増する見込みだ。[4] ２０２０年から２０６０年にかけ、サハラ以南のアフリカだけでも労働年齢の人口が10億人近く増加すると言われている。これらの人々は、気候変動によって最も大きな打撃を受けることになる。国連によると、干ばつに見舞われやすいサハラ以南のアフリカ諸国では、２０１２年から２０２０年にかけて、栄養不足の人々が45・６％増加したという。[5] この急増には気候変動が中心的な役割を果たしている。

こうした難民問題は、他の国と比べると、アメリカにとっては対岸の火事である。しかし、そのアメリカも今、独自の危機に直面している。2021年、西海岸では未曽有の山火事が多発し、東海岸では洪水が人命を奪い、家屋を破壊し、危険な化学物質が地下水を汚染した。気候が変動すると、災害は次々と重なり合うように起きやすくなる。[6] 複数の研究によると、2050年までに、中西部やルイジアナ州の一部では高温多湿の状態が続き、人間が自力で体温をコントロールすることが困難になる日が年に18日も訪れるという。[7] いずれはアメリカでも広域で食物栽培が難しくなるだろう。

干ばつは長期化し、より酷暑になるだろう。暴風雨は激しさを増し、洪水がもっと頻繁に起こるようになるはずだ。世界の指導者たちは、経済的ストレスの増大や、政治的混乱の頻発、移民の増加といった避けられない問題が起きるのを知りながら、驚くほどほとんど何の対策も打ち出してこなかった。内戦勃発当時のシリアには約2200万人の人々が暮らしていた。そのうち大災害が起きて、どこかの国の1億人が被害に遭うだろう。

そこで、気候変動の破壊力を今回のパンデミックと比べてみよう。新型コロナとその影響については、この先も何年か苦闘が続くだろうが、気候変動は今後何十年も我々を苦しめ、新型コロナよりもはるかに多くの人々の生活を混乱に陥れることになるはずだ。既に受けた被害の多くは元通りには戻せないため、今後は被害を抑えることが、次世代の世界の指導者たちにとって重要な優先課題となるだろう。

「人新世」の爪痕

気候変動がなぜ起きるのか、今我々はその仕組みをはっきりと知っている。これまでの50年間は、人間の創意工夫と国境を越えたつながりによって、より多くの人に力を与え、それ以前は考えられなかった経済の潜在力が解き放たれた時代だった。グローバリゼーションによって、何十億もの人々が貧困から抜け出し、人々がより健康で長生きできるようになり、これまでにはなかった学習の機会を生み出し、より高い社会的地位を目指すことが可能になった。だが、犠牲も伴っている。世界の天然資源は開発し尽くされ、海洋や大気の働きまでもが変わってしまったのだから、その代償を無視することはできない。

これまでのところ、それだけの代償を払う価値は、世界の大多数の人々にとってあったといえる。だが、我々人間が絶滅に追いやった数えきれないほどの種にとっては、そうではない。1970年以降、人間の食糧など、資源の消費量は加速的に増大し、哺乳類、鳥類、魚類、爬虫類《はちゅう》類の60％、河川や湖沼に生息する動物の83％が絶滅している。これが、人間の営みが環境変化を引き起こしたとされる史上初めての時代――「人新世《じんしんせい》」が地球に残した爪痕なのだ。[8]

我々は地球が温暖化していることを知っている。それは簡単に測定できることなので、理解もしやすい。太陽は地球に向けて熱を放射している。地球の大気はその熱の一部を大気圏外に逃がし、地球が生命を維持できるよう、熱くなりすぎないようにしている。同時に、大気中の二酸化炭素は、太陽からの熱を全部大気圏外に逃してしまわないよう、地上から放出される熱をある程度吸収し、地球が巨大な氷の塊になるのを防いでいる。こうして、地球は熱すぎず、冷たすぎずの状態を保っている。この「自然の温室効果」によって、地球上の全生命は維持されている。

ところが、エネルギーを生み、経済を動かすために我々が使っている石油、ガス、石炭は、大気中に多くの二酸化炭素を放出する。人類がその誕生から放出してきた温室効果ガス排出量の6分の1は、2010年から2020年までの10年間に排出されているというのだから驚きだ。[9]太陽の熱は大気圏外に逃れにくくなっていて、地表は以前より熱くなってきているのだ。

これをさらに悪化させているのは、世界の森林破壊である。二酸化炭素を吸収するのは樹木とそれが育つ土壌だからだ。アマゾンの熱帯雨林は減少を続けている。過去10年間で、2019年はその減少率が最も高かった。[10]世界の熱帯林破壊の3分の1以上がブラジルで起きているが、ボルソナロ政権はそれを止める気はないらしく、２０２０年にも森林破壊は広がった。[11] しかし、これはブラジルに限ったことではなく、中央アフリカ、東南アジアなどでも森林は破壊されている。２０１９年に世界で失われた熱帯原生林の面積だけでも、スイスの面積に匹敵する。

地質学的な循環という長い時間で捉えると、これらはすべて一瞬で起こったことなのだ。約２６０年前に始まった産業化時代の間に、大気中の二酸化炭素量は30％増加し、地球の気温を１・２℃上昇させた。[12] この変化は加速している。観測史上最も温暖な年は地球に20回訪れており、それらはすべて過去22年の間に起きている。

国連によると、北極および南極周辺の氷が溶け、20世紀には海面が約19センチ上昇し、21世紀末までにさらに約91センチ上昇する可能性があるという。[13] 現在、地表の約１％は、いかなる種類の生命も維持できないほど気温が上昇しており（サハラ砂漠を思い浮かべよう）、２０７０年には、そうした土地が20％近くに増えると予想されている。[14] 地球の生命はこのような急激な変化には適応しきれないため、さらに多くの動植物が絶滅の危機に瀕《ひん》し、人間への健康リスクも高まることになるだろう。

地球が温暖化すると、大気中の水分も増す。気温や湿度、気圧が影響を受け、大気が不安定になって気象パターンが劇的に変わる。強い暴風雨がもっと頻繁に起こり、洪水も山火事も干ばつも増えるのだ。

2018年、世界自然保護基金（WWF）のターニャ・スティールは、「私たちは自分たちが地球を破壊していることを知る最初の世代であり、破壊を止めるために何か手を尽くすことができる最後の世代なのだ」と述べている。[15]

政治が邪魔をする

気候問題に対する解決策は、政治的、経済的、社会的に甚大な破壊力を持つため、科学者の間の総意を否定して、すぐに腰を上げないほうが楽だと考える人もいる。パリ協定に署名した各国の首脳は、世界の気温上昇を2℃未満に抑えると表明し、国連の気候変動に関する政府間パネルは、さらに野心的な目標を掲げ、1・5℃未満に抑える努力を呼びかけている。

これらの目標を達成するには、二酸化炭素の排出量を速やかに実質ゼロにする必要がある。2040年（1・5℃の場合）、または2050年（2℃の場合）までに、二酸化炭素などの温室効果ガスの排出量と吸収量を均衡させなければならないので、それ以上の温室効果ガスを大気中に排出することはできない。設定目標を達成するには、温室効果ガスの排出量の少ないエネルギーへの転換だけでなく、大気中から炭素を回収する新技術にも、政府は今まで以上に徹底的に投資しないといけない。

化石燃料の使用制限は、あらゆる気候変動対策の戦略の要になっている。ところが、ＯＰＥＣ諸国やロシア、世界最大の産油国であるアメリカなどのエネルギー産出国は、この化石燃料で最も利益を得ているため、温室効果ガス排出量を減らす動きを遅らせようとする強い経済的動機を持っている。世界の石油資源の65％を牛耳っているのは、我々がよく知っている多国籍の民間企業ではなく、産油国の国有企業である。[16] したがって、産油国政府の多くは、世界が化石燃料から離れていけば直接痛みを感じるのだ。

石炭は何十年にもわたって安価で豊富なエネルギー源であり続け、石炭火力発電所に多額の投資をしてきた国も多い。現在は、世界のほとんどの地域で再生可能エネルギーが石炭より安価になったものの、新しいインフラの建設や、エネルギー転換が招く雇用市場の混乱には多額の財政支出を伴うため、とりわけ途上国にとっては課題が多い。人口の多さで世界の首位を争う中国とインドは、今でも国内の発電を石炭に大きく依存している。[17]

もっと人口が少なく裕福な国にとっては、この移行がもう少し楽になるかもしれない。たとえば、サウジアラビアの「ビジョン２０３０」は、危険度が高まる一方の石油輸出への依存から脱却し、国の経済を多角化するための非常に野心的な戦略だ。[18] アラブ首長国連邦は既にその方向へ舵《かじ》を切り、大きく前進している。

他の産油国は、化石燃料からの収益がなくなれば、機能しなくなって混乱に陥るだろう。その最たる例がベネズエラだ。この国は世界最大の原油埋蔵量を誇っているのだが、かねてより、政情が不安定で、消費財のほとんどを輸入に頼っている。脱炭素化戦略が前進すれば、ベネズエラのような国は石油の輸出量が減るため、さらに混乱が広がるだろう。

資源大国ロシアでさえ、経済の多角化はほとんど進んでおらず、今後数十年の間に経済が停滞し、政治的混乱が起こりやすい状況を自分たちで作っている状態だ。世界がクリーンエネルギーへ移行していけば、ヨーロッパとロシア、アメリカとサウジアラビアなど、化石燃料の依存関係に基づいた旧来のパートナーシップも意義がなくなり、地政学的に変化をもたらすだろう。こうした各国の動向は地域全体の勢力均衡を変えるため、地政学的な不確実性がさらに高まるはずだ。

企業と労働者たちの抵抗

化石燃料に依存する政府だけが新しい世界秩序に抵抗するわけではない。エネルギーの採掘、精製、輸送分野の企業や労働者も、自分たちの企業生命や生活がかかっているのでカーボンゼロを目指す計画を支持しないだろう。

これまで世界最大規模のエネルギー企業は、収益化までに何年、何十年もかかるような長期プロジェクトに何千億ドルも投資してきている。したがって、化石燃料から脱却するための大規模な計画は、自分たちの中核となる資産を無に帰させることになり、エネルギー企業の多くが倒産に追い込まれるとわかっている。これは欧米の大手石油会社に限った話ではない。過去５年間で最も二酸化炭素排出量を増加させた企業上位10社は、インド、中国、オーストラリア、ロシア、韓国、スイス（セメントメーカー1社）にある企業だった。[19] これらの企業もカーボンゼロの動きには、よい顔をしていない。

他の産業も著しい混乱に陥るだろう。たとえば、世界の大手自動車メーカーを考えてみよう。今後20年で、電気自動車が内燃機関自動車を凌駕《りょうが》すると言われ、テスラの時価総額が、フォード、ゼネラルモーターズ、フォルクスワーゲン、フィアットの４社を合わせた額よりも大きくなっている。しかし、アメリカの自動車メーカーは、ドイツ、日本、韓国、中国のライバルメーカーほどすばやい方向転換を図っていない。今後、自動車業界の労働者たちは大きな代償を払うことになるだろう。

ドイツの労働組合ＩＧメタルとフラウンホーファー労働経済・組織研究所が２０１９年に行った調査によると、ドイツでは、ＥＶ化により、２０３０年までに2万５０００人の新規雇用が生まれるものの、同期間にエンジンとトランスミッションの製造分野では、その3倍の雇用が失われるという。[20] この壊滅的な移行期に生まれる多くの敗者は、この動きをとめることはできないが、進行を遅らせるために政策立案者たちへの影響力を利用するだろう。

先送りしたい政治家たち

カーボンゼロを目指すもう一つの障壁は、気候変動や脱炭素をめぐる国内政治が世界各地で厳しいものになるという現実だ。選挙で選ばれた指導者の間に、短期の痛みを伴う政策に責任を持とうとする人はほとんどいない。良い結果が生まれても、自分の後任者たちが手柄を主張するだけだとわかっているからだ。それに、指導者たちは国際問題よりも国内問題に取り組んだほうが評価されることを知っている。脱炭素化は先送りにし、後任者に任せたほうが簡単なのだ。だが、それでは当然問題が悪化し、解決にさらにコストがかかってしまう。

化石燃料から離れる移行期間を短くする最善の方法の一つに、化石燃料の使用コストの値上げがある。しかし、エクアドルのような貧しい国も、フランスのような豊かな国も、燃料税の引き上げや燃料補助金の削減が市民をすぐに路頭に迷わせることになるのを知っている。[21] 気候変動に関しては、他国政府の動向ばかり気にして自ら動こうとしない政府に、気候変動が生命の危険をもたらすと確信した有権者たちが、大胆な行動をとれと迫る国も出てくるだろう。有権者たちが今の経済を優先し、気候変動対策への投資を支持しない国もあるだろう。気候変動に懐疑的な人が国のトップに立候補し、市民に「君たちの仕事やライフスタイルが脅かされる」と説いて支持されることもあるだろう。

さらに、ロシア、ベネズエラ、ナイジェリアなど、国営の大手石油会社を持つ国々では、政府が天然資源を利用して雇用を創出する試行錯誤が行われてきた。再生可能エネルギーへの転換を図った場合にどうすればよいのかがわかっていない。長期的には、グリーンエネルギーは化石燃料よりも成長し、より多くの（しかもより高い報酬が得られる）雇用を生み出すが、化石燃料からグリーンへのエネルギー移行は経済的に、ひいては政治的に痛みを伴うことになるだろう。

カーボンゼロとリーダー不在の「Gゼロ」

ここで、カーボンゼロと、リーダー不在の「Gゼロ」がぶつかり合う。温室効果ガスの排出量削減にかかる負担をどう分けるかについては、依然として各国の間で合意が得られていない。「我々に犠牲を強いるな。欧米で何世紀も続いた産業が地球に与えたダメージの代償を我々に払えというのはあんまりだ。この問題を作り出したのは西側の富裕国だ。西側諸国が豊かになったのも、地球の環境を破壊したからではないか。富裕国の尻拭いのためにわが国の発展を縮小するつもりはない」と中国やインドは主張する。

それに対し、欧米はこう反論する。「そのとおりだが、あなたがたは既に、我々欧米よりもはるかに多くの炭素を大気中に放出しているではないか。しかもその量の差は広がる一方だ」と。2018年、パンデミックによって世界各地の経済活動が鈍化するより前のことだが、アメリカとヨーロッパを合わせた二酸化炭素排出量は8・9ギガトンだった。[22] 中国だけで10・1ギガトン、インドとその他の国を合わせて17・9ギガトンを排出している。公平かどうかは別として、この問題を解決するには、各国が持続可能な目標に向かって排出量を削減していかなければならない。

もちろん、こんなことを言っているのは、トランプ大統領が、世界各国が痛みを分かち合いながら排出量の削減を目指す画期的なパリ協定からアメリカを離脱させ、世界最大の経済大国アメリカの公約を世界が疑問視している事実を無視したからだ。トランプはもうホワイトハウスにはいない。それに、トランプ政権に比べれば、バイデン大統領は気候変動対策に意欲的に取り組んでいる。それでも他の国々は、ホワイトハウスが誰の手に委ねられるかによってアメリカの態度が変わるため、アメリカの約束がほんの一時的なものにすぎないことを知っている。このように様々な形で、政治は大きな障壁となって、気候変動への取り組みを阻み、進展どころか停滞が続くリスクになっている。

政府が気候変動の問題を先送りしたがるのは無責任ではあるが、実はそうする正当な理由もある。現在、温暖化の被害を軽減する新技術があるのだが、その多くはまだ開発中だ。技術は改善を繰り返すうちに安価になる。より良い、より安いものがあとで出てくるかもしれないのに、まだ有効性が証明されてもいない新発明に多額の資金を投じるのを政府は躊躇《ちゅうちょ》する。率先して新技術に飛びついても、効果が出ないことがあとで発覚し、後任の誰かがその支払いを承認しなければならないような状況は避けたいのは当然である。

気候変動の地政学的リスク

こうした障壁がいろいろとあるのだが、それでも世界の指導者たちは気候変動対策をとりはじめている。そうする以外に他に選択肢がないことが次第に明らかになってきているからだ。何もしないで手をこまぬいていては、大惨事が起きかねない。もはや気候変動対策は避けて通れない道なのだ。ここからは、どんな大惨事が起きる可能性があるのかを説明していこう。

リスク①：水害と水不足

我々が大気中に放出している温室効果ガスのせいで、何百万人もの人々が水不足に苦しむ。水害に苦しむ人も何百万人と出るだろう。シリアや中央アメリカで起きていた異常気象や干ばつは、今後も世界の各地域を襲い、もっと人口が多く、経済的危機に瀕している地域も被害に遭うはずだ。2050年には、地球上の半数の人々が、水不足で基本的欲求を満たすことが困難な場所での生活を強いられるとの試算も出ている。[23]

水不足に悩まされない場合は、北極および南極域の氷が溶けだして海面が上昇するか、暴風雨がより頻発するようになり、水害に悩まされるだろう。[24] 専門家たちの予測によると、2050年までに海面が上昇し、沿岸部で起きる洪水の年間平均回数が増え、現在3億人が住む沿岸部は海に沈むという。

これら複数の問題が絡んでいる場合もある。たとえば、人口1100万人近くを抱えるインドネシアの首都ジャカルタがそうだ。温暖化により海面が上昇し、近年の急激な経済的成功に伴い建造物を建てすぎたため、ジャカルタは現在、世界で最も地盤沈下の激しい大都市となっている。[25] 地域によっては水不足が起きていて、問題を深刻化させている。ジャカルタの半数近くの住民が水道水を利用できず、住民も企業も帯水層から違法に水を汲《く》み上げて生き延びているため、地盤沈下がさらに加速している。

北部地区の一部では、10年間で約2・4メートルも沈んだところがある。ジャカルタのほぼ半分が海抜マイナス地帯になっていて、もはや首都として機能しないほど大洪水が発生しやすくなっている。既に首都移転が決まっていて、新首都はボルネオ島の高台に建設されることになっている。世界第4位の人口を持つ中所得国であるインドネシアにとって、首都移転にかかる費用は膨大になるだろうし、その費用をどう捻出するのかははっきりしない。

このような悪夢に直面しているのは、途上国だけではない。アメリカでも90以上の街で慢性的に洪水が起きていて、そうした街のほとんどが大西洋やメキシコ湾の沿岸部にある。[26] この数は2030年までに倍増すると言われ、中でも脆弱なのはニューヨークとマイアミらしい。またヨーロッパ全域においても同様で、特にイタリア、スペイン、オランダを中心に、約4分の3の都市が海面上昇による洪水に見舞われるという。水害対策には莫大なコストがかかるだろう。しかも気候の直接的影響は、ほんの始まりにすぎないのだ。

気候変動は世界秩序を変えるだろう。競争の激化、難民の増加、国家安全保障の危機、そして不平等を引き起こし、地政学的な影響が出ることになるはずだ。

リスク②：競争

今後、大気の変化により、多くの地域で、何世紀にもわたってそこで栽培されてきた作物を栽培し続けることは不可能になるだろう。ますます不足する耕作地や魚類資源、真水、汚染のない空気をめぐる競争が激化し、貧困国の間だけでなく、国内でも衝突が起こるだろう。この種の競争は歴史上ずっと続いてきたが、大気変化の加速と、天然資源不足の規模拡大と、途上国の人口増加とが相まって、根本的にまったく別の種類の危機になるはずだ。欧米など多くの富裕国では、既に農業技術が飛躍的に進歩して作物の収穫量が増加しており、気候変動によって強いられる移行期を切り抜けることができるが、アジアやアフリカを中心とした途上国では、そのショックを吸収するのは難しいだろう。

2019年2月のインドとパキスタンを見れば、水資源をめぐってどのような衝突が起きるのかがうかがえる。インドには世界人口の約6人に1人が住んでいるが、インド人が利用できる水は世界のわずか4％にすぎない。パキスタンにおいても水不足は常に脅威となっている。インドとパキスタンの国境地帯に住む数億人の人々は、農業や水力発電、そして飲料水をインダス川とその支流河川に依存している。[27] インド、パキスタン、ネパールの3カ国を合わせると、合計で2億3500万人がインダス川の恩恵を受けている。

ところが、2019年2月、カシミール地方のインドが支配する地域で車を使った自爆テロが起き、インド軍の兵士40人が犠牲になった。これを受け、インドの運輸大臣は「パキスタンに流れる川の水源をとめる」と発表し、パキスタンも直ちに、川の水の流れを変えることは「戦争行為」だと警告した。もしもインドがこの脅しを実行に移していたら、両国の水利権を取り決めたインダス川水利条約に違反することになっていただろう。[28] この条約は世界銀行が仲介し、パキスタンの首相とインドの大統領が1960年に署名したものだ。

2019年にインドは引き金を引かなかったが、断絶と衝突のリスクは今後徐々に危険度が高まっていくだろう。今回のように、再び犠牲者を出すテロ事件が発生し、インド政府がパキスタンを非難する場合、インドには報復のための賢い軍事的選択肢がほとんどない。両国とも核兵器を保有しているため、通常戦争に突入するのはあまりにも危険だ。

インドにとって水利は既に強力な武器になっている。[29] 誰も強制できない水利条約をインドが破ることに反対する勢力もない。気候変動により水の価値はより一層高まるだろう。

温暖化により、インダス川とその支流に水を供給するヒマラヤ氷河は、今後数十年の間に少なくとも3分の1まで縮小すると予想され、作物を支える降雨量は不安定になりつつある。しかも、国境の両側で人口が増加している。

インド・パキスタン国境から西に約4000キロ離れたエジプト、スーダン、エチオピアの間では、ナイル川の水をめぐって長らく紛争が続いており、同じような不安と脅威の種になっている。3国とも農業と発電をナイル川に依存しているのだ。エジプトが「アラブの春」の騒乱で混乱状態にあった2011年、エチオピアの技術者と労働者の手により、アフリカ最大の水力発電所、大エチオピア・ルネサンスダムの建設が始まった。このダムの建設計画では、既にナイル川の85%の水量を供給している青ナイル川から膨大な量の水を迂回させ、イギリスの首都ロンドンがすっぽり入るほどの大きなダムの貯水池を満たすことになっている。

エチオピアがこのダムの貯水池を速やかにいっぱいにする計画を発表すると、ナイル川に9割の水を依存するエジプトは、下流の水が突然失われるショックを避けるために、貯水をもっとゆっくりと進めてほしいと要求した。南アジアと同様、北アフリカでも天候が不安定になる一方で、干ばつのリスクも高まっているため、河川の支配権をめぐる競争は今後激化するだろう。

水利の場合とほぼ同じで、気候変動は食糧の生産と輸出を政治化させるだろう。輸入作物に依存する富裕国では貧困国の耕作地を買い上げようとする動きが高まり、結果的に、貧困国で飢える人々が増えるはずだ。２０２０年、新型コロナのせいで世界のサプライチェーンが混乱するなか、多くの政府が国の食糧供給を守る方向へ動いた。ヨルダンは過去最大量の小麦を備蓄し、小麦不足を懸念した世界最大の小麦輸入国エジプトは、その購入量を50％以上増加させている。

中国と台湾も戦略的な食糧備蓄計画を発表した。食糧貿易は、アメリカ、ＥＵ、ブラジルなど、カロリーベースでの生産量が消費量よりも多いカロリー過剰地域と、中国やアフリカの大部分など、カロリー不足地域との間で、より政治化されていくだろう（２０２６年頃にはインドが中国を抜いて人口最多国になるので、インドも食糧を輸入に頼ることになる）[30]。

リスク③：難民

シリアや中央アメリカで起きたように、気候変動は既に、何百万人もの人々に祖国を捨てさせるほど進行している。ヨーロッパはアフリカや中東に近いため、続々と押し寄せる難民の波に対してアメリカよりもはるかに脆弱だ（とはいえ、今後30年間で３０００万人もの難民がアメリカ国境に向かうだろうと警告する、最悪の予測もいくつか出ている）[31]。シェンゲン圏と呼ばれる、ヨーロッパ26カ国が国境審査を廃止して国境を開放している地域は、最大の試練に直面することになる[32]。そして、今後の難民危機の最前線に立つヨーロッパ南部の貧しい国々と、その難民対策費用を負担してまで難民を助けたくはない、ヨーロッパ北部の富める国々との間で再び対立が起こるだろう。

気候変動は国家間の対立傾向に様々な波及効果をもたらすだろう。人々は海面上昇や気象条件の変化によって土地を追われるだけではない。難民の多くが到着する国々は、彼らがあとにした祖国と同様に暑く、貧しく、しかも政治的に脆弱であることが多い。途上国は世界の難民の85％を受け入れている[33]。トルコは３６０万人、ヨルダンは２９０万人の難民を受け入れ、長年政情が不安定なレバノンでは１４０万人の難民が暮らしている。コロンビアには、隣国ベネズエラで起きた危機のせいで、１７０万人の難民が押し寄せた。どれも難民が来る以前から政治的混乱が起きやすい国々だ。

気候変動によって完全に破壊されると考えられる最初の国、「水没国家」の一番乗りはキリバスだろう[34]。キリバスは太平洋に浮かぶ33の島々からなり、約10万人が暮らしている。現在の平均海抜はたった１・８メートルしかない。キリバス政府は、自分たちが直面している問題をよく理解している。海面が上昇すれば、海岸が侵食され、地下水に塩分が混ざり、島を高潮から守ってくれるサンゴ礁が破壊され、漁業を営む島民の食糧供給が途絶えてしまう。気温の上昇や降雨量の変化は、感染症を流行させるリスク要因にもなる。

２０１４年にキリバス政府が、約２０００キロ南にあるフィジーの土地を購入したのはそのためだ。現在のところ、この高台にキリバス国民を移住させる計画になっているが、移住させられた人々はもはや祖国に戻って暮らすことはかなわないだろう。彼らはフィジー政府の管轄下で生活することになるが、彼らをどう同化させるかはフィジー政府が決めることだ。それにキリバス政府が購入したフィジーの土地は決して一等地ではない。建造物を建てるには適さない森林に覆われた勾配の急な丘陵地と、農業に適さないマングローブの湿地帯が混在している地域だ。現在の計画案では、難民に漁業権は与えられないことになっている。

これらは深刻な問題だが、キリバスの人口はおそらく10万人を超える程度だろうし、その人口を支えるのに十分な土地もある。この先水没していくことが予想される太平洋諸島の中では、キリバスの難民は非常に幸運だといえる。

近い将来、バングラデシュ（人口１億６１００万人）も同じような危機に直面することになる。現在、４５００万人以上のバングラデシュ人が、既に洪水が起きやすくなっている沿岸地域で生活している。[35] バングラデシュに影響を与える熱帯低気圧の発生頻度や規模は増大傾向にあり、今後30年間で国土の10％以上が失われる可能性が高い。海面上昇だけで、1800万人もの人々が家を追われることになる。

そうなれば、彼らはどこへ行くのだろうか、そこに着いたらどのように迎えられるのだろうか。

これは世界の問題なのだ。全米科学アカデミーの2019年の報告書によると、世界の温室効果ガスの排出量が現在のペースで推移した場合、今世紀末までに世界の気温は約5℃上昇し、北極と南極の氷が溶け、ナイル川デルタ地帯やバングラデシュの大部分の食糧生産地域が水没するという。[36] ニューヨーク、上海、ロンドンなどの沿岸部の大都市も危険にさらされることになるだろう。もっと最近の研究では、温室効果ガス排出量削減の取り組みが十分に進んでおり、こうした最悪のシナリオを避けることができると報告されているが、気温上昇がはるかに小さい場合でも、数億人の生活が根底から覆されることになるだろう。

気候変動により、今後数十年の間に主に4つの地域で難民が急増すると考えられている。1つ目は中央アメリカで、特にエルサルバドル、グアテマラ、ホンジュラス、ニカラグア、パナマにまたがる乾燥地帯だ。2つ目は、サハラ砂漠南縁部と、その南の湿度の高いサバンナの間にあるサヘル地域。ここは干ばつと砂漠化が経済的破綻と貧困を招き、人々をテロ集団へ引き込む格好の場となる可能性がある。このサヘル地域には、ブルキナファソ、チャド、マリ、エリトリア、モーリタニア、ニジェール、ナイジェリア、セネガル、スーダンの一部が含まれる。

３つ目は、南アジア（インド、パキスタン、バングラデシュ、スリランカ、ネパール）だ。気温と海面が上昇し、より強力な熱帯低気圧が頻繁に発生するようになり、ヒマラヤの氷河が溶けて河川が洪水を起こすので、この地域で世界最大数の難民が発生すると考えられる。

４つ目は、バヌアツ、ツバル、フィジーなどの太平洋諸島の島国で、キリバスと同じ運命をたどるだろう。２０１５年の難民危機の際には、最悪期で、約１５０万人の難民が北アフリカや中東からヨーロッパにやってきた。海面上昇により、今後数十年の間に数千万人の「気候難民」が発生する可能性があると科学者たちは警鐘を鳴らしている。[37]

これらの人々のすべてが祖国を離れたいわけではない。少なくとも最初はそう思ってはいないから、多くは近くにいる家族に頼るだろう。しかし、自分たちが家を追われた理由の食糧難が、想像以上に広がっていることに気づく人々もいるはずだ。彼らは住む場所と職を求めて移動し続け、既に人口が過密で、抗議の火種がくすぶりやすい都市部で働くようになる。シリア内戦で国外に逃げた難民同様、多くの人々がより豊かで安定した外国への移動を余儀なくされるだろうが、そこでは彼らは歓迎されないかもしれない。

この世界規模の緊急事態に備えるための制度的枠組みはなく、それを作ろうという政治的意思もほとんどない。１９５１年、国連は加盟国に難民を保護することを義務づけ、その条件を取り決めた。当時は、難民になる理由の上位を占めるのが戦争と政治的迫害で、当然のことながら気候変動は難民の条件にはならなかった。そして、未だに条件として追加されていないのである。

この気候変動は今後数十年間で、机上で解決できるような問題ではない。バングラデシュでは河岸が侵食され、毎年約20万人の家屋が破壊されているが、これだけの人々が新たな住まいを見つけ、新しい生活を始めるための国際的なルールは確立されていない。１日２０００人の難民がやってくる首都ダッカに、この人たちが加わるのを防ぐ手立てはない。ダッカは既に人でいっぱいで、下水道が頻繁に破裂するほどの過密状態になっている。[38]また、国境を越え、インドに向かう人々も出てくるだろうが、インドでは外国からのイスラム教徒が歓迎されなくなる一方なのだ。

この難民たちは、国連難民高等弁務官事務所（ＵＮＨＣＲ）からの援助もあまり期待できない。ＵＮＨＣＲの活動資金の90％は国連加盟国の自発的な拠出金に頼っているためだ。

新型コロナの経済的打撃から回復しつつある中では、多額の資金を出そうという国はほとんどない。トランプ政権は難民問題に何の関心もないことを明らかにした。バイデン大統領がどのような意向を持っているにせよ、難民救済のための大規模支出案が議会からの抵抗に直面するのは必至だ。今のところ、気候難民は自力で生きている。今後、その数は無視できないほどに増えていくだろう。

リスク④：社会不安と衝突

気候難民はどこに移住しても、社会不安や紛争に直面することになる。気象現象や水不足が政治的な争いや暴動の引き金になることは前述したとおりだ。ボリビアのコチャバンバでもそうだった。[39] １９９９年、ボリビア政府は水を効率よく利用するためには水道事業を民営化すべきだとして、コチャバンバ水道を外国企業グループに売却し、水道料金が値上げされた。民営化後初めての水道料金の請求書が市民に届いた直後、市民による第一次抗議運動が起きたが、政府はこれを無視した。２０００年2月、抗議運動はさらに拡大し、政府は値上げの撤回を企業に命じたが、抗議している市民たちは納得せず、外国企業グループとの契約終了を政府に要求した。やがて軍隊が介入し、流血騒ぎに発展する。

抗議運動をやめないコチャバンバ市民に同調し、他の地域の農民グループも高速道路を封鎖するようになった。ボリビア軍はコチャバンバを包囲したが、抗議運動に参加していた市民に犠牲者が出たのがきっかけで群衆は膨れ上がり、戦う決意を固めた。こうしてボリビアの「水紛争」が始まった。外国企業グループは撤退し、外国人投資家はボリビアから手を引いていった。その結果、ボリビアの景気は悪化し、国民の不満が高まって、ボリビア初の先住民族の大統領、エボ・モラレスが選出されたのである。この場合は、水の貴重度が増して水道の管理をめぐる争いが政権を倒したが、一世代を経た今も異常気象は続き、干ばつは深刻化し、ボリビアの水不足は続いている。[40]

2011年には、タイで未曾有の大洪水が発生し、緊急物資の配給をめぐって抗議や争いが起きた。この騒動は、2014年にタイ軍が権力を掌握して秩序を回復するまで激化が続いた。民主主義が限界点を超えた要因はいろいろとあるのだが、市民を、そして兵士を直接対決へと向かわせたのは、自然災害だった。気候変動は今後も「ここは水不足だ、あそこは水害だ」と水にまつわる問題を深刻化させ、その結果、政治的・経済的な混乱を招いて、政権を転覆させるだろう。

世界資源研究所が2019年に発表した報告書によると、世界人口の4分の1が暮らす17カ国で、真水をめぐる競争の度合いを示す水ストレスが「極めて高い」レベルにある。[41]

年平均で、この17カ国の水供給量の80％以上が都市部と農業および工業用に使われている。水ストレスが「高い」レベルの国は全部で44カ国あり、水の管理をなんとかしなければならない状態だ。

北アフリカ・中東地域は世界でも脆弱な土地に数えられており、２０３０年には前述の17カ国のうち、12カ国が同地域に属するとされる。資源をめぐる紛争は既に進行中で、イエメンでは、約２０００万人が清潔な水を手に入れることができず、２０２５年には、首都サヌアが現代世界で初めて水が枯渇する主要都市となると言われている（南アフリカのケープタウンも、２０１９年に危ういところまでいったが、イエメンよりはしっかりとした制度がある豊かな都市なので、もっと有効に危機に対応することができた）。

イエメンの悲惨な内戦で家を失った何百万人もの国民の多くが国内をさまよい、国内で最も肥沃な地域であるイッブの高地に移動してきたため、水不足はより深刻になっている。この高地は国内最後の資源豊富な地域で、人口過密が原因で対立が激化し、治安が悪化している。気候変動がこれらすべての問題を生み出したわけではないが、既にくすぶっていた民族的、政治的、経済的な問題の火種に油が注がれた結果になっている。

より強力な国々でさえも、新たな形の競争や対立に直面することになる。北極圏では、気候変動で氷床が溶けて手が届くようになった豊富な資源と、新しい海上輸送路（シーレーン）を支配するための競争が生まれるはずだ。アメリカ、ロシア、中国は、化石燃料、ダイヤモンド、ニッケル、プラチナなどの埋蔵地への進出計画を練り上げていて、この３カ国が作った通商および軍事のインフラが北極地域に築かれることになるだろう。北極圏に領土を持つ他の国々は、既にこうした拡張政策に対応するため、大きな圧力に直面している。

北極圏には、かつてないほど大規模な石油・ガスの埋蔵地があり、それに手が届くとなれば、化石燃料の価格の引き下げにつながるため、国によっては、再生可能エネルギーへの移行を遅らせるところも出てくるはずだ。特に世界第４位の温室効果ガス排出国ロシアは、北極圏に新しい油田・ガス田の多くを所有することになるため、それを開発し、北極圏の輸送経路の中で最も交通量の多い北極海航路を通る燃料輸送船の多くを運営するだろう。化石燃料からの脱却に既に抵抗しているロシア政府は、さらにいろいろと口実をつけ、積極的な気候変動対策には腰を上げようとしないだろう。

より広い視点で考えれば、北極でタンカー輸送が増加すると、環境破壊を加速させ、温暖化のペースを速めることになる。北極の海氷や流氷が溶ければ、氷の中に閉じ込められていた大量の二酸化炭素が放出される。シベリアのツンドラ地帯とカナダの一部だけで、現在の大気中の二酸化炭素量の２倍に当たる１７００ギガトンが貯蔵されていると推定されている。[42] それだけ大量のガスが大気に放出されれば、温暖化を抑え込むのはかなり難しくなるだろう。

リスク⑤：気候アパルトヘイト

２０１５年から２０１６年にかけての難民危機が、ヨーロッパ北部の裕福な国々と、南部の負債を抱える国々を対立させたように、また新型コロナが最も苦しめたのが貧困国や貧しい人々だったように、気候変動は先進国と途上国を、そして国内の富裕層と貧困層を対立させることになる。国連の専門家たちは、気候変動によって被害を受けたインフラの復旧費用や、増え続ける難民を管理し、飢餓に苦しむ彼らに食事を与える費用の少なくとも75％を貧困国が負担することになると警告している。[43] 世界人口の半数を占める貧しい人々が排出する温室効果ガスの量は世界の10％でしかないのにだ。

その結果、「気候アパルトヘイト」という言葉が生まれた。これは、極度の貧困と人権に関する国連特別報告者フィリップ・アルストンによる造語で、より富める国と貧困国の富裕層が、自分たちの富を守るために、貧困層を隔離する新種の障壁を築くことを指している。気候変動によって世界の貧富の差がさらに広がると、半世紀にわたる貧困撲滅の努力や、世界の中産階級の成長が、わずか数年で水の泡となりかねない。[44]

リスク⑥：地球工学の危険性

政治の指導者が有権者に対し、「壁が外の脅威から自分たちを守ってくれる」と言ってはばからない世界では、代償を払うことなく、奇跡の問題解決法を提供してくれる新技術に目を向ける政府も出てくるだろう。手っ取り早く安価な解決策があると聞けば、国民はそれを試したくなるものなのだ。

「地球工学」または「気候工学」と呼ばれる学問は、気候操作によって大気中の温室効果ガス量を減らし、破壊された環境を修復することを目的にしている。[45]「雲の白色化」（雲を明るくすること）とは、加圧した海水を塩分も含めて陸と海の上空に噴き上げ、塩の結晶と水滴を作り出し、海洋上の雲の量を人為的に増やして、地球に入ってくる太陽放射を宇宙に反射させる技術である。雲の白色化と同じような効果を狙った、成層圏に硫黄酸化物などのエアロゾルを散布する手法もあり、こちらは地表のはるか上で行われる。

しかし、科学者たちの間では現在、こうした計画、特に各国で独自に計画されている環境への人為的介入について、果たしてそれが実行可能なのか、あるいは倫理的なのかと議論が交わされている。硫黄酸化物などのエアロゾルを大気圏上層部に散布し、太陽放射を宇宙に反射させて地球を冷却するのはリスクが高い。温室効果ガス排出量を急激に削減するよりもずっと低コストだが（排出量を急激に削減すれば経済成長が鈍化し、雇用が失われる可能性が高いため）、潜在的な危険性や実際の効果のほどはわからない。

あるいは、二酸化炭素を大量に排出しつつも、大気圏に到達する前にその多くを「回収する」手段を開発することも可能かもしれない。その場合は、回収した二酸化炭素を安全に保管する場所が必要だが、それでは、収集したゴミを埋め立て地に埋めるのと変わらない。コストは安くつくかもしれないが、おそらく、回収した二酸化炭素が貧困国で貯蔵されることになるのが欠点だ。貧困国はその対価を求めるだろうが、もしも二酸化炭素が漏れ出すような事故が起きれば、いちばん苦しむのは貧しい人々だ。

あるいは、鉄分を多く含む粉末を海に散布し、排出された二酸化炭素を全部吸収してくれるプランクトンを増殖させることも可能かもしれない。この場合は、二酸化炭素があまり吸収できないと、逆に水中の酸素を除去する結果になるため、多くの海洋生物を殺してしまう可能性があると、一部の科学者たちが指摘している。

これらの技術が長期的にどのような影響をおよぼすのか、1つの国でこうした技術を使用すると、近隣諸国にどのような影響をもたらすのかは誰にもわからない。地球規模の

（しかも永続的な）影響をおよぼすかもしれない理論の数々を各国政府に検証させられるほど、我々は地球の大気の適応性を理解していない。まずはコンピューターモデリングを用いて、地球工学の研究や投資を考えるべきだろう（特に、一部の国が独自に地球工学に基づいた対策を進めることを決めた場合に、その対策がどのような結果をもたらすのか、理解を深める目的で）。しかし、Gゼロの世界では、各国が単独で地球規模の課題に対処しなければならず、取り返しのつかない被害が発生する前に答えが出るとは限らない。

自国のことは自分たちでなんとかするというアプローチが浸透してきている今の世界で、もしも、ある政府がこうした新しいツールを武器にしたらどうなるだろうか。研究者たちが1つの国でより健全な生態系を作れる方法を発見できるのなら、他国の生態系に害を与える方法も見いだせてしまうのではないか。近隣諸国や地球全体の生態系に未知の影響を与えると知りながら、気候操作で1つの国を破壊できると研究者たちが考えれば、彼らを妨げるものは何もない。この脅威だけで、危険な気候軍拡競争を引き起こすことになるだろう。

気候変動は我々に必要な危機なのか

気候変動との戦いに勝つかどうかは、法の支配（この場合の「法」は物理学と化学の法則）を深く尊重できるかどうかにかかっている。しかし、私たち全員が作り出した環境破壊の最悪の影響から、何百万人もの人々の命を救うことができる技術解決策など一つもないのだ。気候変動とそれがもたらす大惨事を抑え、しかも、富める国と貧しい国の間で公平に負担を分担するには、世界の主要な温室効果ガス排出国であるアメリカ、ＥＵ、中国、インド、ブラジルといった国々が協力する必要がある。たとえ他の領域で意見を異にしていても、その相違を捨てて協力し合うのだ。

そのためには、垣根を作らずに情報を共有し、計画段階で調整し合い、協力のコストやリスクについても責任を分かち合わないといけない。これは、温室効果ガスを多く排出している国の義務なのだ。彼らが行動を起こさなければ、世界中の誰もが代償を払うことになる。

この点については、楽観できる理由がある。欧州グリーンディールは、カーボンゼロの実現に向けて前例のない巨額の資金を投入し、ヨーロッパを気候変動対策のリーダーとして押し上げている。ＥＵ加盟国の政府と欧州議会は、２０２０年に1兆８０００億ユーロの予算案に合意し、そのうちの30％を気候変動を最小限に抑えるために使うという目標を盛り込んだ。世界で１１５カ国以上が２０５０年までにカーボンニュートラルの達成を目標に掲げており、中国は現在、２０６０年までに達成することを目標にしている。アメリカを抜きにしても、これらの国々だけで世界の温室効果ガス排出量の半分以上、世界のＧＤＰの半分を占めている。

また、国際金融機関も目標を発表している。各地域の国際開発銀行は揃って、気候変動の抑制と適応のため、２０２５年までに少なくとも６５０億ドルの融資を行うことを目標にし、そのうち５００億ドルは融資先を低・中所得国に設定している。[46]

もう一つ、この10年で大きく変わったのは、アメリカ自身だ。ドナルド・トランプがパリ協定からアメリカを離脱させても、この協定は消滅せず、バイデン大統領は就任後すぐにトランプの決定を覆している。トランプ政権とバイデン政権との最大の違いは、気候政策なのだ。

トランプは、気候変動への無関心と否定の間で揺れながら、化石燃料産業の規制緩和を優先させた。一方のバイデンは大統領候補として選挙期間中から、アメリカ国内の産油州の有権者の怒りを買ってまで、気候変動を主要な争点にしていた。大統領になってからは、持続可能な目標を達成するための国際融資を支援することを優先している。パリ協定に復帰したアメリカは、２０５０年までに、温室効果ガスの排出量を実質ゼロにすることを目標に掲げていて、この公約により、グリーン産業、インフラ、エネルギー、テクノロジーに大型投資が新規に行われることになる。

中国に関してさえ、楽観の余地がある。中国共産党指導部は、数十年にわたり化石燃料を輸入に依存している中国に、カーボンゼロの推進が大きなチャンスをもたらすことに気づいている。輸入の多くは中東からで、この地域は常に混乱の危険にさらされているうえ、彼らの石油の主な輸出先はアメリカであり、依然として安全保障をアメリカに頼っている。中国はエネルギー輸出国のロシアと強い通商関係を築いているが、その関係は取引上のものでしかない。

それに、現在の世界最大の産油国はアメリカだ。中国はポスト化石燃料の世界に大いに期待を寄せている。化石燃料という資源を持たないことで、外国政府や地政学的な不安定さに対し、中国はもはや脆弱ではなくなるからだ。

太陽光発電や風力発電の技術、電気自動車のサプライチェーンにおいて、中国は産業をリードし、規格を決める存在になろうとしている。また、国家主導型の経済路線を敷いている中国では、こうした国家目標の達成に貢献する企業に対し、政府が大型投資を行うことができる。このような情勢を絶好の機会と捉えている中国は、欧米の政府や企業と競争を激化させる可能性がある。いや、逆に協力関係を強化するかもしれないし、その両方かもしれない。他国政府と直接どのように協力するのか、中国の指導者たちがどのような選択をとるにせよ、少なくとも中国は明確に、他の主要経済国と同じ方向に進むことに関心を持っている。

企業にも広がる動き

世界の大企業の中には、独自の温室効果ガス排出量削減目標を掲げたところもある。[47] アマゾンは2040年までにカーボンニュートラルの実現を約束している。アップルは2030年までに、事業と製造サプライチェーン全体でカーボンニュートラルの実現を目指し、取引先であるサプライヤー全社に対し、10年以内に「アップル製品の製造において再生可能率100%」を目指すよう求めている。

マイクロソフトは2030年までにカーボンネガティブ（訳注：実質的な排出量をゼロ未満にすること）を達成することを約束し、2050年までに、これまで同社が排出してきたのと同量の二酸化炭素を環境から除去すると表明している。既にカーボンニュートラルを達成しているグーグルは、サプライチェーンもカーボンニュートラルにすることを謳《うた》っている。

２０２０年9月、アメリカの主要企業２００社以上を代表するロビー団体、ビジネス・ラウンドテーブルは、パリ協定に沿って２０５０年までに、アメリカの温室効果ガス排出量を２００５年比で80％削減するだけでなく、温室効果ガスを排出する企業にコストを払わせることで排出量を抑制する、市場ベースの炭素排出の値付け（カーボンプライシング）を支持すると表明した。[48] 排出削減を促す取り組みに関して、これまで積極的ではなかったアメリカ経済界を考えると、これは劇的な変化である。

さらに、再生可能エネルギーのコストは、５年前の専門家の予測よりもはるかに速いペースで低下している。再生可能エネルギーは、カーボンゼロを達成するための有望な戦略として、極めて重要な役割を担っている。温室効果ガス排出量の削減や汚染された空気の浄化に役立つだけでなく、世界の多くの地域で化石燃料よりも安価に利用できるようにもなっている。

指導者たちがなすべきこと

というわけで、次は、世界の指導者たちが一緒にできることは何かを考えてみよう。

まず、この共通課題の解決に最大の貢献ができる国の指導者たちは、事実を受け入れる必要がある。気候変動が地球上のあらゆる国の人間を脅かし、何億人もの人々の生活を破壊するであろう災害は、国際的な協力、歩み寄り、調整によってしか回避できない、これが事実なのである。約束や目標だけでは不十分だ。指導者たちは、我々の過去の所業が世界共通の未来に与えるダメージを抑えるために、国境を越え、何十年にもわたって協力し合う勇気と創意工夫がなければならない。

小国にも果たすべき役割はある。フィジー、バハマ、マーシャル諸島共和国、モルディブなど、水没の危機に瀕した島国のリーダーたちは結束して、気候変動に関する議論を形成している[49]。彼らはパリ協定を作り上げるために協力し合い、議論が軌道からそれてしまいそうなときも、アメリカ、中国、インド、ブラジルを話し合いのテーブルに座らせ続けた。２０１７年、フィジーは第23回国連気候変動枠組み条約締約国会議の開催国として、世界のリーダーたちが今後の地球の姿を自らの目で確認するきっかけを作っている。

ルールの設定

新しいルールは政府だけが設定するものではない。ここに未来がある。熱波や干ばつ、山火事など局地的な災害が続き、より大胆な行動を求める国民の声が高まるにつれ、気候変動抑制政策の実現を呼びかける機運は、ほとんど政府以外のところから起きている。

残念ながら、波の下に消えていく島国の現実を伝える雑誌記事だけでは、何百万人もの人々の心を変えることはできていない。だが、富裕国の市民たちが、気候変動が自分たちの生活へ与える影響を認識しはじめると、彼らに物を売る企業はそこに何らかの利点を見いだし、気候変動対策をリードしているかのように見せはじめる。長期的な動向に注目する銀行や投資会社の多くは、自分たちが企業としてどう評価されるのかを考え、環境保護が将来の利益の源となる可能性が高いと予想し、化石燃料からいわゆるＥＳＧ（環境、社会、企業統治）へと投資の対象を変えはじめている。

そのため、上場企業は「ＥＳＧを重視する」よう、かつてないほどのプレッシャーにさらされている。民間企業がこうした行動をとることで、政府は安心して、政治的にもっと大胆な気候変動対策を採用できる。結局のところ、投資家たちが「もう石炭企業には融資しない」と言えば、政治家も企業に鉱業ライセンスを発行しなくなるものなのだ。

そこへパンデミックが発生し、とんでもない世界経済ショックが起こり、デジタル化の進んでいない産業分野は歴史的な打撃を受けた。ところがハイテク企業は違った。我々がオンラインで仕事し、友人や仲間と集い、買い物し、情報収集することを可能にしただけでなく、他企業に比べると、既に再生可能エネルギーの利用を目指していたのもあって、パンデミック中であっても収益を上げた。

各国政府は新型コロナの打撃を受けた経済を立て直すため、救済と復興に向けて多額の資金を投入し、再生可能エネルギーを中心にした経済への移行を加速させた。まだ想像もつかないような技術を世界に解き放ち、前進させる、西側諸国のイノベーションと市場の力を無視するわけにはいかない。

結局のところ、2022年に時価総額が世界一の自動車メーカーが、電気自動車だけを作る新規参入企業であり、息子に「エックスアッシュエートゥエルブ（XÆA－12）」・マスクと名付けるようなCEOが経営しているとは、1991年にはほとんど誰も想像していなかったはずだ。[50]

ルール①：共同研究開発

新型コロナをめぐる国際協力は、ワクチン研究や、ワクチンを世界に流通させるためのサプライチェーンにおいて、国境を越えて連携するところから始まった。気候変動対策に利用可能な技術に関しても、世界は協調的な研究開発を必要としている。新型コロナのワクチンの場合と同じように、一国による単独プロジェクトである必要はない。大気中の二酸化炭素を回収する技術、グリーンエネルギーにおける画期的な進展、新しい食糧生産技術など、世界の流れを変える発明でしのぎを削る研究開発グループ間の競争は、我々に普遍的な利益をもたらす限り、建設的になりうる。

こうしたプロジェクトへの投資は、利益の共有だけでなくコストも分担できるよう、国際的に資金援助することが可能だ。また、各国政府が協力して、これらの技術革新がある国の利益のために武器化され、他国が犠牲になるリスクを最小限に抑えることもできる。

グリーンテクノロジーと気候管理における進展は、途上国と共有されなければならない。その理由は、世界がワクチンを共有すべきなのと同じだ。また、難民流出問題が示すように、ある国の危機が引き金となって、他国に緊急事態を引き起こすこともあり得る。気候変動の課題は、パンデミックの場合と同じように、世界全体でないと解決しようがない。

ルール②：温室効果ガスの管理

気候に関して、国際協力のための新機構を作り上げるには、世界貿易機関（WTO）と同じような国際組織が必要だ。それをここでは仮に「世界炭素機関」と呼ぶことにする。この機関は、炭素クレジットの国際取引を規制・監督し、その運用が拡大すれば、温室効果ガスの排出量と削減量を正確に決算する。カーボンゼロの世界に向かって前進するなかで、どの国もフェアプレーで行動しているのだという信頼を各国政府に与えるには、これが唯一の方法なのだ。

また、気候変動と戦っていくには、温室効果ガスの排出にさらにコストがかかるようにして、排出を抑制する国際的な取り組みも必要だ。それを実現する最短の道としてカーボンプライシングがある。これは新しい発想ではない。これまでにも、炭素税や排出権取引といった形で、カーボンプライシングのような計画は複数あったが、様々な理由でうまくいかなかった。

過去には、カーボンプライシングで温室効果ガスの排出に値付けをされると影響を最も受けるであろう産業が、その資金力と政治力を駆使して、計画を反故《ほご》にしたことがあった。他に費用対効果の高い温室効果ガス排出量削減計画がなかったせいで、政府の決める政策を白紙に返すことが容易だったのだ。だが、問題はそれだけではない。政府によっては、高い炭素税を払う他国企業に対抗し、自国の産業が優位に立てるようにと、自国企業には炭素税を課さないところもあるからだ。

航空会社や自動車メーカーなど、手頃な価格の化石燃料に依存している企業は、新型コロナによる壊滅的な打撃からまだ立ち直っていない。これらの産業には、増税ではなく、財政支援が必要だ。とはいえ、今、税金を投入して救済するのと引き換えに、今後の増税を企業に受け入れさせるよう仕向けることはできる。はじめのうちは、代替エネルギーとしては手頃な価格の炭化水素の開発に税収をあてておき、しばらくしてから税率を引き上げるのであれば、なお企業を誘導しやすいだろう。

結局のところ、炭素税の最終目的は、事業コストの上昇ではなく、企業にさらにクリーンなエネルギーに切り替えてもらうことなのだ。新しい形のエネルギーが、少なくとも現在のエネルギーコストと同じくらいに安くならない限り、企業は切り替えられないのである。

クリーンなエネルギーへの切り替えもまた、各国が調整し合って取り組まなければならない。そうでないと、気候変動対策に熱心な国々の努力を犠牲にして、規制のゆるい国に金儲《かねもう》けを許してしまい、脱炭素が一向に進まないシステムを作ることになる。ここでもヨーロッパが世界を先導して、カーボンプライシングを定着させようとしている。[51] ヨーロッパには排出権取引制度とEU国境炭素税計画があり、バイデン政権との協調を促しながら、国際規制に反対する中国に打ち勝つための共同戦略を練ることができる。

　韓国、南アフリカ、メキシコ、カリフォルニア州でもEUと同様のプロジェクトが実施されているし、中国でも、非効率で有名な国内電力業界向けに、全国規模の炭素市場計画が発表されている。新型コロナはこうしたプロジェクトの拡大を遅らせたが、経済が回復するにつれ、再び勢いを取り戻すことができるだろう。多くの国では、有権者への増税を避けながら、新型コロナ復興計画のための財源を確保しようと考える議員たちによって、炭素税が普及していくはずだ。

　民間企業が果たすべき役割は極めて大きくなるだろう。グリーンエネルギー開発と二酸化炭素回収へ移行するための資金や人的リソース、専門知識を持っている世界最大手の石油会社ならば、大規模なエネルギー転換を図ることができる。彼らにとっては、それが事業を存続させる唯一の方法なのかもしれない。そのうえ、政府や裁判所から前例のない圧力をかけられて、気候変動対策の強化も求められている。

２０２１年には、オランダの裁判所がシェルに対し、２０３０年までに、２０１９年比で温室効果ガスの排出量を45％削減するよう命じる判決を出した。裁判所が民間企業に対し、パリ協定を順守するよう命じたのはこれが初めてのことだ。また、エクソンモービルやシェブロンの場合は、株主が議決権を行使し、この２社にもっと大胆な気候変動対策をとるよう要求している。

カーボンプライシングを支持するアメリカの一部の経済団体がやってきたように、民間企業も気候変動に関してより厳しい法案を可決させるよう、政府に働きかけることができる。民間企業が気候問題の舵をとれば、法案を形作り、企業イメージを向上させる絶好の機会になるし、何よりも、政府にカーボンプライシングを実施するよう働きかけることで、より予測可能な投資環境を自ら作り出せるのだ。企業がどのようなコストを払い、チャンスを手にするのかは、早めに知っておいたほうがいい。

コロナ禍では、多くの企業が製造ラインを変更して個人用の防護具を製造したり、ワクチン流通事業に参入したりした。またハイテク企業は、新薬のテストや、感染症の追跡に役立つツールを開発した。石油・ガス会社も同じように、排出量の削減に役立つ新しいバイオ燃料や化学物質の開発に取り組むことができ、進取の気性に富む企業なら、大きな利益と将来の競争優位性を期待できる。

企業によって抱える気候リスクは異なるため、その対策も異なるが、実際に市場で力を持っている大企業ならば、自力でポジティブな変化を巻き起こすことができるだろう。小売り大手のウォルマートは、２０２０年に、自社の二酸化炭素排出量を２０４０年までにゼロにするだけでなく、そのサプライチェーンにかかわる全企業に脱炭素化を求めることを目標に掲げている。[52] また、多国籍の日用品メーカーのユニリーバは、衛星からの画像と位置情報データを利用して、「２０２３年までに森林破壊のないサプライチェーンを実現する」ことを目指している。[53]

このように、パートナー企業や競合他社に同調圧力をかけられる大企業は何百社とある。四半期ごとの利益を最大化しなければならない圧力から他の企業を解放し、彼らに賢明な長期的投資を行わせることができる。

ソフトウエア大手のセールスフォースは２０２０年初めに、「今後10年間で1億本の木の保護と再生を支援し、そのための人材を動員する」と発表した。[54] これは世界経済フォーラムの「1t.org」というイニシアティブの一環で、世界経済フォーラム自体が、２０３０年までに1兆本の木を保護、再生し、植林する目標を掲げている。壮大な計画であるため、組織力が課題だが、そこはセールスフォースがその強力なロジスティクス技術を提供し、解決にあたっている。同社にとっては、企業の社会的責任に評価を下す一般市民や市民団体の信頼を獲得しつつ、将来のチャンスもつかめるのだ。

ルール③：森林の保護と再生

人と木は共生している。人は酸素を吸って二酸化炭素を吐き出し、木は二酸化炭素を吸って酸素を作り出している。アマゾンやコンゴ民主共和国、インドネシアなどで、農業や木材伐採のために木を切り倒すと気候変動が悪化するのは、こうした自然の仕組みが損なわれるからだ。[55] 木が少なくなると、取り込まれる二酸化炭素の量は減る。また木に蓄えられていた炭素は、木が伐採されたり燃えたりすると、大気中に放出される。気候変動は一部の地域で干ばつを引き起こし、山火事を発生しやすくするため、この問題をより深刻にしている。

ＮＧＯのグローバル・フォレスト・ウォッチに所属する研究者たちは、２０１９年に失われた熱帯林だけで、20億トン以上の二酸化炭素が放出されたと推定している。その年のアメリカ国内の全車両から排出された二酸化炭素量を上回る数値だ。

２０１９年の世界の森林伐採量の約３分の１はブラジルが占めている。ボルソナロ大統領は、鉱業や大規模農業の投資家に便益を与えるため、森林地の法的保護を積極的に取り除いている。これを見た世界の指導者たちが気候への影響を指摘し、ブラジルの行動を批判すると、ボルソナロ大統領は「他国のことに口出しするな」と反論している。

結局のところ、このような状況に至ったのは、ブラジルよりもはるかに富裕な国々が、自国の企業が環境破壊を引き起こしているのに何もしなかったからなのだ。アマゾンはブラジルの領土にあり、そこで起きていることはブラジルの問題であって、他国には関係がないとボルソナロ大統領は主張する。しかし、アマゾンの熱帯雨林は地球全体の気候に影響を与えている。それは、インドとパキスタンの2国が、あるいはエチオピア、エジプト、スーダンの3カ国が、国境を越えて流れる川の水利をめぐって脅し合っているのと変わらない。

世界の有力な国々がグローバルな視点から気候問題を見ることができれば、ブラジルの大統領を説得して態度を改めさせることができるだろう。ブラジルの主権を尊重しつつ、残された熱帯雨林の保護と既に破壊された地域の森林再生に投資するという道があるのだから。それに、ブラジル（そしてボリビア）は、このかけがえのない地球の資源を守る役割を果たしながら、見返りを得ることができる。

コンゴ民主共和国のような貧しい国では、木材伐採の業者や企業が、法執行機関を文字通り凌駕してしまっている。より富める国、特に資源に貪欲な中国は、こうした違法行為の一部から利益を得ている。国際平和維持部隊が世界の紛争地帯の秩序を守るのと同じように、環境保護部隊のようなものを派遣し、森林破壊を防ぐための法律を人々に守らせ、植林を促して森林を保護することはできるはずだ。

資金を提供するのは誰か

もちろん、これらの計画には多額の資金が必要で、世界の富裕国の間でその費用を分担するのが、最も賢い資金調達方法である。言うは易《やす》く行うは難しだが、富裕国の政府は、長年にわたり気候変動がもたらすダメージを取り除き、修復するために何兆ドルも費やさなければならない。気候変動が最悪の事態を招いたあとに、都市や企業、産業、労働者、家を失った市民を救済するコストを一国で負担するよりも、気候変動を抑える世界戦略への投資コストを、今、他国と分担するほうが安上がりなのである。

こう考えてみてはどうだろうか。政府にカテゴリー５のハリケーンをカテゴリー１に抑えるのに十分な財源があるのであれば、超大型ハリケーンで被害が起きてからの救済措置に、より多額の資金を費やしたりはせず、事前対策に投資をすべきではないだろうか。

残念ながら、こうした超大型ハリケーンの存在を信じようとしない人や、その威力を理解しない人、あるいは、運悪く未来に生きなければならない若い世代の問題だと考える人が一部いる。そう考えていなくても、当然ながら、超大型ハリケーンを無視することで経済的、政治的便益を得る人たちはいる。

しかし、警告のサインが明白になれば、ほとんどの政府にとって、それを否定するのは難しくなる。そして企業や投資家の間でも、企業が利益を上げ続けるためには、ビジネスモデルを変えなければならないという認識がどんどんと強まっている。政府レベルでも草の根レベルでも、10年前に比べると、はるかに多くの国際協力が行われている。しかし、官民問わず、そうした国際協力が最悪の事態を阻止できるほど十分に広がるかどうか、前進するかどうかは、今のところ、明らかではない。

国や地方自治体は財政支出を決定して、都市部を襲う海面上昇や、沿岸部のコミュニティーをより頻繁に襲う激しい暴風雨に備えることができる。また、独自に投資をして、異常気象の影響から他の管轄地域を保護することもできる。しかし、大気中の温室効果ガスの回収技術、新エネルギー源の開発、森林や水などの天然資源を複数の国で保護する取り組みなど、共同研究開発プロジェクトとなると、国際的な資金が不可欠だ。また、環境保護のための財源を持たない国の人々を支援するためにも国際的な資金は必要だろう。

難民の権利

２０１３年、イオアネ・テイティオタという男性が、自分と家族のためにニュージーランドに亡命を申請した。気候変動のせいで、キリバスで暮らし続けることが不可能になったという主張だったが、ニュージーランドがこれを却下したため、彼は国連人権理事会に異議を申し立て、自分を気候難民だと認めるよう求めた。海面上昇により近隣の島々に住めなくなった人々が自分の住む島に移り住んできたために、島が過密状態になっていて、社会的緊張、暴力的な犯罪、水不足、様々な健康問題を引き起こしていると主張した。さらに、今後10年から15年以内にキリバス全土が居住不可能になるという研究結果を引用し、難民の権利を手にして保護を受けるには、実際に腰が水に浸《つ》かるまで待たなければならないのか、と理事会に訴えた。

２０２０年1月、国連人権理事会はテイティオタの申し立てを棄却した。理由は、国際社会の助けがあれば、キリバスも秩序ある形で、住む場所を失った国民をどこかに移転させることができるからだった。しかし重要なのは、この件に関してはまだ難民と認めるだけの基準を満たしていないが、各国政府は気候変動によって生命が脅かされる可能性のある国から逃れてきた人々を送還できないと、人権理事会が決定を下した点だ。この裁定は、テイティオタを助けたわけではない（将来的に助ける可能性はある）が、気候変動によって、今後はさらに多くの人々が危険な苦難を強いられることや、国際法上、各国は気候難民を保護する責任を負うことを認めたのである。

最悪の展開では、2050年に2億人の気候難民が発生するリスクがあるが、最善の展開であっても、数百万人が故郷を追われることになる。もしもヨーロッパの指導者たちがシリア内戦と2015年から2016年にかけての難民危機に備えて、事前に準備できていたならば、あの惨事による犠牲者数ははるかに少なく、数十カ国におよぶ人的、経済的、政治的な痛みももっと少なかったはずだ。世界の指導者たちは、今後起きるであろう、より大きな危機に対して、今から準備を進めないといけない。

事前対策を講じるにしても、幸運な人々を不幸な人々から守るだけでは非道徳的で、うまくいかない。対策はそれ以上のものでなければならない。世界の最貧困層が気候問題を生み出したわけでもないのに、そのあおりを受けるのは圧倒的に彼らになる。そうした人々を守らないのは非道徳的だ。それに、最貧困層の人々が難民となり、他国内に長期難民として居続けると、彼らを受け入れている国に経済的・政治的混乱が生じることになり、ひいてはその国内のほぼ全員に波及効果がおよぶため、うまくいかない。

だからこそ、各国政府は気候難民の権利に関して国際協定を結ばなければならない。国連には、国際人権法や、テイティオタの件における人権理事会の裁定を尊重するよう、各国に強制する権限はない。すべての国が混乱を回避できるように負担を分ける方法があるとしたら、多国間で新たに合意を形成するしかないが、そうした合意が成立するかどうかは、楽観を許さない。

グリーン・マーシャルプラン

２０１９年、アメリカのアレクサンドリア・オカシオ＝コルテス下院議員とエドワード・マーキー上院議員は、「グリーン・ニューディール」と呼ばれる計画を打ち出した。温室効果ガスの排出量を削減し、アメリカのエネルギー利用を石油・ガスから再生可能エネルギーに転換し、成長するクリーンエネルギー産業で多くの雇用を創出し、さらには富の不均衡や人種差別問題に取り組むという、野心的な気候変動対策措置である。これは、深刻な問題を解決するために作られた重大な法案なのだが、その財源のほぼ全額を国債に頼らない限り、中産階級への増税が必至となるため、アメリカ議会ではまともに議論すらされない。

しかし、グリーン・ニューディールにはもっと大きな限界がある。それは、地球規模の問題に国家レベルでしかアプローチしていない点だ。前述したように、気候変動はアメリカだけへの脅威ではないのだ。

我々には、何かしらのグリーン・マーシャルプランが必要だ。全世界で気候問題対策を法制化することを約束するグローバルなプロジェクトで、その財源は各国政府からの拠金でまかなうのである。アメリカと中国は、香港の統治方法や、南シナ海の海上境界線の引き方、民主主義の定義について合意する必要はないが、気候変動が地球に与える被害を抑えるには、一刻も早くエネルギー計画に投資する必要がある点で合意する必要がある。

グリーン・マーシャルプラン実現の前に立ちはだかる大きな障壁は、そのプランの下で各国が行う投資に対して、「気候クレジット」を付与する仕組みを作ることができるかどうかだ。民間および公共の投資家たちが他国のグリーン開発に投資するインセンティブを作り出すには、見返りとして、目標値より高い排出量を許すクレジットの発行が必要だ（大気にとっては、1トンの二酸化炭素がボストンから排出されようと、ベンガルールから排出されようと関係がない）。

これは新しい構想ではない。1997年の京都議定書で排出量取引を実現させようとしたが、このシステムを信頼する国が少なすぎたため、失敗に終わっている。しかし、温暖化への危機感が高まり、気候クレジット取引の詳細が改善されるにつれ、多くの政府が排出量取引を見直すようになっている。

前述の架空の世界炭素機関の背景にある理念がこれなのだ。機が熟すのを待たない民間企業がどんどんと増えている。地球をカーボンゼロに近づけるために企業が動けば、一般社会や規制当局の評価が高まると計算しているのだ。その一方で、国連の気候変動対策・ファイナンス担当事務総長特使マーク・カーニーは、「自主的な炭素市場」を創設して、この取り組みを活性化させようとしている。[56]

気候変動に関して、新型コロナは、世界が国境を越えた協力関係を固める後押しをした。新型コロナは、緊急な対応を必要とする、深刻な世界問題として姿を現し、多くの政府、民間企業、市民団体が協力するという結果を生んだ。たとえば、コバックスが立ち上がらなければ、ワクチンの買い占めや貧富の差といった問題は、実際よりももっと深刻化していたはずだ。互いに政治的にも経済的にも大変だった時期に、アメリカは隣国のメキシコやカナダのために、またアメリカ、日本、インド、オーストラリアは他のアジア諸国のためにと、自己犠牲の精神で余分のワクチンを進んで輸出したことは、より良い未来の青写

真を示すことになった。

今回のパンデミックは、科学の重要性も浮き彫りにした。ニセの専門家たちが科学を利用して自分たちをだまし、個人の自由と尊厳を奪おうとしていると思い込んでいる人々が衝撃的なほど大勢存在することが発覚した。その一方で、新型コロナが猛威を振るっていたときに、かつてない脅威に対して解決策を見いだしたのは、科学者やイノベーションの力のある企業、そして資力のある個人たちだったことが世界中で鮮明になった。より多くの人の目に、気候変動の影響がより明らかになるにつれ、こうした事実が大きな意味を持つようになるはずだ。

新型コロナが気候変動との戦いで果たした最大の役割は、ドナルド・トランプ大統領を再選させなかったことかもしれない。トランプは地球温暖化に関心がなく、世界の多くのリーダーたちがカーボンゼロの達成に必要な妥協を受け入れ、犠牲を払うインセンティブを一部撤回した。多くの面で、アメリカ政府と中国政府は、気候変動危機におけるリーダーとしての責任を回避してきている。

しかし、2021年11月、グラスゴーで開催された第26回国連気候変動枠組み条約締約国会議（COP26）の前後に、気候危機は避けがたい、醜い現実であることが周知され、気候変動活動家たちからの圧力が強まったことも相まって、もっと積極的な行動をとるよう、他の国々の政府や大企業を動かした。

だが、それだけでは、Ｇゼロやカーボンゼロの問題を解決することはできない。アメリカは政治的に機能不全に陥ったままだし、米中関係は今もなお間違った方向に向かっている。途上国は依然として新型コロナと格闘し、約束されたワクチンが届くのを待っているところがあまりにも多い。しかし、限定的でありながらも、新型コロナと戦うために世界が協力関係を築けたことは、今後の気候変動対策に向け、さらに世界を協働させることにつながるかもしれない。

気候変動は宇宙人の侵略ではない。我々地球人が自らの手で引き起こしたことなのだ。世界的な取り組みがなければ、地球へのダメージを抑えることはできない。しかし、手遅れになる前に、世界のリーダーたちがこの難局にうまく立ち向かうことができれば、足音も立てずに忍び寄る脅威の中の脅威、すなわち、人間の生活を変えてしまう破壊的な新技術に対しても、協力して立ち向かうための基盤を作ることができるはずだ。

第4章
破壊的なテクノロジー

パンデミックの唯一の「勝者」

序章で、新型コロナが始めた戦争には勝者は誰もいないと書いたが、訂正したい。勝利したのはテクノロジーだ。もっと具体的に言えば、破壊的な新技術を作り出した企業と、その企業から利益を得たすべての人々だ。

今回のパンデミックが起きる前、アメリカの政治家たちは拳を振り上げながら、自国の大手ハイテク企業に怒りをあらわにしていた。共和党の政治家たちは、新メディアも従来のメディアと同じで、自分たちに対する偏見ぶりにはあきれると主張し、なんとかしなければならないと言っていた。一方、民主党の政治家たちは、アマゾン、フェイスブック、アップル、アルファベット、ネットフリックスといった巨大ハイテク企業が市場で力(ゆえに政治力も)を持ちすぎだと警鐘を鳴らし、一般市民からデータを集めるこれらの企業が、それを何に利用しているのかはもはや一般市民にはわからなくなっているから、これ以上危険な存在にならないよう、これらの企業を分割すべきだと主張していた。ヨーロッパでは、各国政府がアメリカの巨大ハイテク企業に反発し、ヨーロッパの顧客のプライバシーを侵害していると訴えていた。

パンデミックが起きたからといって、こうした批判が皆無になったわけではないが、政治家も一般市民も、デジタル技術が不可欠になっていることを思い知らされた。企業はインターネットにつながった従業員たちを在宅勤務させるだけで、今回のパンデミックをしのぎ、消費者はネットショッピングで感染のリスクを避けた。先進国でも途上国でも、専用に作られたドローンで人命を救う医薬品が配達され、また遠隔医療の進歩のおかげで、科学者や医者が新型コロナに対する理解を深め、ウイルスとの戦いも容易になった。[1]

病院は人工知能（ＡＩ）を活用して、一度に必要になる病床と人工呼吸器の数を予測した。[2]また、新型コロナの症状が表れた人たちは、その症状を表す言葉をキーワードにグーグルで一斉に検索する。[3]公衆衛生機関は、その検索トレンドを活用し、医者や病院の数が少ない地域や、近くに病院がない地方で集団感染が起きていないかを追跡した。さらに、ＡＩはワクチン開発において非常に重要な役割を果たした。[4]あらゆる医学論文をＡＩに読み込ませることで、ウイルスの遺伝的性質と既存薬の化学組成や効果との関連性を特定できたからだ。

研究者たちがワクチンの開発を急いでいる間、新型コロナウイルスに陽性反応を示した人との接触があったかどうかを追跡しやすくする、感染追跡システムやスマートフォンのアプリも感染防止に役立った。[5]中国では、新型コロナとの戦いに様々なアプリが活躍した。

どの隔離施設に行けばよいのかなどの詳細情報を教えてくれるだけではない。個人の動きも追跡した。一人ひとりが他の人々に対してどの程度のリスクになるのか、アプリによってカラーコードが割り当てられ、そのコードに基づいて、個人の行動範囲が制限されるのだ。また、中国当局は不正防止にGPSや通信データを使った。中国では、感染リスクの低いコードが割り当てられている人は自由に移動できたが、他の国々でのロックダウンは、個人の感染状況やリスクにかかわらず、ほぼ全員の行動が著しく制限された。こうした技術はコロナ禍以前から開発されていたが、新型コロナとその変異株の出現により、一気に展開され、我々を未来に向かって急速に突き進ませたのである。

しかし、こうした新開発の技術が将来的にどのようなリスクになるのかを精査せず、手放しで歓迎するのは短絡的だといえる。新技術の中には、我々の生き方を根本的に変えてしまう破壊的なものがあり、我々から人間性を奪うリスクになる。働く人たちの都合を無視して仕事の質を一変させ、一つの国の中だけでなく、国家間にも新たな形の不均衡を生む。慣習を壊し、家族や旧友との付き合い方、新たな人との出会い方、世界中の人とのつながり方をまったく変えてしまうだろう。また、戦争に使われる武器や、強力なサイバー兵器に新技術が使われている場合は、それが犯罪組織やテロ集団に流れていき、ならず者に使われるリスクが新たに浮上する。さらに、第二次世界大戦の終結以降、我々が享受してきた大国間の平和が崩れるリスクもある。この章では、破壊的な新技術がどのようにして、この３つのリスクを高めるのかを見ていこう。

アドハーがもたらした恩恵

新技術は我々人間の生活の質を高めるか、物を破壊するか、あるいは（時に）その両方を同時に行うための道具にすぎないことを、人類は何千年も前から知っている。まずは、そのプラス面に着目しよう。今回のパンデミックは改めて、新技術によって、我々がより安全に、健康に、そして豊かに暮らせることをあらゆる形で示してくれた。

たとえば、読者のあなたがインドのマハラシュトラ州に住んでいるとしよう。マハラシュトラ州の人口は１億２４００万人だ。インドで２番目に人口が多く、今も人口急増中の世界的大都市、ムンバイもこの州にある。だが、あなたが住んでいるのはムンバイではなく、そこから約２４０キロ離れた村の、一部屋しかない小屋だ。自宅に電気が届くようになったのはつい最近のことで、水はまだ近くの井戸から運んでいる。食糧は自給自足で、調理をするのは屋外。コンロには灯油が必要で、庭には肥料が要る。銀行口座や質の高い医療も必要だし、わが子にはちゃんとした教育も受けさせたい。他の多くの途上国と同じで、インドも必要な人には補助金や公共サービスを提供しているが、あなたはこれまで生きてきて、そうした公的補助を利用できたためしがない。誰もあなたの出生を記録しなかったからだ。あなたがあなたであることを証明する身分証明書が一つもないのだ。

だから、あなたは生体認証システムのアドハー（Aadhaar）をありがたく思っている。アドハーなら、今や世界人口の6分の1を占めるインドのほぼ全人口の身分を証明できる。あなたはアドハーの事務所で撮った自分の顔写真と照合させるため、自分の指紋や虹彩情報を政府に渡した。やっと12桁のＩＤ番号を手にしたあなたに、世界の扉が開いた。自分と家族のために政府が提供する様々なサービスを利用できるようになったのだ。

世の中の多くの人たちが当然だと思っている物事を、あなたは生まれて初めて手にするチャンスを摑んだ。それよりも重要なのは、あなたの息子や娘が、あなた自身や先祖とはまったく違う類の生活を営むようになることだ。政府に個人のプライバシーを明け渡したんですよ、という警告など気にする必要はない。アドハーのおかげで、生活に必要なものに手が届くようになったのだ。あなたはもう人に相手にされない存在ではない。一市民になったのだ。ヒンドゥー語でアドハーは「基礎」を意味する。約14億人の人々が自分の未来を築くことができる基礎をこのシステムは作ったのだ。

この例では、個人にとって良いことが政府にも良いことになっている。人は身分を証明できないと、公式経済には参加できない。アドハーはかつてない数の市民を国家経済に組み入れた。[6] ようやく真の市民になれた人々の多くは、生まれて初めて納税者にもなったのだ。納税者が増えれば増えるほど、政府の税収も多くなり、貧困からさらに多くの人々を抜け出させることができる。インド政府は史上初めて、国民全員の身元を証明できるようにしたことで、無駄を省き、不正を取り除いて、何十億ドルもの節約に成功した。

一例を挙げてみよう。インド政府が調査したところ、アドハーを展開する以前、３つの州の学校で生徒44万人を水増しして、政府支援の給食プログラム用の予算が不正に引き出されていた事実が発覚した。今は、国と市民の間に腐敗した地方役人を挟む必要はない。アドハーによって、国民年金や燃料補助金などの政府補助金を、国庫から合法的な受給者の新しい銀行口座へ直接送金できるようになり、受給者も拇印一つで補助金を受け取れるようになったのだ。

世界中で起きているデジタル革命の恩恵を得るのは、僻地《へきち》に住む人々だけではない。この大きな変化の波は、常に変容し続ける各国の大都市にも押し寄せている。都市は世界経済の活性化に欠かせない。世界のＧＤＰの約80％は都市が占め、世界全体のエネルギー消費の３分の２は都市の住人によるものだ。[7] 世界銀行によれば、２０４５年までに、世界全人口の３分の２に当たる60億人を超える人々が都市部に住むようになるという。

自動運転が都市生活を改善する

ここで、新技術が都市生活を劇的に改善する例を挙げてみよう。自動車事故は世界で毎年100万人以上の犠牲者と、何百万人もの負傷者を出し、そのほとんどが都市部で起きている。[8] 過去数十年の間に行われた複数の調査によれば、こうした悲劇は圧倒的に人間によるミスが原因で起きているという。

そこで自動運転車だ。人間の運転ではなくコンピューターに車を操作させれば、速度制限や交通ルールは守るし、飲酒運転や居眠り運転もしないので、自動車事故のほとんどを防ぐことができるだろう。

アメリカでは、自動車事故由来の医療費だけで年間1900億ドルの節約につながるとコンサルティング会社のマッキンゼー・アンド・カンパニーが報告している。しかもこの数字には、毎日車で通勤しなければならない何百万人もの人々を運転から解放して得られる貴重な時間やエネルギーは含まれていない。世界中の都市部に住む何十億人もの人々は、中産階級の仲間入りをして車を購入するので、都市部の交通渋滞は悪化するばかりだ。渋滞に巻き込まれ、ハンドルを握りながら車の中で過ごす時間は無駄でしかない。その時間を仕事や余暇にあてることができれば、人間らしい幸せを感じられ、経済的生産性も上がるだろう。

完全自動運転車が普及するのはまだ何年も先のことだが、AIや5Gネットワークが進歩すれば、壮大な規模で、車同士がつながるだけでなく、信号機など、都市環境にある建造物ともつながるようになり、自動運転車は現実のものになるだろう。

自動運転車の市場には大きなチャンスがあることを知っている巨大ハイテク企業や自動車メーカーは今、運転席から人間を排除しようと、しのぎを削っている。高解像度のセンサーにストリーミングデータ、非常に高度なアルゴリズムを組み合わせた自動運転車は、いつの日か、街の機能や住民の暮らし方を変えることだろう。そのときが来れば、個人が車を所有することも、運転や駐車、維持や給油、それに車に保険をかけることもみな不要になるはずだ。そうなれば、個人の手元に残る現金が増えるだろう。移動をするときは、街を流れる自動電気自動車を手を挙げてとめればよい。車は1日24時間、充電のための小休止を挟みながら稼働する。つまり、道を走る車の台数は大幅に減り、大気汚染も緩和され、大気汚染に起因する健康問題も少なくなって、緑地が増える。

世界の大量輸送システムの根幹をデジタル化すれば、鉄道やバスの混雑を緩和し、遅延を減らし、移動時間を短縮することも可能だ。保守作業は人間の手によって行われ、線路や分岐器、車両を点検して、問題が見つかればそれを直し、事故を未然に防ぐだろう。コンピューターで動く列車は、人間の運転手が目視で確認しながら運転する列車に比べると、列車同士の間隔を短くして走らせることが可能なため、もっと頻繁に運行するはずだ。街がもっと効率よく機能すれば、住民たちはより生産的になり、街はさらに豊かになるだろう。

身を守るためのテクノロジー

デジタル革命は、21世紀の大都市が抱える根本的な問題の一つ、セキュリティーにも役立っている。ユーラシア・グループのロンドン事務所を出てゴスウェル通りを右に曲がり、数分歩いたところに、鋳鉄のドラゴン像が立っている。この像は、イギリスの首都ロンドンの旧市街であり、世界有数の金融センターでもあるシティ・オブ・ロンドンの北の端を印している。

シティ・オブ・ロンドンの守護獣であるドラゴンの像を通り過ぎたところに、人に言われなければ気づかない非常線がある。こちらは守り神ではなく、正真正銘の警備用である。この正式名称は「交通と環境規制ゾーン（Traffic and Environmental Zone）」だが、一般に「リング・オブ・スチール」と呼ばれている。金融機関と高層ビルが建ち並ぶ「スクエアマイル」の別称もある、面積わずか２・９平方キロメートルの街をテロ攻撃から守るため、この非常線には、街に入る車のスピードを落とさせる障壁、検問所、監視カメラがびっしりと設置されている。

これはアイルランド共和国軍（ＩＲＡ）が仕掛ける爆弾からこの街を守るために、１９９０年代に作られたもので、２００１年9月11日にアメリカで起きた同時多発テロ事件を受け、さらに強化されている。現在、この金融街の警備にあたるエリート警察、ロンドン市警察は、テロを未然に防ぐため、自動スキャナーで車のナンバープレートを読み取って全国規模のデータベースに照会し、怪しい車や盗難車がないかと確認している。[9]

ロンドンからは地球の反対側にある、韓国の松島《ソンド》でも、警察が自動スキャナーでナンバープレートを読み取り、怪しい動きをしている車がないかと警備にあたっている。他にも、ＡＩを搭載した監視カメラ網が張りめぐらされ、路上でけんかをしている人たちや、道で倒れた人、泥酔して千鳥足で歩いている人を捉えては、近くの警察官に通知が届くようになっている。この監視カメラ網にはマイクも設置されており、苦しさに叫ぶ人の声を拾っては、救出のために警察にデータが送られるようになっている。

新技術は警察が市民の安全を守りやすくするだけでなく、警察から我々の身を守るのにも役立っている。2016年に、映画俳優ウィル・スミスがコメディアンのスティーブン・コルベアのインタビューに答え、「この国（訳注：アメリカ）の歴史を振り返ってみても、今ほどはっきりとオープンに、人種についてみんなが話し合っているときはないんじゃないか。レイシズムはひどくなってなどいないし、（差別が起きれば）撮影される」と、アメリカで人種差別が悪化しているとは思わないと意見を述べている。[10] 2020年に警察の手でジョージ・フロイドが殺害された事件が示したように、警察による不法暴力行為は続いているが、今は、人種差別が起きれば、誰もがポケットからスマートフォンを取り出し、その差別行為を撮影して広めることができる。一般市民が常にカメラを手にしていて、撮った動画や写真をすぐにソーシャルメディアで共有するおかげで、多くの国で人権侵害が起きる瞬間を記録するのが容易になっている。

もっと広い視点で捉えれば、前述とは別のデジタル革命が同時に起きている。AIを搭載した電子機器が、同じように超高速データ通信網につながっているのだが、つながっている数が何百億と桁違いなのだ。その電子機器は我々の腕に、家庭に、車に、工場にと、人間が活動するあらゆる場所にとりつけられている。人間が生み出す膨大なデータの中から様々な動向や、今までは見えなかった効率性を発見するのだが、その発見を人間には到頼っていない。データとコンピューターの計算能力をうまく組み合わせれば、人間には到底かなわないスピードと人を超えた洞察力で動くＡＩが、人間に代わって仕事をするのである。

破壊的な技術が生み出すリスク

しかし……。どんな革命だろうと、意図していなかった結果を生み出してしまう。それに破壊が必ずしも、もっとよいことのための地ならしになるわけでもない。設計の悪いＡＩだと、我々の生活を惨めにしかねない。偏ったデータからは不公平な結果が出る可能性があり、市民からあらゆる権利や機会を奪うことになる。ＡＩが我々のために下す決断は、ＡＩのしわざと気づかない場合もあって、簡単にその決断に抗議できるとは限らない。

たとえば、２０１９年10月に、ある研究グループが『サイエンス』誌に論文を発表し、アメリカで患者に集中治療が必要かどうかの判断に使われているアルゴリズムが、知らず知らずのうちに、人種に対して偏りのある判断を下していたことを裏付ける有力な証拠を示した。[11] この研究によると、病状は同じでも、患者が黒人の場合は、追加治療が必要だと判断される可能性が低い。なぜなら、このアルゴリズムには集中治療が必要かどうかの判断に、患者が過去に支払った治療費がデータとして使われているからだ。同じ病状の白人患者と比べ、黒人患者は平均所得が低く、従来、医療に費やす金額が少ない、または質の低い医療を受けてきた事実が、アルゴリズムが処理するデータからは抜け落ちていた。つまり、データに偏りがあったため、偏見のある結果を生み出したのである。

これは珍しいことではない。2018年には、MITメディアラボの研究員ジョイ・ブォロムウィニが、IBM、マイクロソフト、フェイス・プラス・プラス(顔認証技術を開発する中国企業)が販売している顔認証アルゴリズムは、色白の顔の認識には優れているが、色黒の顔、特に女性の顔の認識はうまくできないという研究結果を報告している。[12] 2019年のアメリカ国立標準技術研究所による研究では、99社が販売している189個の顔認証アルゴリズムを検証してみると、白人の顔と比べ、アジア人と黒人の顔の認識ミスが10倍から100倍あったことが報告されている。

設計通りに機能するAIであっても、その設計者や、AIを利用して物事をよくしたいと考える人々のすばらしい意図を覆しがちだ。21世紀のオートメーション、機械学習、AIが我々の生活を変えるにつれ、経済セクター全体が崩壊し、様々な領域で人間の労働力が消えてなくなるだろう。技術の変化と、それがもたらす「創造的破壊」(訳注:古いものを破壊し、新しいものを創造する過程)に目新しいことなど一つもない。今回のパンデミック以前でさえも、デジタル時代の変化のスピードは急激すぎて、社会や個人がどうにかできるようなものではなかった。ところが、新型コロナが世界を襲い、20世紀型経済の名残を跡形もなく破壊してしまったために、世界は新たな形の仕事や商業への移行を加速させていったのである。

リスク①：人間性を奪う

こうした破壊的技術の一部は、多くの人々から市民としての様々な機会を奪っている。仕事をして生計を立てる機会だけでなく、より良い政府を選べば機会の平等を作ってくれるはずだという信頼感まで奪っている。

もちろん、こうした価値観が絶対的というわけではない。他の人と比べると、仕事を簡単に見つけられる人や、きちんと生計を立てられる人、世の中に流布する情報の正誤の判断ができ、正しい情報を共有できる人は常にいる。

しかし、機械が我々の生活をすさまじい勢いで変えていき、その速さについていけない政府が、問題を解決どころか理解すらできないと、たとえ政府に改善の意思があっても、市民としては「政府には何も期待できない」と思ってしまう。人間性を奪うリスクの中でも最大のリスクは、ある種の「デジタル権威主義」が様々な形で民主主義そのものを蝕むことなのだ。

リスク②：職場を変える

「セキュリティー」の定義は幅が広いが、その中でも最も重要な定義といえば、職を見つけて維持する力、つまり雇用の安定である。収入があれば食卓に食べ物を並べ、屋根の下で暮らすことができる。自分が勉強するにも、子どもに教育を受けさせるにも先立つものが必要だ。数千万人ものアメリカ人にとっては、仕事があれば、健康保険や年金を手にすることができる。人間は仕事に自分のエネルギーを注ぎ、目的意識を持つ。つまり、仕事は自尊心の源なのだ。

10年以上前、金融危機が起きたときに、世界中で何百万人もの人々が職を失った。倒産した企業も多かったが、その機会を利用して労働コストを縮小させた企業も多く、そうした仕事の一部が戻ってくることはなかった。新型コロナは労働者にさらに一撃を加えた。今回は経済の回復スピードがかなり速かったが、ロックダウンを実施したために永遠に失われた仕事の数はまだ増え続けている。だが、パンデミックという予期せぬ緊急事態が起きたことよりも、技術の変化が職場に与える長期的な影響が深刻だ（しかもそうなることは長らく予想されていた)。

過去20年の間に、人間の仕事はスマートな機械に置き換えられてきた。その仕事の数も範囲も増える一方だ。人間を機械に置き換える利益は実際にあって、広い範囲でそうした実例が見られる。それはこの章で論考するほぼすべての技術に共通して言えることなのだ。自動化は年々製造を効率化させ、物品はより安価に製造し配送できるようになっている。価格が下がれば、消費者の手元により多くの現金が残るわけで、余った現金は投資に回したり、別のことに使ったりして、経済全体を活性化させることができる。また企業にとっても、自動化により労働コストを下げ、収益を高くすることが可能になる。

一世代前、アメリカ企業は、メキシコや中国など、低賃金と手薄い福利厚生でも労働者を確保できる国々へ工場を移転させていたが、機械がその流れを一転させた。アウトソースはもう過去の話になっている。10年前には想像すらできなかったようなスピードで機械が高度化し、生産性が増すと、低賃金で労働者が確保できるとはいえ、外国政府と交渉するリスクを冒してまで、外国で工場を新設するコストを払う必要性はかなり減ってきている。ロボットは仕事をサボらない。休暇もとらないし、健康保険や年金を要求したりもしないし、労働ストライキも起こさない。マッキンゼー・アンド・カンパニーが２０１８年に発表した調査によれば、インテリジェントな機械を導入することで、企業は年間約５・

8兆ドルに値する付加価値を得るという。[13]

この傾向が続けば、外国にアウトソースされた製造業の仕事は、アメリカの労働者には戻らず、現在アメリカにある仕事も自動化が進むだろう。アメリカで起きていることは、どこの先進国でも起きている。2019年には、世界全体で約225万台のロボットが使われ、20年前に比べると約3倍に増えていた。2030年までに2000万台ものロボットが仕事に使われると予想する人もいる。イギリスの調査会社オックスフォード・エコノミクスとマッキンゼー・アンド・カンパニーが、それぞれ2019年に発表した報告書によると、いずれ世界全体で何千万もの仕事が失われるという。[14]

さらに、製造企業と社会全体にとって、ロボットにはもう一つ重要な利点がある。ロボットは感染症にかからない。したがって、感染を広めないし、隔離する必要もない。だからこそ、新型コロナ以前の労働研究が予測していたよりもはるかに速いスピードで、今回のパンデミックはロボットの導入を加速させているのだ。

脱工業化ショック

技術的な変化が仕事を駆逐するのは目新しい話ではない。過去の技術革命を振り返っても、新しい仕事、そして新しい種類の仕事が創出されるのはわかっている。自動化に向けた動きは、人間から仕事を奪うよりも、多くの仕事を創出する。それは必然的ではないにしても、十分に可能だ。だが、こうした移行期に波風はつきもので、特に今回は、これまでのどの移行期に比べても急速なため、大変な苦難を伴うだろう。多くの労働者たちには、高度な技術を扱う仕事に必要なスキルセットを習得する時間もないだろう。この急激な変化に適応できる人々であっても、移行期は困難を伴うはずだ。新たに教育や訓練を受けるには時間やお金がかかる。また、高い教育を受けている場合も含め、移民はまずは肉体労働やサービス業に就き、根を下ろすことが多い。将来的にこうした仕事が機械に奪われてしまうと、移民の多くは移民先で生活の足場を築けなくなるだろう。

自動化から利益を得る人々は、この移行期を「第四次産業革命」と面白がって呼んでいる。２０１６年の世界経済フォーラムの報告書には、「新たな思いがけない方法で、デジタル化のインパクトを与え、広める新時代」だと書かれている。[15] この報告書では、市民や社会を一転させる可能性の高い「思いがけない」変化がどのようなものになるのかが、感心するほど事細かに説明され、この流れから取り残される人々は「脱工業化ショック」状態に陥るだろうと、より現実に即した言葉が用いられている。次々とスマート化する機械に多くの人が仕事を永久に奪われることになる時代をうまく言い当てた言葉だ。

「脱工業化ショック」という言葉は、現代の大きな問題である「不均衡」を自動化への動きが悪化させれば、社会全体が「ショック」に直面するであろうということも含意している。今回のパンデミック中に職を失った人たちがいる一方で、ノート型パソコンを開けば仕事を続けられた人たちもいて、機会の格差はさらに広がった。脱工業化ショックは、低収入の労働者を真っ先に直撃し、その数も高収入の人々に比べるとはるかに多いはずだ。2016年に、オバマ大統領の経済諮問委員会は、時給20ドル未満の仕事に就いている労働者の83%が、機械に仕事を奪われるリスクが高いと予測した。[16] 時給40ドル以上を稼ぐ労働者の場合はたった4%と、雲泥の差だ。

それ以降、パンデミックが起き、デジタルのつながりが重要視されるようになったせいで、人間の仕事が機械に奪われる傾向は強まっている。過去5年の間に激しい抗議運動が起き、驚くような選挙結果が出ていた西側の民主国家では、反体制側の怒りが焚《た》きつけられることになるだろう。

アメリカ政府とヨーロッパの一部の政府は、社会福祉を強化し、ベーシックインカムを保障するなどして、恵まれない人たちを助ける必要性を徐々に受け入れているが、残念ながら、こうした政策を急いで法制化しようという動きはほとんどない。[17] パンデミック中に、市民に直接一時金を配った国々においてさえも、こうした政策は一時的なものにとどまっていて、激しい議論の的になっている。政府が給付金を配り、労働者たちを在宅させることで、生産が落ち込み、失業が慢性化すると主張する意見もある。

資本を所有する者、自動化で収益を上げる企業の株主、21世紀型の職能を持つ労働者、そしてこのような市民から支持を集める政治家には、近い将来やってくる緊急事態が見えていない。パンデミックの後半、アメリカでは労働者が大量に離職していった。「大量離職時代」と呼ばれるこの動きにより、生産が落ち込み、失業が慢性化するのではないかという不安が増幅している。だが、恵まれている者もそうでない者も同じ社会で暮らしている。持たざる者から持てる者を守り抜くだけの高くて分厚い壁はない。現状を変えるには危機が必要だ。そして、よくも悪くも、その危機は近づいてきている。

リスク③：デジタル・デバイド

自動化は個人と国家の関係を作り替える技術革命の一つにすぎないが、この自動化のせいで不安定になっているのは雇用だけではない。多くの人々が質の高い医療が受けられるかどうかも怪しくなってきている。新技術は画期的な影響を与えつつも、医療分野では既に悪影響をおよぼしている。

今、何百万人もの人々が歩数を記録し、心拍を測り、睡眠の質をモニターするスマートウォッチを身につけている。いずれ間もなく、医者の助けなしにリアルタイムで血流や脳波を自分で測定できるようになり、我々の体にとりつけられたセンサーが、がんを早期発見する日が来るだろう。こうした革新的な技術を使った電子機器を買える人なら、寿命は数十年延びるかもしれない。

だが、何十億人もの人々はこうした技術を利用できないだろう。グローバリゼーションのおかげで国家間の寿命の差は縮まったが、完全に差がなくなったわけではない。日本の平均寿命は85歳だが、ナイジェリアでは56歳まで生きられれば御の字だ。[18]

この差の最大の理由は、最高のヘルスケア技術を利用できるかどうかなのだが、同じ国の中でも、持てる者と持たざる者との差は拡大している。病気にかかっていないかと人々が自分の体をモニターするようになると、企業はそのための製品を開発し、それを買える人たちを狙って販売する。その技術のおかげで、毎年健康診断を受けずにすむようになり、医者と直接顔を合わせる問診が高額になれば、安い保険料と、健康で長寿な人生とを引き換えに、個人のプライバシーを手放す人は増えていく。特に既往症のある人はそうするだろう。また、病気の予兆を発見しやすくする技術が進歩すれば、自分は発症リスクのある病気を持っていると知る人の数が急激に増えていく。

次に世界的な公衆衛生危機が起こるとき、このような新技術が存在していると、富める者と貧困者をさらに分断してしまうかもしれない。誰がウイルスに感染しているのかを正確に判断できる技術が開発されていれば、質の高いヘルスケアを利用できない人々は、今回のパンデミック以上に隔離され、ひいては、自分たちを排除するシステムへの疑念を強めるはずだ。

個人のＤＮＡ地図を作って解析する技術を用いて、その人に特化した高額治療を受ける人も出てくるだろう。個人の遺伝子を調べて得た情報を使えば、医療提供者はその個人の遺伝的リスクや体質に合わせて治療を用意し提供できる。このような治療の高額医療費を負担できる人々は長く健康に生きるだろうが、そうでない人たちは長生きしないだろう。

市民は政府から様々な形のセキュリティーを引き出すこともできるはずだ。しかし、アメリカでは、多額の税金を投じたにもかかわらず失敗に終わったアフガニスタンとイラクでの戦争や、金融危機、深まるばかりの機会不均衡、政治の二極化、薬物乱用の広まり、人種間の対立のせいで、政府にはポジティブな変化を引き起こせないのではないかと国民は冷ややかに見ている。

ヨーロッパでは、ＥＵ内で負債をめぐって南北が対立し、報道の自由や、抑制と均衡のシステムなど、政治的価値観をめぐって東西が対立している。こうした対立構造があるせいで、ヨーロッパ市民の間では、ＥＵの統治機関に対して憤りや不信感を抱いている人が多い。またラテンアメリカでは、不平等や社会不安のせいで、市民の間に反体制的な感情が高まり、大規模な抗議運動や暴力行為が起きやすくなっていて、政治制度が弱体化しているところがほとんどだ。

フィルターバブル

新たな通信技術が登場し、こうした国々の国内では反体制的な怒りが膨れ上がっている。持たざる者たちが持てる者たちの姿を目の当たりにすることが増え、政治的な二極化がさらに進んでいるからだ。すべての市民が共有する価値観があることが、健全な民主主義には不可欠なのだが、世界の民主国家を見回すと、有権者にも政治家にも党派的な言動が増えている。自国の安全を脅かす最大の脅威は、外国政府やテロ集団でもなく、恐ろしいウイルスや環境破壊でもなく、国内にいる自分たちとは価値観が違う人々なのだと信じている。そこに医療格差まで生じれば、持てる者と持たざる者の間の溝は深まり、それぞれがもっと強い怒りや恨みを抱くようになるだろう。

アメリカでは、党派でくっきりと分かれた不満に加え、デジタル時代特有の情報源の分断がある。国民同士の間で、これほど意見が衝突するようになったのは、ケーブルテレビのニュースが二極化しているせいだと非難する人が多い。だが、2020年にピュー・リサーチ・センターが発表した報告書によれば、ケーブルテレビのニュースを定期的に見ているのは、アメリカ人の約3分の1にすぎないという。[19] 同センターによれば、成人アメリカ人の約4分の3が毎日フェイスブックを利用している。我々はフェイスブックに流れるニュースをスクロールしては、自分が賛同する記事に「いいね！」ボタンを押す。すると、フェイスブックのアルゴリズムは、その「いいね！」データと、既に把握している我々の好みを合わせ、我々が読みたいと思うコンテンツを多く表示し、あまり好まないと判断したコンテンツは表示しない。

これが「フィルターバブル」だ。何千万人ものアメリカ人が、国内や世界で何が起きているのかについて、自分の賛同する意見ばかりに囲まれ、それ以外の多様な意見や事実をまったく知らずにいる。カリフォルニア州で起きた山火事についても、あれは気候変動の当然の帰結なのだと教えられた人たちがいる一方で、あれは森林管理がまずいせいで炎が極端に広がったのだと非難するのを信じる人たちもいる。ブラック・ライブズ・マターの活動家か極左集団アンティファによる放火かもしれないと書いた記事を読んだアメリカ人も多い。[20]

現実が同じ話とは思えないほど異なって伝えられ、それによって生まれる市民の怒りを、日和見主義的な政治家たちが選挙で勝つために利用しようとする。ソーシャルメディアは民主主義を損なおうとして誕生したわけではないが、結果的にそうなっている。インターネットにはあまりにも多様な意見がありすぎて、その中でも最も挑発的な意見をこれでもかと声高に叫ぶ人たちが世間の注目を浴びる仕組みになっている。

結果的に、世界の国々でデジタル・デバイドが広がる様子を、我々は既に目の当たりにしている。２００８年、国際政治や国際経済における過去50年間の主な流れを、アメリカのジャーナリスト、ファリード・ザカリアは「その他すべての国の台頭」と呼んだ。この半世紀で、中国、インド、ブラジルなどの新興国が力を伸ばし、アイデアや情報、人間、資金、物やサービスが世界を自由に流れるようになり、何十億人もの人々が貧困から抜け出し、世界的に中産階級が増えた。ところが、現在の技術はその流れを逆行させている。インターネットにアクセスできるスピードの違いが、経済成長における差を生み、富裕国と貧困国の差をどんどんと広げている。近年のグローバリゼーションで最も恩恵を受けた国々、特にアフリカでは、その恩恵の多くが消えてなくなるだろう。

アフリカのような国々では、他にも格差が生まれている。デジタルツールにアクセスできる国民の割合に差が出ているのだ。現代世界では、繁栄を手にするにはデジタルツールが欠かせないほど重要になっている。２０１９年には、インターネットを利用できる人の割合が、アフリカを除く全世界で62・７％だったのに対し、アフリカではわずか39・６％だった。[21] この差はアフリカ内でも鮮明になっている。今回のパンデミックが起きる前、ケニア人の90％がインターネットを利用できていたのに対し、ブルンジではたった５・３％だった。新型コロナウイルスが現れて状況が変わり始めたが、まだ先は長い。

デジタル・デバイドは実に様々な形で現れるため、真にグローバルな投資をしないことにはこうした格差を縮めることはできない。ソーシャルメディア企業など、意見や人々を分断して収益を上げるビジネスモデルを作り上げている企業に、そのモデルを変えさせる効果のある規制の実施も必要だ。こうした投資や規制を行わないことには、かつてない規模で社会全体が不安定になっていく流れを変えることはできない。公衆衛生危機や気候変動のリスクに関しては、十分ではないにしても、少なくとも今は以前と比べて理解が深まり対策も練られている。しかし、新技術に関しては、まったく間違った方向に我々は進んでいる。

リスク④：デジタル権威主義

新技術は国内のみならず、国家間の勢力均衡を変える。独裁国家から民主国家まで、支配者たちは自分の人気や権力を集めるのに最新のメディアを用いてきた。アメリカでは、フランクリン・ルーズベルト大統領が、ラジオで自分の声がアメリカの隅々まで届けられることを理解していたし、ジョン・F・ケネディとロナルド・レーガンの2人は、テレビの威力を知っていた。専制君主は常にコミュニケーションの道具を政治の武器に変えてきた。テレビや新聞の国家統制を考えてみるとよい。20世紀に起きた軍事クーデターが大抵、真っ先にラジオ局とテレビ局を押さえたのもそのためなのだ。

前の時代と比べると、現代の情報ツールははるかに強力で、危険な国家統制の道具になっている。ありとあらゆる個人の生活にもっと深く入り込んでいけるからだ。

政府を犠牲にして個人に力を与えた通信革命から、個人を犠牲にして政府の権力を増大させるデータ革命へと、我々は前進してきた。2010年、ワエル・ゴニムという名の、コンピューターエンジニアだったエジプト人青年が、警察に暴力を振るわれて死亡したある男性の死を悼み、フェイスブックページを立ち上げた。それから数カ月の間に、数十万人の人々がこのページに「いいね！」を押した。

ところが、同年後半、近隣のチュニジアで暴動が起きると、そのニュースがフェイスブックやツイッターを通してエジプトにも広がり、エジプト政府内ではこれを危険視する声が出はじめた。エジプト国内の反政府グループを取り締まるため、警察はゴニムを含む、ソーシャルメディアの活動家たちを大勢拘束したが、ネット上で強い反発が起き、エジプト当局はゴニムを間もなく解放。続いて革命が起き、30年間、権力の座に就いていた独裁者ホスニ・ムバラクの政権は倒れた。

当時、インターネット、ソーシャルメディア、スマートフォンの普及は、警察国家とそれを統治する独裁者にとって最悪の出来事だったと立証するのは簡単だ。ゴニムの「社会を解放したければ、インターネットさえあれば十分だ」という言葉にそれが表れている。[22]

しかし今、エジプトは再び軍事政権によって統治されている。現在の独裁者アブデルファタハ・シシは、追放された前任者よりも揺るぎない権力を握っている。一つには、現在の政府はエジプト法の下、社会を「保護」する権利を有し、政府が危険視した人物なら誰でもソーシャルメディアから排除できるようになっているからだ。さらに、ソーシャルメディアで生成されるデータを用いて、政権を批判する人々を見つけ出して罰することも可能になっている。かつての権力者は消えたが、また次の権力者が現れただけなのだ。

シリアでは内戦が起き、反政府勢力からの脅威に直面したバッシャール・アサド大統領は、シリアの治安部隊が反政府活動家たちを見つけ出して監禁しやすくするよう、ロシアのエンジニアたちに頼った。活動家の中には殺された人たちもいた。数カ月も経たぬうちに、アサドは自分を批判する者は穏健派であっても排除するようになり、その数は激増した。この経験から、テクノロジーに精通した友好国の価値を知ったのは、アサドだけではない。世界のあらゆる独裁者や、独裁者一歩手前の支配者たちも気づいたのだ。ロシアはさらに、アサド政権がシリアにいる数千万の国民のみならず、世界中の人々に、インターネットやデジタル技術を駆使してプロパガンダや誤情報を流す手助けもした。[23]

中国の指導者たちは、インターネットとソーシャルメディアが反政府活動家たちの声を増幅し、抗議運動を組織しやすくする力を持っていることを認識している。同時に、かの有名なグレート・ファイアウォール、すなわちデジタル検閲という古い武器だけでは、次世代の技術に精通した不満分子たちが、政府に突きつけるであろう難題を解決するのに十分ではないことも理解している。そこで、中国政府は都市を結ぶインターネットを分断し、各省を完全隔離するための新たな策を講じている。中国当局はインターネットメディアを自分たちの有利に働くように利用する方法も心得ている。時勢が変化し、権力を生み出すためにテクノロジーを利用して、中国当局は救われたのだ。

政府に利用される個人情報

通信革命は、黎明期にパソコンを介して何百万人もの人々を、のちにスマートフォンの普及により何十億人もの人々を、情報を惜しみなく与えるインターネットにつなげた。データ革命はそれとは異なる。あなたに強大な力を与えたスマートフォンは今、あなたの日々の決断を記録している。あなたが何を考えているのか、何に関心を持っているのか、何を求め、何を買うのかを追跡している。インターネットにつながっている電子機器に囲まれる生活では、電子機器に遭遇するたび、収集されるデータの数は倍増する。あなたの体温や心拍でさえも、データとなってハイテク企業に利用され、ひいてはそれが政府にも利用される可能性を秘めている。

それでも、あなたはインターネットから情報を入手でき、他の人たちともつながれて、あなたの信念を世間に知らしめることができる。ただし、あなたの匿名性は守られない。かつてはテクノロジーによって個人に力が与えられたが、今は個人ではなく組織に、特にあなた個人が生むあらゆるデータを収集し統制する組織に力が与えられている。あなたが自分自身について知っているよりも、ハイテク企業のほうがあなたについてもっと詳細に知っているといっても過言ではない。企業がそうした個人情報を持っているなら、政府にも手に入れることができるのだ。

第1章で詳しく説明した中国の社会信用システムは、中国政府がデータを利用している事実を示す決定的な例である。[24] 中国人民銀行によれば、2019年末に、中国の社会信用システムが網羅する人数は10億人を超えている。2019年7月には、中国の国家発展改革委員会は、社会信用システムでのスコアが低いために、256万人が航空機の利用を、9万人が高速鉄道の利用を禁じられたと発表した。また、中国の裁判所は、約30万人の人々を信用できないと判断している。

現在、銀行でローンを組むには、それなりの信用スコアが必要だ。いずれは、卒業や、出会い系サイトの利用資格、マイホームの購入、就職、昇給が認められるかどうかはもちろんのこと、優秀な医師に紹介してもらえるかどうか、わが子にこうした恩典を与えられるかどうかまで、この社会信用システムで決められてしまうかもしれない。信用スコアが低すぎると、刑務所に送られることも考えられる。「信用を失った者は、たとえ小さな一歩でも、前に踏み出すことが難しくなる」と李克強首相が2018年に発言している。

中国の社会信用システムを動かすのに使われるデータの出所は、主に金融機関、警察、政府で、これらのデータを格納するデータベースは中国の国家発展改革委員会と中国人民銀行、そして司法当局によって管理されている。[25]だが、かつてないほど大量のデータをコンピューターが処理し、顔認証技術によってカメラが人混みの中から個人の顔を特定できるようになると、政府は個人の行動を監視する新たな方法を見いだすだろうから、市民はこのシステムを回避しようがない。

新型コロナの流行をきっかけに、中国政府は一気に全国規模で国民生活に入り込んだ。ウイルスの集団感染が起きた最悪の時期を乗り越えて、市民が仕事に戻ると、役人たちは市民のスマートフォンに個人の感染状況を判断するアプリをインストールするよう義務づけた。このアプリで感染者または濃厚接触者の疑いがあると判断されると、公共の場に足を踏み入れられず、公共交通機関も利用できない。

このアプリをインストールして登録すると、ユーザーの感染状況を表すカラーコードが自動的に割り当てられるが、どのようにしてその割り当てが行われるのかは説明がない。政府がこのデータを警察と共有している事実は、ユーザーたちには知らされていない。実は警察も、地方政府や中国のハイテク企業とともに、このアプリの開発にかかわっていたのだ。『ニューヨーク・タイムズ』紙は、もしもこのシステムのアメリカ版があるとしたら、「アメリカの疾病対策センター（ＣＤＣ）がアマゾンやフェイスブックが開発したアプリを使って、新型コロナウイルスを追跡し、ユーザーの個人情報を密かに各地の保安官事務所に共有しているのと同じようなものだ」と報じている。[26]

第1章を書いているうちに、中国の公安当局が国内のウイグル族の人々全員を監視する目的で、監視カメラと顔認証ツールを導入した。技術が高度になるにつれ、こうしたツールは中国の他の地域でも使用されるだろうし、外国政府にも売りつけるはずだ。デジタル・シルクロード計画の一環として、中国企業は既に、ウガンダ、ザンビア、ジンバブエの政府が政敵の監視方法に磨きをかける手助けをしている。[27]これについてはこの章の後半で詳しく説明する。

「監視資本主義」

アメリカ人は、自分たちが独裁型の監視の下に置かれることは絶対にないと信じたがるかもしれない。中国とは異なり、アメリカ政府には、ビッグデータやＡＩの開発に関して一貫した国家戦略がないからだ。ところが、アメリカ史上最も巨大な企業たちが既に、自分たちが囲い込んでいるユーザーの個人情報を吸い上げて、空前の収益を上げている。[28]これは「監視資本主義」なのだ。

日々、アメリカ人は約２５０京バイトのデータを生み出している（２５０京とは25のあとに17個のゼロが続く途方もなく大きな数字だ)。配車アプリのウーバーで車を呼び、グーグルマップを開き、フェイスブックやインスタグラムで「いいね!」を押し、アマゾンでネットショッピングをして、個人間送金アプリのベンモやペイパルで支払いをしている。そこへ、心拍や血圧、歩数を測るアプリを加えると、膨大な量のデータが収集され、整理され、収益化される。[29]利用規約に「同意」するボタンを押す前に、細かい字で書かれた免責条項を1時間近くかけて読む稀な人でない限り、ほとんどの人が考えもせずにデータの共有に同意しているのだ。

民主国家においてさえも、監視機能は強化されつつある。アメリカやヨーロッパの都市では、公共の場にカメラが設置されるのは当たり前になりつつあり、急速に進歩した顔認証技術は政治的に重要な議論の的になっている。権利擁護団体のSafety.comが2020年に出した報告書によれば、アメリカ人が監視カメラで捉えられる回数は週平均で約238回となっている。[30]

2020年1月に『ニューヨーク・タイムズ』紙が報じたところによると、クリアビューAIというハイテク企業が、ユーザーが撮った写真をサーバーにアップロードすると、写真に写っている人物を特定できるというアプリを開発した。[31]クリアビューAIは、AIを使って、フェイスブック、ユーチューブ、ベンモなど、何百万ものウェブサイトから30億を超える画像を集め、ユーザーが撮影した人物を特定していると言っている。また、アメリカの法執行機関は、連邦と州レベルの両方で、殺人犯や性犯罪者、万引き犯、個人情報窃盗犯、詐欺犯を捕まえるために、このアプリを使っていることを認めている。それ自体はよいことだが、このようなツールは何百万通りにも乱用されかねない。

法律を順守する市民は、警察は犯罪から市民を守るものだと考える。格差が広がって腹を立てた市民が暴動を起こしたり、新技術のせいで犯罪に手を染めても逃げやすくなったりして、開かれた社会がだんだんと危険になってくると、市民は安全を優先してプライバシーをあきらめることも考えられる。2001年にアメリカで同時多発テロ事件が起きたとき、こうした妥協は時に必要なのだとアメリカ市民は政府に説得された。

たとえば、アメリカ政府は無許可で人を監視できる範囲を広げるため、膨大なデジタルデータをふるいにかけてテロリストを探し出す、全情報認知（訳注：のちに「テロ情報認知」へと名称変更）計画を作っている。[32]

あの同時多発テロ事件以来、アメリカでは大きなテロ攻撃は起きていない。もし起きれば、アメリカの法執行機関は2001年に使ったものよりも、はるかに高度で、プライバシーをより大きく侵害するツールを用いるだろう。

５Ｇが米中対立の主戦場に

インドで何億人もの人々が公共サービスや補助金を利用できるようにした、アドハーを思い出してほしい。あのアドハーが地方役人の不正行為を減らしたのは、一つには、今まで銀行口座を持っていなかった人々に口座を開かせ、中央政府が直接送金できるようにし、間に入っていた地方役人に現金をくすねさせないようにしたからだった。アドハーのような生体認証システムの利点は、この大勢のユーザーにとっては手に取るようにわかる。

しかし、政府が個人に直接送金できるのだから、いつか、個人の口座から直接現金を抜き取ることもあるかもしれない。そんなことをする政府は間違っていると法律が市民の味方になってくれる国なら、政府は返金するかもしれないが、法律は常に市民の味方だと確信することはできない。インドのような民主国家であってもだ。アドハーへの加入は最初のうちは任意だったが、今は強制になっている。[33]

今では、市民の携帯電話の契約書、列車での移動履歴、ソーシャルメディアのアカウント情報までもが、アドハーのデータベースに含められている。インドの市民がアドハーに登録しはじめた頃には、これほどの個人情報を含める計画はなかった。「取引を変更したのだ。これ以上変更しないように祈るがいい」とダース・ベイダーの言葉を引用しておこう。たとえ、モディ首相を支持していて、彼とその政府は個人の権利を尊重すると信頼していても、この先ずっとインド政府を同じように信用できるだろうか。インドの国民にのしかかっている疑念は、近いうちにあなたの国でも広がるだろう。[34]

社会がスマートフォンからＩｏＴへ、通信革命からデータ革命へと移行するにつれ、人間はどんどんデータを生み出し、企業はそのデータを収益化する新たな手段を次々と見つけ出し、政府は国家安全のために、そのデータに一層頼るようになるだろう。時間は我々にとって最も重要な資産であるから、最大の課題はスピードになる。技術革命があまりにも急速に進むと、我々はそのスピードについていけなくなり、理解も規制もできなくなる。

今我々は、５Ｇ技術の黎明期にいる。１９８０年代に使われていた、あの巨大で醜い携帯電話は１Ｇを使っていた。[35] 次の２Ｇでは、無線で文章を送信できるようになった。スマートフォンで初めてウェブページを閲覧したときに使われていたのは３Ｇだった。２００５年あたりに一般的だった３Ｇ規格では、１秒間に約４メガビットの速度でダウンロードができていた。今もなお広く利用されている４Ｇは、３Ｇよりも数倍高速で、ライブの動画ストリーミングができる。登場したときはすばらしく革新的だったこれらの技術も、今から数年後には石器時代の代物のように感じることだろう。

５Ｇはそれ以前のネットワーク技術に比べれば格段に高速だが、スピードだけでその威力と影響を測るのは不十分である。なぜなら、５Ｇがつなげるのはスマートフォンだけではないからだ。この５Ｇを基盤にして、開発者たちはＩｏＴを作るつもりなのだ。[36] 本章で先に触れた自動運転車やスマートシティは、５Ｇがあって初めて機能する。アメリカの次世代の重要なインフラストラクチャーはこの技術が基盤になる。マイクロチップが埋め込まれたあらゆるモノをつなぐのがこの５Ｇなのだ。

政府や企業が我々の遺伝コード情報を集約することさえ可能になるだろうし、５Ｇでつながっているあらゆる人の個人情報が集約され、膨大なデータが作られるはずだ。[37] この巨大な個人情報の集合体が、まさに世界の中枢神経のような役割を果たすのである。

そしてこの５Ｇが米中対立の主戦場になっている。台湾や南シナ海の領土問題とは違って、この技術競争が21世紀の世界の勢力均衡を決めるからだ。中国政府が自国の巨大ハイテク企業、ファーウェイ（華為技術）が開発する5G技術を使って、それによってつながっているすべての電子機器のセキュリティーやプライバシーを攻撃するよう指示する可能性があると、アメリカ政府は警告している。理論上は、コンピューターチップが使われているあらゆるモノが攻撃の対象になる。つまり、ある国が他国の重要なインフラストラクチャー、すなわち、その国の中枢神経を停止させることが可能なのである。

リスク⑤：技術がならず者に使われる

政治学を学ぶと、初日の授業で、国家は国内で起きる暴力を、他国に頼らず、事実上単独で抑えられる場合にのみ安定していられると学生たちは教えられる。確かに、最強の武器が犯罪者の手には届かないほど高額で、操作も複雑で、個人が購入して使うには破壊力がありすぎたとき、国家の安全は保障しやすかった。

ところが、今はサイバー空間が作り出され、国家が国境を守るのは難しく、ならず者が国境を簡単に無視できるようになりつつある。サイバー空間で使われる兵器は恐ろしい破壊力を持っているのだが、危険な個人や集団の手に渡りやすく、破壊的な技術がならず者に使われるリスクが高まっている。

リスク⑥：自律型兵器

戦争の破壊力を増幅させる技術ほど、人間の存続を危うくするものはない。今、人工知能を搭載した兵器が実際に戦場で使われはじめ、今後も使われることを想定して開発されている。こうしたインテリジェントな兵器を使う人々にとって、その魅力は言わずもがなだ。アメリカ、ロシア、中国などの主要軍事大国は、兵士へのリスクを最小限に抑えながら、軍事的勝利の可能性を最大限に高めようとしている。

効率性を高め、殺傷のリスクを低減する技術は、近年に誕生したわけではない。何世紀もの間、人々は銃の引き金を引き、ボタンを押して敵を倒し、時には大量殺りくもしてきた。インテリジェントな兵器の目新しいところは、人間がボタンを押す必要もなく、人間が監督しなくても、どのように、いつ攻撃をするのかを自動計算する点だ。

また、こうした自律型兵器は非常に収益率が高く、武器メーカーは大きな収益を上げることができる。たとえば、無人飛行機ドローンの世界市場は２０２１年に２７４億ドル規模だったが、２０２６年までに５８４億ドル規模に成長すると言われている。[38] 加えて、ドローン迎撃用のドローン市場も急速に成長している。軍事的価値のある兵器の使用を制限するよう政府を説得するのも大変だが、莫大な利潤を上げている産業を規制するのも難しい。他の産業セクターと同じで、規制する権力を持った政治家の懐に、規制される側の企業の収益が一部入っていくのだから、なおさらだ。人間を殺すかどうかをロボットが決める世界に住みたいと思う人はまずいない。映画でならそのような世界は見たことがあるが、決して良い終わり方はしない。

見過ごしてならないのは、各国政府が自律型兵器を使用し、その市場が大きくなっているため、犯罪者やテロリストをはじめとするならず者たちの手に、自律型兵器が入りやすくなっている点だ。標的にされる人々や、自律型兵器を拡散しないように努める政府にとっては、死活問題になりかねない。最小限のコストしかかからない自律型兵器は、テロ集団に使用され、罪のない大勢の人たちが無差別に攻撃されるだろうし、誰かにハッキングされて、自律型兵器メーカーが自社製品に狙われることも考えられる。自律型兵器は軍事行動の経済的、人的コストを抑えるだけでなく、犯罪組織やテロ組織にも、罪のない人々を大勢犠牲にする先例のない機会を与える。そうなれば、武力攻撃は今まで以上に身近なところで起きるようになるだろう。

リスク⑦：サイバー戦争

犯罪集団やテロ集団もサイバー脅威をもたらす。ランサムウエアによる攻撃、つまりサイバー空間での身代金目的の破壊行為が世界全体にもたらした直接被害は、2020年だけで金額にして1兆ドルに近かったと言われ、2018年と比べると倍になっている。被害がこれほどまでに広がっているのは、サイバー攻撃が高度になっているせいもあるし、パンデミックが起き、在宅勤務をする人が爆発的に増えたため、脆弱性が増したせいもある。

被害のほとんどは、犯罪集団への身代金の支払いという表立ったものだけが報告されているが、データへのアクセスが妨害されたり、データが失われたりしたせいで起きた二次被害は、ますます深刻になっている。特に病院を攻撃するランサムウエアが相次いで現れ、パンデミックの中、ワクチン接種で慌ただしい医療施設は、サイバー攻撃の対応にも追われ、深刻な危険に直面している。また、サイバー攻撃で要求される身代金の支払いは、企業や個人にとってあらゆるコストを押し上げる要因にもなる。物理的な攻撃であれば、観光客なら危険地域を避け、船なら海賊が跋扈《ばっこ》する「アフリカの角」を避けるなどして、危険の潜むところを迂回できるが、サイバー攻撃のリスクはあらゆる場所に常に潜んでいる。

しかし、今までのところ、こうした攻撃のほとんどは比較的洗練されたサイバー犯罪ネットワークの手によるものだ。彼らの関心は自分たちの活動から（不法に得る）収益を最大化することにあり、何かを破壊するつもりはない。実際、標的にされた企業が身代金を払った場合に、その企業のシステムを復旧しやすくするためのヘルプデスクまで用意している犯罪グループもある。言ってみれば、市場の需要と供給のバランスがとれているようなもので、サイバー攻撃を仕掛けられても、それほどひどい目に遭ったわけではない企業に対し、同じように被害に遭ったことのある企業は、「身代金を払えばそれですむ」と助言してしまう。

だが、このようなサイバー攻撃が、より破壊的な目的を持った悪の組織や個人の手によって仕掛けられたとしたらどうだろうか。これまでのところ、環境テロリストやイスラム過激派、白人至上主義者のようなグループで、強力なサイバー攻撃能力を持った組織はまだ現れていない。それにいちばん近かったのは、イラクとシリアの領土を支配していた最盛期のイスラム国だろう。あの頃のイスラム国は、資金面でも組織力でも、史上最強のテロ組織だった。政府のように機能していた官僚組織があり、10億ドルを超える運転資金を持っていた。そのほとんどはイラクの銀行から略奪したものであった。それでもイスラム国のサイバー攻撃能力は驚くほど低かった。だが、今は違う。テロリストたちはプログラミングコードの書き方を習得していて、プログラマーたちがテロリストになりうるのだ。

リスク⑧：大国間の平和が崩れる

冷戦が終了し、アメリカ人は安堵のため息をついた。あの時代の最大の国際紛争はソ連が崩壊したことで決着がついたのである。核兵器による世界終末の戦いの影は薄らいでいった。アメリカは最強の軍事大国として世界に君臨した。軍事力でアメリカと肩を並べる国はなく、世界の隅々にまで軍事拠点を張りめぐらし、多くの国と軍事同盟を結んでいたからだ。30年が過ぎても、それは変わっていない。アメリカは様々な難題を抱えているにもかかわらず、国家予算を毎年最優先して軍事費にあて、（ロシアの核戦力は今もアメリカとほぼ同等だが）世界で唯一、世界各地にハードな軍事力を展開できる国であることに変わりはない。

しかし、新種の武器がこの情勢を変えつつある。ロシアや中国、それにイランや北朝鮮でさえも、アメリカの優位性、すなわちアメリカの国家安全保障に深く切り込む、サイバー攻撃能力を培ってきた。つまり、次の大きな戦争は空母や戦闘機、長距離ミサイルだけでは戦えない。今のところ、アメリカはあらゆる面で世界のリーダーとして君臨しているが、今後の国際紛争に欠かせなくなるサイバー兵器の登場により、根本が覆り、誰もが戦いに参加できるようになっている。

数分で何百万人もの命を奪う冷戦時代の核兵器に比べれば、サイバー兵器の破壊力ははるかに小さいが、喜んでいいのはそこまでだ。１９４５年8月の長崎への原子爆弾投下以来、実際に戦争で原子爆弾が使われたことはない。だが、サイバー兵器は様々なタイプのものが数えきれないほど使われている。[39] しかも、その破壊力は近年増す一方なのだ。

従来の兵器に比べると、サイバー兵器は開発コストがかなり安いため、頻繁に外国の標的に対して使われている。隠すのも簡単だし、すぐに古びてしまうため、使わないと損だという考えに至りやすい。破壊力を計算して調整できるため、攻撃した相手から猛烈な反撃を食らう可能性も少ない。インターネットでつながっている人なら誰でも、場所を選ばずにサイバー攻撃者になれるし、また被害者にもなり得るため、物理的な距離が問題になることはない。しかも、攻撃者の身元はしばらくの間隠しておくことができるため、どこへ反撃すればよいのかがわかりにくい。

だが、サイバー兵器が核兵器ほどの破壊力を持たないからといって安心してはいけない。[40] サイバー兵器で先制攻撃を仕掛ければ、大きな戦争に発展して、結局他の兵器を使用する可能性が出てくるし、サイバー空間では、核戦略と同じようには相互確証破壊などの抑止力が機能しない。世界の強大国の間では、敵国の要になっているインフラストラクチャーを攻撃すれば、必ず報復されるのは周知の事実だ。中国はアメリカに先制攻撃を仕掛けることができるが、そんなことをすればアメリカから反撃を受けると知っている。軍事大国間のサイバー空間での活動は、即時に大損害を与えるようなことはせず、機密情報を盗み、相手の防御力を試すことに集中している。

しかしながら、自国のサイバー兵器を外国や非政府勢力と共有するのを禁止する厳しいルールはない。この点に関しては、核兵器が人類の存亡にかかわる最大の脅威だった時代とはまったく対照的だ。冷戦時代は、大国が同盟国にミサイルを売るのは非常にハードルが高く、核軍縮などの国際協定も厳格に守られていたため、許可された数以上の核兵器を開発するのは難しかった。現在のサイバー兵器に関しては、そのような取り決めがない。アメリカはイランに対し、核爆弾を開発させないよう圧力をかけられるが、サイバー兵器の場合はそれができない。

戦争へのハードルが下がる

最後に、勢力均衡がはっきりしていないとき、戦争が起きやすいことは歴史が示している。世界最強国はどこなのかが誰の目にも明らかなら、誰も戦争を始めようという気はあまり起こさない。だからこそ、イランも北朝鮮もアメリカを通常戦力では攻撃しないのだ。ところが、力関係が曖昧なところでは、誰の力が強いのかが試されがちになる。大国だからといって、他国を凌駕するほどのサイバー能力があるとは、誰も明言できない。我々に見えているのは氷山の一角でしかない。１つの国を狙ったサイバー攻撃がうっかりと世界中に甚大なダメージを与えることもある。たとえば、ウクライナを攻撃していたロシアのマルウエア、ノットペーチャ（NotPetya）が偶発的に、アメリカなどのシステムを攻撃したことがある。[41]

サイバー攻撃にもかなり巧妙なものがあって、他国の国家安全保障や抵抗力を徐々に蝕んでいくこともある。アメリカの情報機関は、ロシアが２０１６年のアメリカ大統領選に干渉したことを示す十分な証拠を発見している。ロシアは主に機密情報を盗み出しては、それを暴露してドナルド・トランプの勝利を助け、ヒラリー・クリントンの評判を落とし、アメリカの政治制度に対する国民の信頼を失わせるため、ソーシャルメディアに偽情報を流していた。あの選挙結果をロシアが変えたという決定的な証拠はないが、アメリカ人が自国の国家安全保障や、政治制度の正当性を信用できなくなるほど、深刻で永続的なダメージを与えている。[42] トランプがホワイトハウスを去っても、この問題が消えることはなかった。

今回のパンデミックは、インターネットを介して恐怖心や疑念、混乱を煽る新たな機会を次々と生み出した。世界保健機関（ＷＨＯ）は、いわゆる「インフォデミック」と呼ばれる、新型コロナに関する偽情報の氾濫に対抗するため、フェイスブック、ツイッター、グーグルなど、情報を提供する企業と連携して被害を食い止めようとしたが、その成果は限られていた。[43] 偽情報を広める側は、罪に問われる恐れもほぼ感じることなく、低コストで情報を非常に手軽に拡散できるからだ。その中には国家も含まれていて、他国が発信するあらゆる類の情報の信頼性を失わせるために、新型コロナを利用していた。

こうした脅威は、我々の生活の中でより多くのモノがインターネットに接続されるにつれ、狡猾になっていくだろう。ＩｏＴは新たなハッキングの機会を生み出し、ＩｏＴが次々と作り出す新たなデータは政府や企業に利用され、我々市民のプライバシーは侵害されるはずだ。ハッカーたちは網目のようにつながっている電子機器を乗っ取り、その電子機器を一種のゾンビ軍として動かし、分散型サービス拒否（ＤＤｏＳ）攻撃（訳注：相手のシステムに大量のデータを送りつけて、システム障害を引き起こす）を仕掛ける。

２０１６年、アメリカのニュージャージー州に住む21歳のハッカーとその仲間数名が、ミライという名のマルウエアを開発し、パソコンではなく、デジタルカメラやＤＶＤプレーヤーなどのＩｏＴでつながっている電子機器を狙った。[44] この大掛かりな攻撃を受けたのは、「インターネットの電話帳」のような役割を果たすＤＮＳのプロバイダー、ダイン（Ｄｙｎ）で、この攻撃により、民泊仲介業のエアビーアンドビーやイギリスのＢＢＣ放送、スターバックスなどのウェブサイトにアクセスできなくなってしまった。被害を受けたのは数十の非常にトラフィック量の多いサイトだった。当時は、史上最大のＤＤｏＳ攻撃だと言われたが、数名の小さなハッカー集団がこれほどの攻撃を仕掛けられるなら、資金力のある政府の治安当局がどんなことをやれるのか、想像してみてほしい。

ＡＩ／機械学習が変える価値観

人工知能（ＡＩ）とは、「知能」を必要とする計画、学習、問題解決、未来の予測といった作業を自動化するツール全体を指す、包括的な言葉だ。また、汎用人工知能（ＡＧＩ）とは、自律的に複雑な計算や意思決定を行うＡＩを指す。自律的に推論と学習をするＡＩを展開するので、限られた物理的作業をうまくこなすようプログラムされたロボットよりも、はるかに幅広い範囲の仕事をする。

ＡＩを導入すると、まずは人間の肉体労働が機械に奪われるだろうが、長期的にはおそらく、大卒資格を必要とするホワイトカラーの専門職が最も機械に奪われていくと結論づける研究は多い。２０１９年に、アメリカのブルッキングス研究所が発表した研究によれば、「大学院卒や専門職学位を持っている労働者は、高卒の労働者に比べて４倍近くもＡＩに仕事を奪われるかもしれない脅威にさらされることになる」という。[45]研究所の研究員や医学研究者、医療従事者、エンジニア、企業弁護士、金融アナリスト、都市設計家、交通管理者は、ＡＩに仕事を奪われるかもしれないので、そろそろ気をつけたほうがよい。

ＡＧＩは職場に与える影響が甚大なため、市民一人ひとりと国家の関係を変えるはずだ。我々の指導者たちは、生活困窮者が急増するのを避けるため、先例のない方法で社会保障を拡大しなければならないだろう。そうしなければ社会不安が広がるのは確実だ。それと同時に、我々自身よりも機械のほうが、我々が何者なのか、何を欲しているのかをよく知っている世界に突入していくだろう。そのような機械を所有する政府や企業は、市民の個人情報を利用して、個人の自由だけでなく、おそらく民主主義そのものを脅かす方法をいろいろと考え出すはずだ。結果的に格差が拡大し、市民への監視が強まり、自由が制限されていく。

ＡＩは人間であることの意義を変えつつある。我々は自分が目にする顔や耳にする声が人間のものなのか、それとも、賢いソフトウエアで合成されたものなのかがわからないということを既に何度も経験している。[46] ボットが子どもの宿題を手伝ったり、自分に助言を与えてくれたり、告白に耳を傾けてくれたりする世の中なのだ。

だが、機械が「道徳」を学ぶことはない。機械には学習能力はあっても共感力はないし、人権やプライバシー、思想の自由を尊重しない。音楽を感じることも、美を認識することも、発見や新しい物事を取り入れるスリルを覚えることもできない。日常的な質問から深遠な問いかけまで、日々の意思決定を機械に頼るようになると、こうした人間らしさを表す価値観を反映して、我々の社会が変化することはなくなっていくだろう。

ＡＩを先取りする

大惨事のリスクをうまく回避するにあたり、技術を開発するのが誰なのか、そしてその開発と利用に関するルールを決めるのは誰なのかが重要になる。ロシアのウラジーミル・プーチン大統領はかつて、ＡＩを最初に押さえた者が世界を制覇すると予言した。[47] その覇者はロシアではないだろうが、プーチンの意見はまったく正しい。ＡＩを最初に独占する国が、次の世界秩序のルールを決める戦略的に優位な立場を摑むはずだ。そうすれば、その国の経済は飛躍的に成長し、その国の街は今よりも効率よく運営され、市民は長生きするだろう。軍事力も以前と比べると格段に強くなり、機密情報を盗むことも、先例のない規模で商取引を混乱させることも、社会全体を不安定にさせることも可能になるはずだ。

ＡＩがもたらす最大のリスクは、ＡＩの開発において、１つの国が他国にまったく追従を許さない主導権を握るようになることで、もしもそうなれば、世界秩序の単独支配を許すことになるだろう。

近い将来に地政学的秩序を動揺させる可能性が最も高い技術といえば、量子コンピューティングだ。複雑な演算を大規模に実行して問題を解決するよう設計されているこの技術は、量子ビットという基本単位で、情報を格納し解析する。このため、非常に小型のコンピューターでも、従来では考えられなかったほどの大量の演算を同時に高速実行することができる。この章で触れるあらゆるタイプの技術と同じように、量子コンピューティングがもたらす大変化はすばらしくもあり、非常に危険でもある。この技術により、科学や医学、セキュリティー、経済において飛躍的進歩が達成されるだろう。

だが、その恩恵が広く共有されないのであれば、量子コンピューティングを最初に制覇した者が、ある程度の優位性を手にすることになる。たとえば、データを暗号化しても機密情報を隠せなくなるので、個人のプライバシーを守れなくなるどころか、配電網から水道、食糧安全保障、公共交通網、安定した金融システムまで、国家のインフラストラクチャーの安全性を守るのが難しくなる。

この脅威があまりにも強く感じられると、「敵にＡＩを先取されるのでは」という疑いだけで、戦争が起こりうる可能性がある。つまり、ＡＩが敵の手に落ちないようにするため、先制攻撃を仕掛けるかもしれないのだ。米ソが猛烈な勢いで軍拡競争を繰り広げていた時代の相互確証破壊戦略とは、正反対のシナリオなのである。

米中の危険なライバル関係

量子コンピューティングの領域で優位性を手にしそうな国、すなわち相互確証破壊で互いを抑制しそうなのは、中国とアメリカだ。この2国の緊張した危険なライバル関係をよりはっきりと浮かび上がらせるため、少し歴史に触れておこう。

19世紀に西欧の列強は、技術が発展していなかった中国を支配下に置いた。東アジアにおいては、何世紀もの間、技術面だけでなく、文化面や経済面で優位を保っていた中国にとって、外国に支配された歴史は今もなお、大きな屈辱となって残っている。ここ数十年間の中国の台頭は、「新興」というより「復活」がふさわしい。世界一の技術大国の座に返り咲くには、中国はAIの開発を国家戦略として進めなければならないと習国家主席は知っている。2017年、習政権は中国がAIで世界を掌握するためのロードマップとして、次世代人工知能発展計画を発表し、過去に海外の列強が中国を縛りつけた鎖をほどくことをはっきりと目標に謳っている。

中国の指導者たちは、自国のハイテク企業に画像認識と音声認識の新ツールを開発するよう指示を出した。[48] 様々な産業提携が行われ、中国各都市はこの国家目標を達成すべく、大規模な計画を次々と発表した。中国政府は国家プロジェクトの威信と規模を実際に示そうと、ハイテク大手のアリババに「城市大脳」の設計を指示した。北京から南西に約１００キロ離れたところに、新しいスマートシティがある。その街をＡＩが動かす中枢神経に当たるのが「城市大脳」だ。

さらに、習国家主席が中国共産党大会で、インターネット、ビッグデータ、ＡＩをてこに、２０３０年までに中国を世界の産業大国にする国家戦略を発表した。政府はＡＩ国家事業をリードする企業として、百度（バイドゥ）、アリババ、テンセント、そして音声認識ソフトを作るスタートアップ企業アイフライテック（科大訊飛／iFLYTEK）を指名し、自動運転車、ヘルスケア、音声認識、スマートシティの４分野をそれぞれが牽引していくことになった。

急成長していた中国のハイテク企業を弱体化させる新規計画の一環として、２０１９年、トランプ政権は世界のサプライチェーンから、中国のファーウェイを排除しようと躍起になっていた。そして、５Ｇ技術で世界を牽引していたファーウェイの一部の製品に、主要部品を供給していた企業に制裁を科すと脅しをかけたのだ。

ＡＩの開発初期において、シリコンバレーは飛躍的な進歩を遂げ、揺るぎない有利なスタートを切ることができたにもかかわらず、中国が追い上げている。アメリカ政府は追いつき追い越せの中国にしっかりと対応しなければならないのだが、独自の包括的国家戦略がない。真の国家戦略がないことを、アメリカの議会や産業界が強く懸念するようになれば、この状況は変わるだろう。

この競争では、中国に2つの大きな利点がある。[49] 一つは、アメリカと比べて、中国企業が持っているAIエンジンを動かすデータ量がはるかに多い点だ。AIのアルゴリズムが処理するデータを作り出す中国市民の数も桁違いで、各市民が生み出すデータ量もアメリカ人と比較するとはるかに多い。アメリカと比べると、中国のスマートフォン利用者は約3倍、消費者によるモバイル支払いの回数も平均して50倍だ。

さらに、中国ではあちこちに設置されている監視カメラから大量の動画データが得られるため、顔認証ツールを発展させやすい環境がある。アメリカのハイテク企業は、消費者からの突き上げがあれば、個人のデータやプライバシーがどのように扱われるのかを開示しなければならないのを知っている（この点に関しては、ヨーロッパのハイテク企業のほうが詳しい）。ところが、中国のハイテク企業は、市民にデータプライバシーの権利が認められていない社会で企業活動をしている。

中国が持つもう一つの利点は、ライバルのアメリカ企業と比べると、企業が政府ともっと足並みを揃えている点だ。冷戦時代のアメリカ政府は、アメリカが軍事的優位に立っために、ロッキードやノースロップ・グラマン、レイセオンなど、民間企業の技術革新力に頼った。それに比べると、今の中国政府ははるかに有利な状況にある。自国のハイテク企業に圧力をかけて、国家目標の達成を助ける企業戦略を立てるように仕向け、政府との足並みを崩さないよう、企業内にある共産党委員会に監視させるのだ。中国政府は研究に助成金を配るだけでなく、企業へ投資も行い、ＡＩを実験的に展開できる開発特区を作り出している。中国企業の規律と忠誠の見返りとして、彼らが世界中で商業的成功を収められるよう、政府が政治力と経済力を使って支援している。

それとは対照的に、ＡＩで新分野を開拓した多くのアメリカ企業、すなわちグーグル、フェイスブック、アップルといった企業がアメリカ政府や軍と足並みを揃えようものなら、従業員や株主からの抵抗に遭う。中国では、国自体が国益と市民の幸福を促進する力となるだけの強権を持っている。アメリカでは、政府へ不信感を募らせることが国の特徴にもなっている。最新技術が政府の手に渡るのを防ぐためにヒーローが戦うハリウッド映画が次々と作られてきた長い歴史もある。言い換えれば、ペンタゴンとシリコンバレーを分かつのは、長さ４５００キロの高速道路だけではない。アメリカと中国とでは、市民、民間企業、政府の３者の関係をどう捉えるのかという価値観が相いれないほどにかけ離れているのだ。

新しい壁が分断する世界

中国のグレート・ファイアウォールの内側では、約8億5000万人がインターネットを利用して買い物をし、メッセージを送り合っている。これはアメリカとEU全体の総人口を合わせた数よりも多い。米中以外の国々には、デジタルのベルリンの壁がいずれ築かれていくのが見えていて、どちらかの側につかなければならないのだろうかと注視している状況だ。AIの新技術は米中の2国から生まれてくるし、それぞれの技術は相互排他的になるだろうから、アメリカか中国かを選ばなければならないはずだ。かつての冷戦を鏡写しにしたような、新しい冷戦の一つの形がこの壁であり、少なくとも新技術をめぐっては、各国には米中どちらかの陣営に足並みを揃えるしか選択肢がないだろう。

だからこそ、米中以外の政府は既に、自分たちの国のデジタルインフラを築くのは、中国企業かアメリカ企業かと頭を悩ませているところがほとんどなのだ。システムを設計し、自分たちの国のIoTを統制する技術標準を決めるのはどちらになるのか、どちらを信用できるだろうか。中国は製造コストが安くつくし、国際競争力を高めるために中国政府から助成金も出るから、中国の技術のほうが安価だ。[50]

デジタルインフラを整備するプロジェクトは、中国かアメリカから融資を受けることになる。したがって、そのあとは、かつてないほど密接にスポンサー国と足並みを揃えることになるだろう。こうして世界は、我々が必要とするライバルパートナーシップではなく、21世紀版の冷戦に突入していくのだ。

スプリンター（分裂）ネット化が進む

路上で見知らぬ人とすれ違うとき、車を運転しているときよりも、歩いているときのほうが、互いを尊重し合って道を譲るだろう。同じ論理がネット上でも当てはまる。互いの本名や私生活について少し知っている者同士なら、ハンドル名とアバターしか知らない関係よりも、互いを尊重し合う可能性が高い。残念ながら、我々はネット上でいくつもの小さなバブルに分かれて暮らす傾向が強まっている。前述のように、我々はフィルターバブルを通して意見や情報を受け取っている。アメリカでは、２０２０年の大統領選の結果は不正で、ドナルド・トランプが勝っていたはずだと信じる人々と、トランプ支持者たちは思い込みをしているだけだと信じる人々とに分かれ、それぞれがまったく異なるニュースや映像を見ている。新型コロナはこの問題をさらに悪化させただけだった。

インターネットの黎明期に初めてパソコンにログインしたとき、何かを考えていたとしたら、「これからはどのユーザーも同じニュースを目にし、同じ検索ツールを使い、同じ機会を手にすることができる」と信じていたのではないだろうか。あるいは、「インターネットは1つしかなく、それにアクセスするか、しないかの問題だ」「人類史上初めて、世界が一つになって話し合えるようになる」などと考えていたかもしれない。やがて、インターネットで可能になった自由は権威主義的な政府を持つ国々を直撃した。なぜなら、権威主義は市民に対し情報統制をしないと生き残ることができないからだ。

その後、権威主義的な政府は新技術を利用して、インターネットにフィルターやファイアウォール、遮断スイッチを設置するようになり、「外国の影響」から自分たちの国を守るようになった。特に中国は、国の検閲を通った、独自の検索エンジンやソーシャルメディアサイトを作るようになった。結果的に、中国のインターネットは西側のものとは違うものになっている。国民の間で一般的に利用されているアプリケーションも違うし、どの製品を買うように仕向けるのかを決めるフィルターも、読むように促される情報も、つながることができる人も異なっている。

インターネットがスプリンター（分裂した）ネットになれば、メタバースもスプリンターバースになるだろう。実際の商品やサービスの取引はグローバル化が続くだろうが、コンピューターチップが埋め込まれた電子機器間――スマートカーやスマートフォン、家電、ホームセンサー、医療用監視装置――で共有されるデジタル情報と、それを取り巻く環境は、別々のエコシステムの中に存在することになるはずだ。

互いにデジタルにつながっていないせいで、それぞれに経験していることがまったく違う人々のグループが生まれ、世界が二分されていくと、各国内でフィルターバブルによって分断されている場合よりも、さらに誤解や不信感が強まっていくはずだ。既にアメリカで起きているように、こうした情報の分断は相手グループへの憎しみをかき立てる。それが世界規模で起きたとしたらどうなるのか、想像してもらいたい。

だからこそ、我々全員、すなわち、政治指導者、産業界のリーダー、思想的指導者、そして市民が連携して協力し合い、こうした変化にどうすればいちばんうまく対処できるのかについて、妥協点を探る意思が必要になる。それに向けて第一歩を踏み出すには、まず、新たな冷戦が起きれば、破壊ばかりで無益なのだと認識しなければならない。

冷戦時代の映画『ウォー・ゲーム』のクライマックスで、コンピューターが「勝つための唯一の動きはプレーしないこと」だと発言する。１９８３年にこの映画が初公開された頃は、米ソの首脳は互いに相手が崩壊することを望んでいた。現在、我々にその選択肢はない。アメリカも中国も互いの成功を必要としているし、両国ともこれまでそうだったことを認めている。どちらか一方の国だけが生き残り、真に世界を脅かす問題を解決することなどあり得ない。これからは、次々と強力なＡＩツールがインターネットに登場するので、各国の規制当局は国境を超えて協力し合い、安全性やプライバシーを守らなければならない。また、各国の政府も危険な技術が犯罪集団やテロ集団の手に渡らないよう対策を考え、国際的合意を形成する必要がある。

破壊的な技術は我々が必要とする危機を生むか

政府と企業は、社会的セーフティーネットを強化して幅広く国民に提供できるよう、協力し合うことが可能だ。たとえば、新しい形の仕事が生まれれば、労働者に研修や訓練を施し、産業が移行期にさしかかったときは助成金を出し、変化に応じて前進できない人々には給付金を出すなどの策を講じることができる。公共セクターも民間セクターも、国内のデジタル・デバイドが広がらないように投資を行い、国際機関とパートナーシップを組んで、万人のためになるよう、国家間の格差を縮めることができる。自律型兵器やサイバー戦争の脅威を抑えるためのルール作りには交渉が欠かせないうえ、いったんルールが決まれば、デジタル時代に即した国際査察を含む、ルールの履行状況を視察する信頼性のあるプロセスも必要だ。

　残念ながら、政治家や企業リーダーたちに私利私欲を超えて、格差の拡大や、デジタル化が生む対立の危険といった問題に取り組ませるには、第二次世界大戦以降、世界が見たことがないような大きな危機が必要になるだろう。今回のパンデミックでは、世界はまとまらなかった。気候変動では世界が一つになりつつあるが、途中で断念する可能性が高い。しかし、我々はこうした世界的危機から、そして歴史から教訓を学ぶことができる。武器化された新技術が人類にもたらす問題が先例のない困難なものとなっても、解決に向け、これまでに学んだ教訓が役立つはずだ。

　かつて、核兵器とそれを誘導するミサイルの開発を統制するルールはなかった。そこへキューバ危機が起き、互いに不信感を抱いていた米ソ政府は、今後、そのような危機が起きないようにといくつかの取り決めをした。これ以降、既存の国際条約や協定を無視して核兵器を保有する国は増えたが、１９４５年以降、戦争では核兵器が使われたことはない。

　アメリカもソ連も冷戦中に核の脅威と一触即発の危機を乗り越えた。共通の脅威が存在するというだけで、共産主義と資本主義という2つの相反する勢力のリーダーたちが、互いの価値観を嫌いながらも、話し合いの席に着いて協定を結んだのである。米ソが合意に至らない重要な議題は他に幾千もあったのだが、核による人類滅亡の危機だけは両国が恐れたため、ミハイル・ゴルバチョフとロナルド・レーガンが手を握ったのである。

偽情報と暴力行為の扇動

現代のあらゆる脅威についても策を講じることはできるはずだ。まずは「フェイクニュース」を考えてみよう。故意に誤情報や陰謀論が広められ、それが今やインターネットとソーシャルメディア上にはびこり、問題になっている。

これなら、1つの技術を別の技術で抑え込むことができるはずだ。2019年初め、ユーチューブはアルゴリズムによるコンテンツのプロモーション方法を改良するプロジェクトに着手した。[51] 目覚ましい成果が出て、AIに陰謀論などの悪質な誤情報を認識させ、検索結果の最初のページには表示させないように学習させることに成功した。コンテンツは削除されたわけではなく、単にプロモーションされなくなっているだけだ。

行動科学によれば、陰謀論のコンテンツを見ると、同じようなコンテンツをもっと見たくなるものらしい。たとえば、地球は平らだと信じる人は、ワクチンを接種すると自閉症を引き起こすと信じる傾向がある。誤情報を検索結果の上位に表示させないことで、コンテンツプロバイダーは誤情報を目にする人の数を減らし、誤情報が広まらないようにすることができる。外から侵入したウイルスから、我々の免疫系を守るのと同じように、世界の中枢神経ともいえる検索エンジンに、偽情報を特定して却下するよう学習させるのだ。この仕組みがうまく機能すれば、我々は偽情報にだまされることはなくなるだろう。

フェイスブックは、少なくとも陰謀論に関しては、まだユーチューブの例にならっていない。[52] しかし、今回のパンデミックの最悪の時期に、新型コロナウイルスとワクチンについての危険な偽情報が出回ったときは、行動に出た。２０２０年のアメリカ大統領選が終わってからの約４カ月間、政治広告の掲載を禁止したこともあったが、フィルターバブルのエコーチェンバー現象（訳注：ソーシャルメディアで価値観の似た者同士が共感し合うことにより、彼らの意見や思想が増幅される現象）に絡んだ問題や、フェイスブックのアルゴリズムによって扇動的な偽情報がプロモーションされる問題には、完全には取り組んでいない。ハイテク企業はこうした問題に取り組むのに、自社資金を使ったり、ソーシャルメディアから上がる収益を自発的にあきらめたりはしたくない。

かつてはたばこ産業も、たばこの箱に健康に関する注意書きを印刷したくはなかった。また、放送広告を禁止されたくも、たばこ製品に強い規制をかけられたくもなかったのだ。それを一転させたのが、がん問題だった。食品会社も、原料や栄養成分情報をパッケージに印刷したくはなかったが、肥満の増加が問題になったために、大胆な行動を迫られた。

たばこや食品添加物と同じように、ソーシャルメディアも設計上、中毒性がある。そこでAIを利用し、中毒になるのは健全ではないと機械に教えるのだ。[53]「そろそろソーシャルメディアから離れて運動し、体を休める必要がありますよ」と予測するよう設計されたシステムを、人間の健康を委ねているすべての電子機器に組み込んで、欠くことのできない部分にすることは可能だ。インターネットに広まっている偽情報に関しても、ユーチューブがやったように、こうした予測機能をAIに組み込むのは技術的には難しくない。フェイクニュースの流布がどんどんと高度になり、ボットと人間が実質的に見分けられなくなると、AIが賢くなって、偽情報を目立つところには出さないようになるだろう。

こうした対策は、政府が企業に命じることもできる。また、たばこや食品産業がそうであったように、一般市民や消費者擁護団体が圧力をかけ、訴訟を起こすなどして、政府を突き上げ、行動をとらせるようにしなければならない。

ソーシャルメディアのアカウントが実在の人物に紐づけられていることを確認し、個人が利用規約違反をした場合は、その人に責任を負わせ、システムを悪用する目的での追加アカウントを取得させないようにする。そのようなシステムを作れば、中国とは違い、民主国家ではインターネットユーザーは本名を伏せたままでいられる。今のインターネットのアルゴリズムを規制して、フェイクニュースや人種差別、暴力的なメッセージを広める人々に罰を与えることは可能だ。テロ攻撃が起きて何百人、何千人という犠牲者が出るまで待つことはできない。偽情報と暴力行為の扇動という二重の脅威はインターネットでは既に鮮明になっている。

「世界データ機関」の創設に向けて

技術をベースにして監視や統制を行う権威主義モデルは、特定社会の枠を超え、さらに広範囲にわたって脅威をもたらす。国家の正当なニーズと個人の権利との適切なバランスを見つけるには、政府とハイテク企業が、莫大な量の個人データの管理方法と、それに関するルールが守られていることを監視できる国際機関の設立に合意しなければならない。その前に立ちはだかるのが中国共産党だ。彼らは手ごわく、世界の民主国家が考える国家と市民の正しい関係とは、まったく異なる考えを持っている。

トランプ政権がファーウェイなど中国の巨大ハイテク企業を攻撃し、世界のサプライチェーンから他の中国企業も排除しようとしたことを受け、中国の指導者たちは自給自足を目指すべきだと考えるようになった。この点に関してはバイデン政権も前政権の政策を概《おおむ》ね踏襲しているから、中国政府は西側の最先端技術を使ったハードウエアやソフトウエア、知的財産にいつまでも頼れないことはわかっている。そこで、大量の財源と優秀な科学者たちを投じて、アメリカに対抗することにした。

中国が最先端技術を自力で開発しようとする試みは、１９４９年８月にソ連が原子爆弾の核実験を成功させて以来の、地政学的に非常に重大な動きだ。これに対抗し、世界の民主国家は新技術の開発と利用を統制するための包括的な国際制度を築く必要がある。

そのためには、世界のデジタル技術開発がどういう方向へ進んでいるのかを理解できる、偏見を持たないオブザーバーたちを集め、彼らの知見を引き出しながら、各国政府が解決しようとしている問題の複雑さを理解しなければならない。

ここでいう国際制度とは、地球温暖化の影響について客観的情報や知見を提供する、国連の気候変動に関する政府間パネルのＡＩ版と考えればよい。さらに、志を同じくする同盟国で構成される国際機関を設立し、ルールを打ち立て、データ利用を規定する基準を定める必要もある。究極の目標は人間の創造力を解き放ち、自由をあきらめたり、人権をないがしろにしたりせずに各国が繁栄を築くことだ。

まずは、世界貿易機関（ＷＴＯ）を手本にするとよい。ＷＴＯは１９９５年に貿易の促進と円滑化を図るためのルール作り、貿易紛争の解決を目的に創設され、これらの目標を達成しながら、全体としてすばらしい効力を発揮している。

協力関係を結ぶ意思のある国の政府が非公式に集まり、デジタル政策の中でも問題に着手しやすいところから始めるのがよいのではないか。自国の重要なインフラストラクチャーに中国が投資しているのであれば、メンバー国同士でその情報を共有し、その中国マネーが懸念の種になっている場合は、一緒に見直すことができる。この種の連携は、協力が万人のためになる領域において、技術面で相互依存を深める方向へ中国を動かす飴と鞭になるだろう。

この同盟への参加を促し、パートナー国を増やしていくには、アメリカが同盟国と強力のある合意を形成し、同盟国の企業がアメリカ市場に参入しやすくなるようにする必要がある（関税優遇措置をとるなど）。中国は既にデータ超大国なので、この同盟に参加を強要しても無理だ。ＷＴＯの場合と同じように、中国にルール面で他国と足並みを揃えたほうが得だと思わせる、説得力のあるインセンティブを提示すべきである。

また、真の統合ではなくても、中国のインターネットと同盟側のインターネットとの互換性を奨励することも忘れてはならない。この新同盟に参加する国が増えれば増えるほど、中国もそこに加わることでより多くの便益が得られ、参加を見送ると、あきらめなければならないことが増えるというわけだ。

意見の相違を乗り越える

新同盟を結ぶのは無理なことではないし、実際にその方向へ進んでいる。2021年初め、バイデン政権は、4カ国戦略対話（クアッド）と呼ばれる、互いに民主国家であるというゆるやかな括《くく》りで、日本、インド、オーストラリアとパートナーシップを結んだ。54 この4カ国の共通の関心は、技術政策問題を協議するために、インド太平洋地域で民主主義と開放性を促進することだ。D10などの多国間連携が他にもあり、今後はこうした協議がもっと増えていくだろう。D10は、アメリカ、イギリス、フランス、ドイツ、イタリア、日本、カナダ、インド、オーストラリア、韓国の民主国家10カ国で構成され、この10カ国を合わせると世界のGDPの約60％を占めるため、中国の強力な対抗勢力になりうる。既存の貿易協定に、データの取り扱いに関して具体的なルールを追加すべきか、追加するとしたら、どのように追加すべきかを協議する場も設けられるだろう。

こうした基盤の上に、「世界データ機関（WDO）」（仮称）を築くのは、非常に煩雑な作業だし、揉め事も避けられない。アメリカとEUはともに民主的な価値観を持っているが、データプライバシーや政府による監視については非常に異なった見解を持っている。ヨーロッパでは、ソーシャルメディアや検索エンジン、電子商取引（ＥＣ）、クラウドコンピューティングを支配するアメリカ企業の市場支配力や、個人のプライバシーの軽視をリスクとみなし、アメリカ企業に様々な規制を課している。

また、ＥＵの指導者たちは、自動運転車、高度なファクトリーオートメーション、ＡＩに関しても、アメリカ政府とは違った見解を持っている。アメリカの政府高官には、ＥＵ型のプライバシーに関する厳しい規定や、デジタル税、電子商取引のルール改正を、業績好調なアメリカのハイテク企業を不当に狙った保護主義政策だと見る人が多い。

さらに、インドのような国は、西側の構想に完全に足並みを揃えるのは躊躇するかもしれない。西側に従えば、インドの技術革新を阻むルールが課され、インド独自の技術開発の選択肢が限られることが予想できるからだ。顔認証技術のような物議を醸す技術に関しては、参加国の間だけでなく、参加国の国内でも、意見が対立している。

技術同盟を成功させるには、参加国の間で、企業と政府による個人データの扱い方について合意をとりつけることが大事だ。警察や情報機関にデータを開示する場合の共通方針もまとめる必要がある。さらに、サイバーセキュリティーや、機械が作るデータに関する有効な方針、重要なインフラストラクチャーを動かすデータの使用に関する共通アプローチもまとめるべきだ。民主国家の間で意見の相違を乗り越えるには、中国が開発、展開、輸出している技術に自国政府の価値観を埋め込もうと躍起になっていることを、それぞれの国が認識しないといけない。

WTOの経験を役立てる

最後に、中国やロシアをはじめとする、独裁支配のために新技術を利用するであろう国々と対話を持つ戦略や、こうした国々をWDOと協力するよう誘い込む方法についても、この新同盟は合意しなければならない。ここで、WTOの経験が役立ち、戒めの教訓にもなる。特に、同盟参加国が増えた場合に、制定したルールを各国にどのように守らせるかが課題になるが、そこで過去の経験が物を言うはずだ。たとえ中国とロシアが参加しなくても、技術発展の権威主義モデルは大失敗に終わるだろうし、そうなれば、民主国家は民主主義を貫いて存続し、個人の権利と自由も持ちこたえるのだという自信がより深まる。

アメリカは技術革新の中心地として存続し、ヨーロッパは厳しい規制づくりにこれまで積み重ねてきた知見を共有する。日本と韓国は優秀な技術者を提供し、新技術を早くから積極的に取り入れるだろう。インドは世界でも非常に優秀な情報エンジニアを輩出する国の一つに数えられ、近々人口が世界最大になるため、データ収集においても世界一になり、データ革新がいろいろと起きるだろう。他の民主国家も極めて重要な貢献をする潜在力を持っている。

貧しい国々はいずれ、複数存在し、互いに拮抗する技術エコシステムの中からどれかを選択せざるを得ない。選択肢の中には中国のシステムも入っていて、西側のシステムに比べると、個人の自由が侵害される可能性がはるかに高い。アメリカ、ＥＵ、日本をはじめとする先進民主国家を一つにする世界データ機関なら、中国が対抗できないような魅力的な選択肢、すなわち、商業面でも国家安全保障面でも、西側社会とつながっていられる代替案を提示できるだろう。

ここでの目標は、中国を「負かす」ことではなく、むしろ、中国を世界の国々と協力し合うよう促すことだ。だが、中国が民主国家になるわけではない。中国の指導者たちは、欧米市場への参入を阻まれては、真の国家安全保障を達成できないと知っている。欧米市場が中国の繁栄の基礎になっているからだ。要するに、世界データ機関のような組織は、中国の権威主義的なインターネット、データ、ＡＩに代わる選択肢、中国でさえも採用できる代替案を提供できるのだ。

ハイテク企業は我々の生活の中で、これまでになく大きな役割を果たすようになる。もっと広い視点で捉えれば、そのあらゆる方法を世界全体で話し合うことが必要だ。

気候変動に関していえば、世界の指導者たちは1990年代半ばから毎年集まって協議している。今では国連気候変動枠組み条約締約国会議（COP）が世界の行動計画を決めるイベントになっていて、新たな合意を形成し、様々な取り組みを進展させるための機運を高める役目を果たしている。

技術に関しても同じだ。我々には、公共政策と民間セクターのリーダー、エンジニア、社会科学者、活動家を毎年一堂に集める、国連主導の政治と技術のサミットが必要だ。海面の上昇や、ますます激しくなる異常気象への対策と同じように、IT企業が民主主義や社会に与えるダメージを抑えるには、その行動計画を推進する国際社会を作る必要がある。これ以上待ってなどいられないため、最優先で取り組まなければならない。なぜなら、破壊的な技術も、それを開発する企業も、地球温暖化とは比べものにならないほど急速に、そして決定的に、我々の生活を変えているからだ。

新型コロナは、各国の政府と民間セクターが情報と人的リソースを共有すれば、それぞれの国がどれほど恩恵を受けられるのかを示し、共有しなければ、どれほど甚大な人的、経済的、政治的損害が広がるのかを示した。気候変動は、国境を超えた対策を講じるうえで、各国が連携する機会を今後もっと広げてくれるだろうし、連携しなければ、その結果にあえぐことになるだろう。

超高速で開発される新技術は、国境を超えて協力し合えば、最大の利益をもたらし、協力し合わなければ、人類最大の脅威になる。サイバー兵器が不安定な国家やテロリストの手に渡ってしまえば、経済や国家安全へのダメージは先例のない深刻なものになりかねない。各国政府はそうならないように努力する必要がある。量子コンピューティングの開発に関しても、各国政府がデータを共有しなければ、ある国の政府がいずれは世界規模で暗号化されたデータを解読して世界を制覇し、他の国々は攻撃を受けても手も足も出ない状態になるだろう。

そのような攻め口が開くかもしれないという脅威を世界が感じるだけで、第三次世界大戦の引き金を引くことになりかねない。もしも世界戦争に発展すれば、人類は存亡の危機に瀕する。だからこそ、現代は、第二次世界大戦の前夜だった１９３０年代よりもはるかに危険な状態にある。次の世界戦争は、戦車や戦闘機よりも、いや、原子爆弾よりも、はるかに破壊力のある兵器で戦うことになり、衝突は「戦域」に限定されないはずだ。間違いなく全世界を巻き込むことになる。

終章
協調への道

――チャンスは備えあるところに訪れる
――ルイ・パスツール（フランスの微生物学者）

我々は、すばらしく機会に恵まれた時代に生きている。死産の危険を乗り越えて生まれ、学校に通い、貧困から抜け出し、高等教育を受け、よその土地から来た人々と出会い、就職し、起業し、生計を立て、新しいものに投資し、投票し、質の高い医療を受け、国境を越え、わが子にも同じ恩恵を与える。今までに、これほど多くの人間が機会に恵まれた時代があっただろうか。今、何十億人もの人々が、中世の王侯たちでさえ手に届くことはなかった快適さや機会に囲まれて暮らしている。人間の発明は一世代前ですら想像もできなかった域に達している。

しかし、本書を通して説明してきたように、我々は破滅のリスクにも直面している。過去50年の間に、初めて世界的に中産階級が増えたことを筆頭に、様々な歴史的勝利を収めたが、我々が手にしたものは今、市民を守るための協力を拒む世界の指導者たちのせいで脅威にさらされている。感染症や海面上昇、気候変動、津波のように押し寄せる有害な偽情報、機械に労働を奪われることによる人間らしさの喪失、デジタル化により強化された独裁主義、新たな類の戦争――。

そのうえ、その何もかもがあまりにも急速に起きている。数十億年前、地球には知的生命体は存在しなかった。[1] 数百万年前には知的生命体が存在したが、人類はまだ誕生していなかった。200万年前には、人類はわずかに存在していたが、社会を築いて発展させるための人間同士の協力はもちろん、コミュニケーションすらなかった。やがて狩りをし、魚を捕って暮らす人々が捕獲したものを交換するようになった。交易の条件は次第に複雑になり、ルールが成文化され、交易をめぐって起きる争いを解決する独立機関が作られた。

人口増加とともに、人間関係も複雑になっていった。紀元1年、地球の人口は1億1700万だったが、その1000年後には2億5400万に増えていた。さらに人口は増えたが、14世紀に腺ペスト（黒死病）が流行したため、1400年の人口は3億4300万にとどまった。世界人口が10億に達したのは1804年で、人類誕生から200万年かかっているが、そこからさらに70億に達するのには、たった200年しかかかっていない。

人間の急速な発展は、技術の発明史にさらに鮮明に表れている。20世紀が訪れたばかりの頃、兵士はまだ馬に乗って戦っていたが、1945年には、アメリカが日本の2都市に原子爆弾を落としている。通信技術の発展を見てみると、我々が携帯型の電話を使って初めて通話したのは1973年のことで、そのときに使われた電話の重量は1キロを超えていた。ティム・バーナーズ＝リーがワールド・ワイド・ウェブと世界初のブラウザーを考案したのが１９８９年で、現在、サイバー空間で活動している人は44億人を超えている。飛行技術も急速な発展を遂げた。１９０３年に、オーヴィル・ライトが複葉機を操縦し、12秒間、36メートルを飛ぶと、そのわずか58年後には、ソ連がユーリ・ガガーリンを乗せた宇宙船の宇宙飛行を成功させ、さらに8年後には、アメリカのニール・アームストロングが月面を探索している。２０２１年には、ＮＡＳＡが小型のロボットヘリコプターを使って火星表面の探査に成功した。このヘリコプターには、ライト兄弟へのオマージュとして、彼らが初飛行に使った飛行機の小片が搭載されている。

25年先の未来

さて、ここからは25年先の未来を想像してみよう。少し先の未来を見つめる作業は、現在我々がどこにいて、どこに向かっているのか、そしてどれくらいの速さでそこへ向かっているのかを理解するために必要だ。人間の創造力と破壊力はどちらも、何がどうなっているのかわからなくなるほどにスピードが速くなっている。地球を変える力を解き放っておきながら、自分たちの手には負えなくなっているのだ。その結果として起きる諸問題には理性的な対処が求められるが、どう対処するのか世界の意見がまとまらないと、人間が創造したあらゆるものを破壊しかねない。

我々は今岐路に立っている。ここまでの章で説明したように、世界が直面する先例のない諸問題は、将来ではなく、今現在起きている。我々がどんな気候対策を講じようと、気候変動は深刻化する一方だ。そして、その影響は世界各地でひしひしと感じられるだろう。既に、地球の大部分は住めなくなってきている。富裕国とその国民は持てるものをすべて投じて、次々に襲いかかる災害から自らを守り、最悪の事態を避けようとするだろうが、大災害はあとを絶たず、世界各地で窮状は続くだろう。被害を抑えるには、グローバルな対応しかない。政界、産業界、慈善団体のリーダーたちは、新たな方法で妥協点を模索し、協力、連携しなければならない。

気候変動がさらに多くの人々に被害をもたらし、多くの人が住まいを失えば、世界の格差はさらに広がり、何百万人もの犠牲者が自暴自棄になって怒りをむき出しにするはずだ。暴力に訴える人も出てくるだろう。暴力は暴力を生むことは歴史を見ればわかることだ。恵まれた人々への被害は限られる一方で、住まいや家財道具を失った人々には棒切れと石ころしか残らない。あるいは拳銃か手製爆弾か。だが、人間が発明した危険な新技術やサイバー兵器が自暴自棄になった人たちの手に渡れば、我々全員が共存している現実世界と仮想世界の両方が狙われ、犠牲になる人がさらに増え、世界中の社会が不安定になるだろう。

最大のリスクは技術が変化するスピードだ。企業は今、収益を上げるために人間の行動を変えようとしている。その最も効率のよい方法を探すのにAIを用いているのだが、機械に依存する人々にAIがどのような影響をもたらすのかを理解せずに使っている。パンデミックが起き、何千万人もの命がかかっているときでさえ、我々は新ワクチンを試験しない限り、人には投与しない。ワクチンが人体にどのような影響を与えるのか、本当に有効性があるのかどうか、その有効期間はどれくらいなのか、副反応が起きるかどうかを知っておきたいからだ。

たばこやアルコールも規制され、未成年の子どもにはたばこは吸わせず、薬物も使わせない努力をしている。しかし、我々がどの意見や情報に触れ、どの画像を目にするのか、どの製品を消費するのか、どのようにお金を使うのか、人とどのように対話を持つのかを判断するアルゴリズムを新たに開発するときは、テストなどまったくしない。新技術のすべてを国民の血流に注入するかのごとくたれ流すだけだ。既に、新技術は我々が人間であることの意味を変えている。ここからどこに向かっていくのかは、まったくわからない。

こうした問題は一国だけでは解決できない。だからこそ、我々は万人のために実際面と道徳面の両方で想像力を働かせ、世界の問題に取り組むことが何よりも重要になっているのだ。

世界各国における実際的な協力

民主国家に独裁国家、富裕国に貧困国と、人はどこにいても、安全、尊厳、繁栄を求めて生きている。食糧と水は常に入手できるようにしておきたいし、身の安全だけでなく、我々の所有物や権利を守る法律も必要だ。生計を立てるための公平な機会も要るし、仕事を失っても、また別の仕事が見つかるという安心も欲しい。それに、わが子にも同じ恩恵を与えたい。

ところが、こうした恩恵を得られるかどうかが、我々の国境のはるか向こうで起きている出来事に左右されることが増えてきた。国境線は書き換えられ、大国は盛衰し、同盟は形成されては解消され、政治指導者は現れては消えていく。だが現在は、かつてない勢いで、他国で起きている問題が自分の国の問題になりつつある。どこかでパニックが起きれば、世界中の市場が動揺する。嵐が起きれば、水があっという間に防波堤を越える。感染症も広がり、犯罪が犯罪を呼ぶ。政治的な大変動が社会を一転させ、遠いところで戦争が起き、戦場から何千キロも離れたところに住んでいても、日常生活に影響が出る。その一方で、世界の超富裕層は宇宙旅行に出かけ、海辺の超高級リゾート地に大邸宅を構えている。こうした状況の中で、我々は国境を超えて1つのエコシステムを共有している。

本書では、いくつかの重要な問題に関して、世界各国が実際的に協力したほうがよいことを提唱してきた。互いに好意を持つ必要はないし、ましてや政治的、経済的価値観を一元化する必要などもっとない。あらゆる問題を解決する必要もないし、我々を混沌から救うための世界政府ももちろん要らない。しかし、少なくとも、一国だけでは達成できない目標に向かって協力することがほぼ万人にとって利益をもたらす場合には、世界各国の市民が協力し合ったほうがよいことは、かつてないほど鮮明になっている。

私は愛国心のあるアメリカ人だ。私と私の愛する人たちのために、アメリカがしてくれたすべてのことに、そして国民のために用意されたあらゆる機会に心から感謝している。だが、私はナショナリストではない。アメリカの価値観が他国のものより本来的に優れているなどとは思わない。アメリカは多様な考えと相反する信念を持った人々で構成されるコミュニティーであり、人種や宗教を問わずあらゆる人々が集まる国だ。

「アメリカの価値観」があらゆる問題に対する最善の解決策になるとも思わない。私の考えでは、代議制民主主義が最良の政治形態だが、独裁者が支配する国で、仮に今から3カ月後に自由選挙が行われたとしても、独裁国家がそれで良くなるわけではないだろう。それはどの独裁国家でも同じだ。民主主義は築くのに時間がかかり、国の発展段階によっては、政治形態として民主主義が最良な選択肢にはならないこともある。

1917年にロシアで封建的な帝政を終わらせ、そのわずか44年後にガガーリンを宇宙に送ったのは、ソ連共産主義だった。また、何億人もの中国国民を貧困から抜け出させることに成功したのも中国共産党で、同じようなことを成し遂げた民主国家は存在しない。ソ連と中国の共産主義は、史上最悪の犯罪に数えられるような恐ろしいことを、罪もない国民に対して犯した責任がある。しかし、黒い歴史を持っているのはソ連と中国だけではない。今のヨーロッパの民主国家を見ても、その繁栄のほとんどは、何世紀にもわたって続いた帝国主義の上に築かれているし、アメリカの現在の富は、鎖につながれてアメリカに連れてこられた人々のおかげで蓄積されている。これもまた真実なのだ。ただ、私はナショナリストではないために、こうしたことをすべて真実として受け入れることができる。

しかしながら、平和や平等、正義、自由へのあくなき前進も私は信じない。追求し続けたからといって、こうした理想が必然的に得られるわけではないことは歴史が示している。にもかかわらず、我々は何万年もかけ、協力する力を拡大してきた。[2] それと同時に、殺傷能力も拡大させてはいるが。考古学を学べば、もともと単純な暮らしをしていた人類が、複雑な社会をどう作り出してきたかがわかる。

人間同士が共同生活を営みはじめると、その複雑な社会の基礎が形成された。車輪の発明から、物々交換の始まり、民主主義の発展、近代的なサプライチェーンや社会保障制度の確立まで、人間は多くを達成してきたが、現代に近づくにつれ、かつてないほど深く新技術に頼るようになった。頼るのは新技術だけではない。社会とのかかわりや協力、連携にも深く依存するようになっているし、これらはみな複雑になってきている。我々の協力しようとする意欲は、人間が解き放ってしまった破壊的な力に先行して、どんどんと進化しなければならない。

国際機関から学んだ教訓

今、グローバリゼーションと呼ばれる過程を経て、多くの人たちが取り残されて持たざる者となり、持てる者たちの横で、困窮して暮らすようになった。我々は効率と収益性の追求だけが繁栄への道だと捉え、所有者と株主に利益をもたらしているが、その一方で、何百万人もの人々を見捨て、社会が育まれる土壌を蝕む、残酷な統治の形を生み出した。

この種の危険な格差を縮める努力は足元から始まる。変化は必然的に急速に起きるため、まずは、その変化の衝撃を吸収できるよう労働者を再教育するなどして、困難を乗り越えられるようにする。協力のための国際制度を作ろうとしてもすぐには無理だ。志を同じくする同盟国や人々の間で協力し合うところから始める。同じような政治的価値観を持つ国々や、既に信頼関係が成り立っている人々を集めて同盟関係を作り、それから、国際協力に懐疑的な国々の政府がこの同盟に参加してもよいと思える利点を見いだせるようにする。そこへ行き着くには、待つことも、敵対国と新たな駆け引きをすることも必要だ。

このような提案は絵空事に聞こえるだろうか。冷笑ですませる前に、先例を振り返ってみようではないか。まさに私の提案と同じような、何十億人もの人々が生き延び、現代世界での繁栄を可能にした先例があるのだ。

第一次世界大戦はかつて、楽観的にも「あらゆる戦争を終わらせる戦争」だと謳われていた。この大戦が終わり、今後ヨーロッパで戦争が起きても、アメリカの大統領はアメリカ兵を戦場に送り込むことはないはずだと信じたアメリカ人は多かった。国際連盟が発足したが、アメリカは不参加、ドイツ、イタリア、日本は脱退し、事実上解体した。

それでもまだ、１９２０年代から１９３０年代にかけては、大西洋と太平洋で隔てられているアメリカが戦争に巻き込まれることはなく、ヨーロッパ、アジア、アフリカ、中東での出来事は対岸の火事にすぎないと信じることが可能だった。戦勝国であるヨーロッパの列強も、これでドイツは打ちのめされ、屈辱を味わったはずだと思っていた。銃声がやんだら兵士たちは帰還し、戦争前の平常が完全に戻り、手ごわかった敵国は倒れ、再び立ち上がって平和を脅かすことはないかのように思われたのである。

それから約20年後に第二次世界大戦が起き、7500万人の犠牲者が出た。この戦争の終結後、アメリカ政府と国防総省は最終的に、アメリカの生活様式を毛嫌いしていた国々の復興に税金を投入するという賢明な判断を下した。この先例のない、賢い投資のおかげで、復興を目指す国々は民主主義をとる限り安全が保障され、産業を再興できたところでは商業が盛んになった。

この2つの世界大戦を経て、我々人類には、前代未聞の殺傷能力を持つ兵器を発明する力があることが浮き彫りになったが、その一方で、個人のため、社会全体のために、協力し合う力も拡大した。ファシズムは打ち砕かれ、帝政国家は崩壊し、何百万人もの人々が独立を勝ち取った。人類には逆境から立ち直る力があることが証明され、新技術によって可能になった世界貿易や国際投資が飛躍的に成長し、民主国家が次々と誕生した。

見過ごしてならないのは、戦勝国である連合国が、世界各国が責任を受け入れるまで紛争は終わらないという原則をもとに、新たな国際統治機関を設立した点だ。こうして、安全保障、人間の尊厳、世界の繁栄を各国が協力し合って守ることを誓い、国際連合が作られた。国連憲章には、「経済的、社会的、文化的または人道的性質を有する国際問題を解決することについて、（中略）国際協力を達成すること」と定められている。国連以外にも、様々な機関が作られた。貧困国の政治的安定を図り、経済発展を助長する、自由で公平な貿易を促進できる国々を資金援助する、疾病撲滅のための人的リソースや資材を共有する、国際法の尊重を呼びかけるなど、目的は多様だ。第二次世界大戦は人類に訪れた最悪の大惨事だったが、我々人類が20世紀を生き抜くだけでなく、繁栄するためには、必要な危機でもあった。

これらの国際機関の失敗は、数えきれないほど多くの書籍や記事に詳細に綴《つづ》られている。1962年当時の勢力均衡と影響力を反映させた機関なので、2022年のニーズに応えきれていないことが原因だが、仮に明日、これらの機関をすべて廃止したとしても、翌日には同じような機関を再出発させる必要があるだろう。なぜなら、第二次世界大戦直後の設立当初に比べ、現代は国同士が相互依存する世界になっていて、これらの国際機関が果たす役割が指数関数的に大きくなっているからだ。

国連はどの国にも国際舞台での発言権を認め、強大国同士、または強大国が弱小国と戦争を始めないよう、抑え役にもなっている。国連平和維持軍は多くの加盟国によって編成されていて、平和維持と、紛争が引き起こす悲惨な結果を和らげるためにリスクやコストを加盟国が共有するようになっている。この平和維持軍によって多くの地域で人命が救われてきた。命を救えなかったこともあるが、数えきれない人々に恩恵をもたらしてきた事実は変わらない。さらなる世界戦争が起きるのを食い止めてきた大きな功績は認めるべきだ。

同様に、世界貿易機関（ＷＴＯ）も全加盟国に利益をもたらしている。ＷＴＯが作るルールであらゆる貿易摩擦を防ぐことは不可能で、ルールを守らせるにしても、ＷＴＯの動きは遅く、不完全だ。それでも、苛烈な競争が起きるところならどんな場所でもそうであるように、不完全なルールであっても、判断に間違いの多い審判であっても、ルールがまったくないよりははるかにましだ。国際通貨基金（ＩＭＦ）をはじめとする国際金融機関は、資金援助が必要な国々に融資を行うのが仕事で、普通はどの国も最終手段として、ＩＭＦなどから融資を受ける。その融資条件は議論や疑念、反感を生むこともあるが、多くの途上国とその国民に資金を援助し、大惨事を未然に防ぐ一助になってきた。

自由貿易協定から、国際統治組織という史上最も野心的な総合体へと発展してきたＥＵに対してもまた、フラストレーションや不信感を覚え、冷笑的な態度を見せる人が多い。ＥＵ加盟国の市民の多くは、ヨーロッパの政治エリートたちがＥＵの諸機関を利用して、ＥＵ内の小国を犠牲にして大国に都合のよいルールを作り、小企業を犠牲にして多国籍企業に便宜を図り、個人の自由を犠牲にしてEU官僚たちのニーズを満たしていると批判する。

だがEUは、史上最悪の2つの世界大戦を起こしたヨーロッパ大陸で、戦争が二度と起きないようにと努力を重ねてきたうえ、一つひとつの加盟国では太刀打ちできないアメリカ、ロシア、中国に経済で張り合えるよう加盟国をまとめてきた。かつてのヨーロッパでは、国境を自由に越えることなど考えられなかったが、国境を開放し、市民がより良い機会を求めてEU圏内を自由に移動できるようにもした。大気や水の汚染についても、各加盟国が環境問題に取り組む気がなかったか、財源がなかったときに、EUが資金を提供して汚染を取り除いてきた。また、気候対策とデジタルプライバシー保護の両方で、EUは加盟国を先導し、基準を定めてきた。EU内の富裕国が貧しい加盟国の生活水準を上げ、時には危機から貧しい加盟国を救うシステムを作り、EUは協力体制の手本を世界に示してきたのだ。

こうした国際機関をおしなべて批判するのは簡単だ。批判して得をする人々なら、なおさらだ。だが、これらのどの国際機関も世界中の人々の安全や尊厳を守り、機会を与えるのに役立ち、人権を保護し、戦争を未然に防ぐ努力をしている。中でも重要なのは、連帯責任を持つことができる組織構造を作り、各政府への負担を軽減している点だ。年を追うごとに、国際機関が必要だと世界に思わせるきっかけになった、第二次世界大戦の恐怖や非植民地化の難しさを覚えている人たちが減ってきているのは、残念なことだ。

こうした国際機関から学んだ教訓を忘れてはならない。忘れてしまうと学び直しが必要で、さらに痛みを伴うことになるだろう。

衝突の道

第1章で、2つの衝突の道について詳しく説明した。一つは、アメリカ国内の共和党支持勢力と民主党支持勢力との争いで、世界唯一の超大国であるアメリカの政治生命と民主主義の高潔な精神にひどいダメージを与えている。もう一つは、既に大国として君臨しているアメリカと、新たに台頭してきた中国との対立だ。この2つのリスクによって、他の大国の政府や国際機関が、我々を待ち受ける真の課題に取り組まなくなると、それがさらに大きなリスクになってしまう。

我々はみな衝突の道を進んでいる。再び公衆衛生危機が世界を襲うことは必至で、気候変動もあり、破壊的な新技術が猛威を振るって、我々の生活や社会を不安にするかもしれない。これらは世界共通の未来へのリスクなのだ。自国内で、あるいは紛争地域で、あらゆる時間、意見、エネルギー、財源が争いのために無駄に費やされている。このような地球規模の脅威が、私たちの手に負えないほど大きくなったとき、私たちはともに苦しむことになるのだ。

アメリカの毒された政治が民主主義を破壊するとは思わない。実際にアメリカの政治制度が汚されるかもしれない脅威はあるが、アメリカはこれまでにも大きな衝撃を吸収してきている。有害なパートナーシップがアメリカ社会にもたらすダメージを過小評価しているわけではないが、民主主義が本当に脅かされたとき、アメリカは民主主義を守ろうとし、議会も文化的偏見より法律を重視すると、私は今も信じている。

同様に、米中が台湾などをめぐって戦争を起こすとは思わない。そのような壊滅的衝突を起こせば、両国が失うものはあまりにも大きい。また、アメリカ政府も中国政府も、他の国々の政府が米中のいずれかに追従し、ともに不幸への道を歩むはずだなどと期待すべきではない。しかし……私が本書を執筆したのは、アメリカ国内の共和党と民主党や、米中の首脳が、互いの紛争の準備にかまけて、真の「嵐」に備える作業を怠るのではないかと懸念しているからだ。将来の危機に備えるには協力が必要だ。何が最重要なのかを勘違いしてしまうと、協力できなくなってしまう。

ゴルディロックス危機

人間は危険が迫っていると気づき、解決すべきことがはっきりと見えたとき、最も効果的に行動する。だが、危機なら何でもよいわけではない。我々には「ゴルディロックス危機」（訳注：ゴルディロックスは、童話『3びきのくま』に登場する少女で、留守中のクマのすみかでほどよく温かいスープを飲み、快適なベッドで眠り込む。経済などの文脈では「安定してちょうどよい状況」という意味で使われる）が必要で、看過できないほど大きいが、有効に対応できなくなるほど破壊的ではない危機を指す。地政学的な勢力均衡の崩壊や、今後も起きるであろうパンデミック、気候変動、技術革命が非常に広範囲に与える影響に起因するリスクを、真正面から見つめざるを得なくなるほど恐ろしい危険が我々には必要なのだ。

危機が自分たちに大きな痛みを与え、深刻なリスクを生むと権力者たちが気づけば、危機を完全に抑え込むには、協力と歩み寄りしかないということを受け入れるだろう。我々を一つにするほどの大きな危機であれば、本書で既に説明した諸問題を乗り越えるための共同プロジェクトに取り組むはずだ。

コロナ禍の初期には、このパンデミックが真のゴルディロックス危機になるかのように思えた。確かに、パンデミックは何十億人もの人々に影響を与えるほど大きく、世界のあらゆる政府が対応を迫られた。その経済的損害は深刻で、長期化するだろう。新型コロナは政府や政治指導者たちを蝕み、変化を拒んだ企業を弱体化させた一方で、我々にウイルスの脅威を理解させ、コロナ禍をどう生きていけばよいのかを示すことができる科学者や、世の中を刷新できる力を持つ個人に力を与えた。我々が直面した世界共通の脅威は、ある意味、ロナルド・レーガンが仮定した宇宙人による侵略と同じくらい異質で、知らぬ間に忍び寄る類のものだった。しかしながら、この危機を利用して、他者への怒りを煽った政治指導者は、国内外を問わず、あまりにも多かった。

第2章で説明したように、新型コロナウイルスの検査や感染追跡、治療、ワクチン開発が進んだおかげで、次のウイルスの嵐はうまくしのぐことができるだろう。新型コロナが引き起こした世界経済の落ち込みは、20世紀型経済のデジタル化を高速化させるだろう。これからは、デジタルの世界でほとんどの人が働き、買い物をし、学ぶことになるはずだからだ。今回のパンデミックは、気候にやさしい商取引を目指して努力を惜しまなかった企業にも力を与えた。しかし新型コロナは、今後の安全を保障し、繁栄を築くにあたり、新しい考え方が求められるのだと政府を説得するにはおよばなかった。コバックスは、これから先、各国が協調して世界の健康問題に取り組むうえですばらしいモデルにはなったが、それに投資した政府はあまりにも少なく、特にトランプ政権はコバックスの成功にいちばん大事なときに、不支持を表明して参加しなかった。

今回のパンデミックにおいても、過去の危機と同じように、各国の中央銀行は紙幣を乱発しはじめ、重大局面を切り抜けようとした。必要な金融緩和策だったが、我々を蝕む格差の広がりを阻止することはほぼなかった。世界データ機関のような新しい国際機関を創設して投資するよりも、我々の指導者たちは表層的な問題に対処するだけで満足しているようで、我々全員を脅かす根本的な問題には向き合わなかった。気候変動と破壊的な新技術は新型コロナよりも大きな危機を意味しているため、我々が必要としている機関が国内だけでなく国際社会にも生まれる可能性がある。これらの差し迫った危機が生み出すチャンスを摑むには、今、行動に出なければならない。

未来に向けての前向きなビジョン

しかし、実際的な協力を新たな形で生み出すには、危機が引き起こす恐れ以上の何かが必要だ。その何かとは、未来に向けての前向きなビジョン、すなわち、必要なときに適宜、動かすことができる計画だ。指導者の中には、我々にはできないことや、我々が他人に対して「あの人がそんなことをするわけがない」と思うことばかりに焦点を当てる人があまりにも多い。一般市民にも、そういう人が非常に多い。扉の向こう側に何があるのかを見ようともせずに、扉を閉める。ひとりよがりになると、何事も冷笑的に見てしまいがちで、その態度が習慣づく。

我々はまた、目先の欲求を満たすことばかりを考える。瞬時に得られる満足を求めるのは消費者だけではない。政治家も産業界のリーダーも、株主もそうだ。彼らはみな、そして我々も、現職のリーダーの今の任期にばかり気をとられ、今年一年をどうするのか、四半期の目標を達成するには何をすべきか、次は何がニュースになるのかと、短期のことにしか注目しない。いちばんの問題は、おそらく、未来の世代が享受できる幸福の種をまこうとする人があまりにも少ないことかもしれない。

この先起きる問題を乗り越えるには、我々の指導者たちに、互いの意見を聞き、世界各地の人々の声に耳を傾けるようにさせる必要がある。政治や経済、文化、または国の価値観について意見を合わせる必要はない。しかし、大国間の対立、今後起きる公衆衛生の危機、気候変動、新技術が世界的な脅威になり、人類の存亡は協調にかかっているのだと合意する必要があり、何に投資し、コストとリスクをどのように共有するのかについても意見をまとめる必要がある。

ここまでの章で、各国間の歩み寄り、協力、連携の基礎になる戦略を提案してきたが、もう一度その提案を振り返ってみよう。

ビジョン①：グローバルなコバックス

新型コロナウイルス対策として、ワクチン製造者とパートナーシップを組み、世界各地にワクチンを公平に分配するため、172カ国がコバックスに参加した。[3] 中国、ロシア、アメリカはすぐには参加しなかった。コバックスがすべての主要国から支援と投資を受けていたなら、これを通じて、ワクチンをもっと迅速かつ公平に世界各地に配り、接種を進めることができただろう。

次のパンデミックが来るまでに、このプロジェクトを強化する必要がある。そして、コバックスが突破口となり、世界が創造力を働かせ、あらゆる類の危機に備えて対策を講じるような、もっと効果的なパートナーシッププロジェクトを立ち上げる動きが広まるかもしれない。

ビジョン②：温室効果ガス排出量を低減する拘束力のある協定

大気への炭素の排出量が2050年までに実質的にゼロにならないと、気候変動を抑え込むことはできない。どの国も必要以上の犠牲を払いたくはないし、気候対策の進展は、他国も約束を守ると信じられるかどうかにかかっている。排出量に関する協定には、いかなるものでも拘束力がなければならないし、独立した国際査察団によって協定が守られていることを調査する必要もある。信頼できる解決策には、政治的意思と科学の飛躍的進歩の両方が必要だ。また、温室効果ガス排出量の低減を加速させる技術の開発コストも、各政府で負担できるはずだ。

ビジョン③：グリーン・マーシャルプラン

温室効果ガス排出量に関して、拘束力のある協定を結ぶことができれば、これを土台にして、もっと広範な、別の国際協定を実現させられるはずだ。この協定では、再生可能エネルギーへの投資と移行、環境保護と修復分野での雇用創生、最良のシナリオでも気候変

動がもたらすであろう損害により、住む場所を奪われる何百万人もの人々の再定住につい
て取り決める。難民化した人たちが原因で起きる対立を避け、喫緊の人道的援助を行うた
めに、難民の権利についての世界的合意もこの協定に含まれるべきだ。第二次世界大戦後
のヨーロッパの復興のため、アメリカのみの経済援助で実施されたマーシャルプランとは
違い、グリーン・マーシャルプランの成功は、世界各国がそれに必要なコストなどの負担
を共有するかどうかにかかっている。

ビジョン④：世界データ機関

人間が作り出す、かつてない量のデータを管理する独立機関がこの世界には絶対必要だ。
我々が作り出す個人データを所有し、利用する政府と企業の両方を対象にした、ルールや
基準も必要だ。国連の気候変動に関する政府間パネルが、独立機関として、地球温暖化に
関する科学的知見を示すように、また、世界貿易機関がその全加盟国のために、貿易紛争
の解決や貿易促進に関するルールを作るように、AI、プライバシー、知的財産、市民の
権利に関するルールを制定する機関として、世界データ機関を創設する。
中国をはじめとする権威主義国家は、セキュリティーやプライバシー、知的財産の保護、

個人の自由のバランスのとり方について、民主国家とは意見が一致しないだろうから、すぐには参加しないはずだ。しかし、志を同じくする民主国家が集まって、この国際機関を設立し、基準を決める代わりに、様々な機会も創生するのであれば、世界全体のために各国が歩み寄ることも可能になるだろう。

問題を解決するのは誰なのか

第1章に記したように、アメリカの左派と右派は和解の道を歩んでいない。2024年の大統領選はアメリカ史上最も醜く、危険になる可能性が高い。これは誇張などではなく、これから先、左派対右派の文化戦争は激しさを増していく。特にドナルド・トランプによるアメリカの民主制度への攻撃が続く限りは。幸いにも、世界の諸問題を解決するのに、世界はアメリカを必要としていない。ただ、世界最強国であるアメリカには、逆境から立ち直る力があることを証明してほしい。気候変動やAI革命などの複雑な問題で主導力を発揮するのに付随する多くのコストやリスクは受け入れ続けてもらいたい。

また、世界はアメリカと中国に、互いの違いを一時しのぎに埋めるよう求める必要もない。溝を埋めることは不可能なのだ。ただし、米中の首脳が敵対を避け、新たな冷戦を回避すれば、米中両国のみならず、世界を脅かす気候変動や破壊的な技術の問題の解決に向け、両国が協調路線を敷くことは可能だ。

重要なのは、アメリカ国内と米中両政府の間の最悪のシナリオを避けられれば、他国や国際機関が重要な役割を果たす余白がまだあるという点だ。

ＥＵの役割

ＥＵは気候変動と破滅的な技術の問題を解決するにあたり、非常に重要な役割を果たす必要がある。米中がヨーロッパにアメリカか中国かの二者択一を迫るような対立を避けることができれば、ＥＵはこの２つの問題に関して国際協調を後押しできる。こうした楽観には、それなりの理由がある。２０２０年初め、新型コロナがヨーロッパを襲ったのを受け、原油価格が急落した。気候政策を牽引してきたＥＵ内でさえも、温室効果ガス排出量を減らす勢いが失速するのではないかと恐れる声があった。２００８年から２０１０年にかけての世界金融危機や、２０１５年から２０１６年にかけての難民危機が起きたとき、ＥＵ加盟国の間では分断が起きた。ところが、コロナ禍の際、パンデミック対策と経済の立て直しだけでなく、気候変動に関しても、ＥＵは統一した道を選んだのだ。

ＥＵ内で激論を呼んでいる問題の一つに、ＥＵが掲げる大きな目標を達成するための財源確保目的で、加盟国に税金を課せるかというものがある。ＥＵ北部の国々はコストを強く意識するところが多く、恒常的な財政赤字が批判されているＥＵ南部の経済的に弱い国、つまり、イタリア、スペイン、ギリシャなどに富を配分する計画に反対した。ところが、その同じ北部の国々が、気候変動を抑えるための積極的な対策を進めることに最も強く賛同している。１兆８０００億ユーロの予算案の中心に新型コロナ経済復興計画と気候変動対策を据え、欧州委員会はリーダーシップを発揮し、従来消極的だった加盟国からも資金を集め、パンデミックの救済対策と気候変動対策の財源確保に成功している。そしてＥＵが定める温室効果ガス排出量基準に従うだけでなく、気候変動関連の政策に応じる加盟国だけに、新型コロナ復興用の財源が潤沢に配分されるようになっている。

さらに、２０３０年までに温室効果ガス削減目標を達成するための最善策として、ＥＵの炭素排出権取引制度がフル回転で進んでいる。最新の計画では、毎年、排出枠の上限を全体的に引き下げ、交通、建築分野の排出量には別の制度を設け、重工業、航空、運輸分野に認められていた「排出枠の無償割り当て」を段階的に削減していくことになっている。この計画が進めば、議論も巧みな駆け引きも活発になるだろうが、ＥＵの排出権取引制度はより厳しくなり、炭素価格も高くなって、排出量削減が一層進むだろう。

ヨーロッパの指導者の中には、新型コロナが引き起こした景気停滞の影響を強く受けた産業を救済するにあたり、海外に移した製造拠点を自国に戻す「リショアリング」を条件にした人もいる。地元の雇用創生には朗報だ。国内に工場が戻れば、自動車産業など、産業によっては、製造過程と最終製品がＥＵの気候変動ルールに準拠しているかどうかも確認しやすい。重要なのは、優遇税制措置や追徴税を利用して、ＥＵ圏外に拠点を持つ企業に対しても、ヨーロッパで商業活動をしたいならば、ＥＵの標準を満たすように仕向ける動きが進んでいる点だ。環境にやさしくない外国製品に高い関税を課して確保した財源は、ＥＵが認可したグリーンテクノロジーに投じることができる。

これらは歴史的な功績だ。そして、本書で論考した問題すべてに取り組むのに必要な協調のモデルにもなる。ＥＵは新型コロナを利用して気候変動と戦っている[4]。たとえば、コロナ禍復興予算をグリーンプロジェクトにあて、どのプロジェクトがグリーンだと認められるのかを明確にし、グリーンプロジェクトに使わない資金はすべて、地球温暖化を悪化させることには使わないと義務づけ、排出量削減目標をさらに引き上げている。

他の差し迫った問題の規制に関しても、ヨーロッパは非常に重要な役割を果たしている。データ使用とプライバシーに関しては、ＥＵの指導者たちがヨーロッパの消費者市場の大きさをてこに、米中のハイテク企業が無視できないルールを作っている。米中が新たな冷戦を避けることができれば、EUは、個人の権利や自由を守りながら、国際協調を押し上げるルールや基準を制定できるだろう。

巨大ハイテク企業の役割

しかし、我々は政府という枠を超えて考えなければならない。なぜなら、政治家だけではなく新たなグローバリズムを作り上げることはできないからだ。政府とは違い、国際組織は国境を超えた影響力や関心を持ち、今後はその重要性が増すばかりになるだろう。国際組織は国境という人為的な境界線にあまり制限されないため、政府よりも迅速に変化に適応できる力を持っている。

その国際組織の中でも際立って重要なのは、世界有数の巨大ハイテク企業である。地政学的に桁外れな力を蓄積してきた巨大ハイテク企業に疑念を持つ人もいただろうが、2021年1月6日に起きた米連邦議会議事堂襲撃事件の直後、これらの企業がとった行動に、そうした疑念はきれいさっぱりと払拭されたはずだ。記憶の限りでは、アメリカの民主主義に対する最大の暴挙の責任を、議会はドナルド・トランプにとらせることはできなかった。だが、巨大ハイテク企業は断固たる行動をとった。議事堂襲撃事件の発生後、数時間以内に、フェイスブック、ツイッター、アップル、グーグル、アマゾンは、大統領選は不正選挙だったと嘘を広めて暴動を奨励したトランプと他の政治家たちのアカウントを一時停止している。

これらの巨大ハイテク企業は、右派のソーシャルメディア、パーラーを駆逐した。パーラーを利用して、トランプ支持者の多くは議事堂前に集結し、連携して議事堂になだれ込んだのだが、パーラーのウェブ・ホスティング・サービスへの接続は切断され、主要なアプリストアからも、このアプリは削除された。政府や法執行機関はこの一連の動きには一切かかわっていない。トランプとその支持者たちをプラットフォームから追い出したのは、プログラミングコードやサーバー、それに自社の企業ポリシーに対して権力を行使できる企業だった。2020年に創設されたフェイスブック監督委員会は、2021年5月に、フェイスブックがトランプのアカウントを一時停止したことを肯定する決定を下している。政府とは違って、巨大ハイテク企業は、サイバー空間にいる有害人物たちのアカウントを他にも探し出し、一時停止させることもできるのだ。

フェイスブック、グーグル、アマゾン、マイクロソフト、アップルは権力を蓄積し、世界情勢を傍観するだけでなく、世界的な問題の調停役になっている。企業が地政学的にこの種の影響力をここまで持ったのは間違いなく史上初めてで、これが危険にもなるし、将来を楽観できる理由にもなる。米中のハイテク大手はここで中心的な役割を果たして、世界が新たな冷戦を始めるのか、それとも、もっと希望に満ちた未来に向かうのかを決めるだろう。グーグル、フェイスブック、マイクロソフト、アマゾン、アリババ、テンセント、バイトダンスといった米中のハイテク企業は地政学的動向にただ反応しているだけではない。彼らは世界を動かしているのだ。

歴史上でも、民間企業が地政学的に大きな役割を果たしたことはあった。イギリスの東インド会社は私兵も有して、18世紀から19世紀にかけ、イギリス国王の特許状をもとにアジアの亜大陸を支配した。大手石油会社も、その全盛期には非常に大きな政治力を振るっていた。

だが、今の巨大ハイテク企業は、こうした先例とは2つの重要な点で異なる。一つは、影響力を振るう地域が物理的に限定されていない点だ。巨大ハイテク企業は、地政学的に従来とはまったく異なる次元で、つまり、自分たちが作り出したデジタル空間で強力な影響力を行使している。人々はその中で学び、恋人を探し、買い物をし、資産を蓄積し、時に政権を転覆させるために、こうしたハイテク企業と取引する。中国共産党ですら、このデジタル空間を完全には統制できない。物理的空間は有限だが、デジタル空間は指数関数的に拡大している。

人口を単純比較してみると、フェイスブックのアクティブユーザーは月平均で約30億人と、それだけで世界最大の人口を持つ国の倍の人数になる。ユーチューブのユーザーは20億人を超え、100カ国以上に広がっている。グーグルによると、ユーチューブで1日に10億時間以上、動画が視聴されている。業界の専門家は、個々のサイバー空間を一つにまとめた「データ圏」の大きさ、つまり、毎年世界中で作られて保存されるデジタル情報の量は、2020年におよそ60ゼタバイト（訳注：ゼタは10の21乗）に達したと述べている。次段階のデジタル革命では、車や工場、街全体が電子機器を介してインターネットにつながっていくので、このデータ圏は劇的に拡大し、政治家にとっては頭痛の種が複雑になっていくはずだ。

各国政府の抵抗

政治家自身もデジタル空間の恩恵をますます受けるようになっている。多くの民主国家で、政界内部とつながりを持つ人よりも、フェイスブックやツイッターでフォロワーを獲得する能力のある候補者が、選挙に勝つのに必要な資金や票を稼ぐようになってきている。また、新世代の起業家たちにとっては、起業の成功に、グーグルの検索エンジン、フェイスブックの広告ツール、アマゾンのマーケットプレイスやウェブ・ホスティング・サービス、アップルのアプリストアが欠かせない。

基本ニーズを満たすのにデジタル空間を利用する人が増えれば増えるほど、政府の仕事はますます大きくなる。パンデミックや、収入格差の拡大、鎮痛剤オピオイドへの依存、気候変動、急速な技術革新によって起きる社会不安や経済の混乱など、21世紀型の問題に直面しても、既に市民を救済できずに苦労している政府が多いのが現状だ。

各国政府は自分たちの権力が奪われていくことに抵抗している。中国政府は、アリババやアント・グループなどの中国ネット企業を狙って攻撃している。EUは、個人データやネットのコンテンツ、インターネットへのアクセスを管理する企業を規制して、市民のプライバシーを守ろうとしている。アメリカでは、連邦議会が2021年に数多くの独占禁止法案を新たに提出し、インドでは、ツイッターなどの海外ソーシャルメディア企業に政府が圧力をかけ続けている。各国政府が手に余るデジタル分野に自分たちの意思を押しつけようとしているのがわかる。しかしながら、デジタル分野を理解できている議員がほぼ見当たらないなか、この分野を規制するには時間がかかるのが普通で、ハイテク企業のほうも、自分たちが蓄えてきた権力を逆転させようとする政府に抵抗するのに長じているのは証明済みだ。

ハイテク企業は、民間セクターで権威を持っていた旧来の企業とも、影響力が浸透する深さと範囲の点で異なっている。かつて、影響力を振るっていた民間企業は水道や電気、交通など、生活に欠かせないサービスを提供していたところが多かった。現在、公共事業に限らず、多くの分野で重要な役割を果たしているハイテク企業は一握りしかない。ITセクター自体がそうだ。マイクロソフト、アマゾン、グーグル、アリババの4社だけで、クラウドサービスの世界需要のほとんどを満たしている。新型コロナウイルスのパンデミックが始まった最初の年に、このクラウドコンピューティングのおかげで、世界経済は回り続け、在宅勤務が可能になり、子どもたちもオンライン授業を受けて勉強を続けることができたのだ。非常に近い将来、あらゆる産業と政府の成功は、5Gネットワークと AI、IoTによって創出される新たな機会をどれだけうまく摑めるかに、ほぼ完全に左右されるだろう。つまり、この4社のクラウド大手によって構築、管理されるインフラストラクチャーで、あらゆるものが動くようになるのだ。

ハイテク企業を動かす3つの思想

今後のパンデミックに対応し、気候変動がもたらす損害を抑え、もっと理性的な方法で我々の生活や社会に新技術を導入するため、ハイテク企業が政府と協力できるかどうかは、彼らの企業目標が、グローバリズム、科学技術によって理想郷がもたらされると信じるテクノユートピア主義、ナショナリズムのうち、どの思想を持って、達成されようとしているのかに左右されるだろう。

どの企業も収益を上げるために存在する。デジタルサービスを提供する企業の場合、世界規模で企業を経営すると、収益を上げるのが最も楽になる。過去数十年の間に急成長を遂げたハイテク企業は、最高のアプリを開発し、それをできる限り大きな市場で売るという単純な公式に沿って成功している。マイクロソフト、アマゾン、グーグル、フェイスブック、アップルはみな、グローバリズムを目指して、それぞれの帝国を築いてきた。彼らはまず、経済的に価値のあるニッチ市場を支配してから、自社サービスを世界各地で売り出すという流れをとった。

一方、アリババ、テンセント、バイトダンスなどの中国企業は、中国国内の巨大で競争の激しい市場を勝ち抜いてから世界に進出しているが、彼らの成長の背景にある原理は変わらない。できる限り多くの国に進出し、必要に応じてコンテンツをローカライズし、熾《し》烈《れつ》な競争を繰り広げる。世界有数のハイテク企業には政府交渉部門があり、元外交官やロビイスト、政府の内情に詳しい弁護士などを従業員として何百人も抱えていて、企業が世界規模の経営をどれほど重視させてきたかを物語っている。

ハイテク業界を支配するのは、一般的にはグローバリズムかもしれないが、それがテクノユートピア主義的な衝動と張り合い、時に衝突することもある。シリコンバレーやシアトル、杭州、深圳では、テクノユートピア主義もかなりの影響力を持っている。世界有数のハイテク企業の創業者の中には、自社の世界での役割について異色のビジョンを持つ人もいて、そういう人たちに企業は経営されている。欧米では、マーク・ザッカーバーグや、グーグルのラリー・ペイジとセルゲイ・ブリンなどが、創業者株など大量の株式を保有するなどして、自社に対して絶大な発言権を持っている。通常は、株主から圧力をかけられれば、言うことを聞かなければならないが、彼らは株主の影響をあまり受けない。このタイプの創業者たちが共通して持っているビジョンは、テクノロジーがグローバルなビジネスチャンスであるだけでなく、人類をテクノロジー自体から守る可能性のある革命的な力だというものだ。おそらく、テクノユートピア主義的な傾向のある創業者として最も世に知られているのが、テスラとスペースXのCEO、イーロン・マスクだろう。地球温暖化を食い止めるためにエネルギー市場を一新し、高帯域のブレイン・マシン・インターフェイスを設計し、火星を植民地化して人類を「多惑星種」にしたいという自分の野望を公にしている。

ナショナリズムもハイテク企業のビジネスモデルを牽引している。2016年以降、技術分野での米中の対立が深まり、また、ヨーロッパが唱える「デジタル主権」を後押しするため、EUが制裁や法規制を導入しはじめている。それを受け、巨大ハイテク企業は自らを「国の擁護者」と位置づけ、クラウドやAI、サイバーセキュリティーなどの重要領域で、政府とパートナーシップを組むところが増えてきた。外国政府に支援されたハッカー集団や犯罪組織との戦いにおいて、近年、マイクロソフトは非常に重要な役割を果たし、アメリカ政府とクラウドコンピューティングで契約を結ぼうと、アマゾンと競い合っている。

この3つの思想だけでは、ハイテク企業の複雑さやそのリーダーたちの意図を把握しきれない。ハイテク企業は複雑な大組織で、グローバリズム、テクノユートピア主義、ナショナリズムが各社内で混ざり合っている。彼らは次の10年で変わりゆく、物理的空間とデジタル空間の地政学をうまく切り抜けなければならないが、この3つの思想はそのときに直面する選択肢を理解するのに役立つはずだ。

米中間の対立がイデオロギー色を強めるなか、ハイテク企業は「米中の二者択一」を迫る政府と歩調を合わせるのか。国の擁護者になることに抵抗し、自分たちのビジネスモデルを脅かす規制をかわしながら、さらにグローバリズム的なアプローチをとろうとするのか。それとも、国の力が衰退して、新たな社会契約、あるいは新たな形の人間による統治すら現実化する世界へと導き、未来に賭けるのか。

アメリカ政府と中国政府との競争が熾烈になり、企業と政府がデジタル空間の統制を交渉する時代が来ると、アメリカの巨大ハイテク企業は、次の3つのシナリオのどれか1つで動くだろう。第一のシナリオでは、国が最高権力を握り、国を擁護する者が報われる。第二は、企業が国を奪取し、グローバリズムを信じる者たちが歴史的な勝利を得る。そして第三は、国の力が衰退し、テクノユートピア主義を信じる者が権力を摑む。ここからは、各シナリオがどのように展開していくのかを見ていこう。

シナリオ①：国が最高権力を握り、国を擁護する者が報われる

このシナリオでは、アメリカとその同盟国が組織を作り、各国政府に資金を融資して、国家目標と足並みを揃えたビジネスモデルと人的リソースを持つ「愛国的な」企業を優遇する一方で、そうではない企業を罰する政策を策定する。この政策は政治的に持続的に支持され、財源もしっかりと割り当てられるはずだと確信を持った企業は、中国で市場シェアを伸ばす戦いをついにあきらめる。代わりに、デジタルにつながる新インフラの整備や、

政府支援の社会福祉制度のデジタル化など、公共投資で好況に沸けば、収益を上げられると期待して、アメリカをはじめとする西側の政府と協力する。今まで通り、政府が国家安全や法律、公共財を提供し続け、世界金融危機やパンデミックのような世界を揺るがす危機が起きたときには、政府が最後の頼みの綱となり、政府の重要性をさらに決定づける。

このシナリオでは、議会が党派を超えて、技術分野に規制をかけようとするため、政府との足並みが揃わない開発計画を持つ企業の権力は制限される。しかし、どの程度制限されるかは、パンデミックからの復興とグリーンテクノロジーへの移行に大きな投資もしつつ、中国の勢力が拡大するのを封じ込めるために、アメリカが他の先進民主国の政府と協定を結び、どれだけ協調路線を敷いて中国に対抗できるかに左右される。

シナリオ②：企業が国を奪取し、グローバリズムが勝つ

このシナリオでは、二極化がさらに進んで、オートメーションやデジタル化とともに、収入や富の格差が広がり、政府の弱体化が続く。大手ハイテク企業への反感はあっても、ビジネスモデルを覆す、プライバシーや独占禁止に関する大きな改革は行われず、デジタル空間の主権を握っているのは、ほぼ巨大ハイテク企業であることに変わりがない。規制

当局は技術革新の速さについていけない。企業はこれまで以上に、政治家に対するロビー活動を活発にし、中国やロシアなど権威主義国も含め、外国での事業展開を制限しかねない法案を先回りして阻止しようとする。

グローバリズムを貫こうとする者たちは、国の支援にはあまり関心がなく、国にはなるべく邪魔をされたくないと考える。アメリカの民主制度が崩壊し続けても、彼らは平気だが、アメリカ政府の力が強まるとそうはいかない。米中関係が時々緊張しても、この2国の間に根強い不信感があっても、彼らはうまく立ち回ることができるが、アメリカ政府か中国政府かの二者択一を迫られる新たな冷戦を乗り越えることはできないだろう。

シナリオ③：国の力が衰退し、テクノユートピア主義が勝つ

このシナリオでは、市民の政治家に対する失望が深まり、社会契約が解消される。アメリカと一部の途上国は、政府を寄せつけないデジタル経済を採用し、世界の準備通貨としてのドルへの信頼が崩れる。唯一の超大国であるアメリカに集中していた権力は分散し、気候変動やパンデミック、核拡散などの世界問題を解決する力が薄れていく。

先見の明だけでなく、思い上がった野心と、莫大な個人資産を持つハイテク企業の創業

者たちにとって、愛国主義は現実性を持たなくなる。イーロン・マスクは、交通、エネルギー、通信インフラ、そして宇宙開発の転換に、さらに大きな役割を果たし、マーク・ザッカーバーグは、我々の私生活や仕事での人とのつながり方や政治的なつながり方について、これまで以上に大きな影響力を振るう。とはいえ、アメリカ政府の力が衰えれば、テクノユートピア主義者たちも自由に世界を支配はできない。中国政府も国内での信用が失墜することになるはずだ。

グローバリズム、ナショナリズム、テクノユートピア主義の3つのモデルは、非常に中央集権的な統治形態をとる中国には、アメリカほどしっくりと当てはまらない。ジャック・マーのようなテクノユートピア主義者は、中国政府に正面切って歯向かってはならないことを今学んでいるところで、グローバリズムを目指したい者でさえも、まずはナショナリズムを目指すかのごとく行動せざるを得ない。世界最大の企業向け、個人向けの電子商取引（C2C、C2B、B2C）ウェブサイトを運営するアリババも、動画投稿アプリのTikTok（ティックトック）のおかげで、評価額では世界最高の未上場企業になったバイトダンスも、国家安全保障に関してはアリババ以上に中国政府と深く協力しているテンセントも、気をつけなければならない。

中国経済が停滞しはじめ、国を擁護する企業の上げる収益や生産性がグローバル企業に比べて落ち込めば、中国政府は手綱をゆるめて、グローバリズムを信じる者たちに国内でもっと自由に活動させるかもしれない。だが今のところは、自国のハイテク企業に国家計画や戦略に合わせるよう、強い圧力をかけ続けている。

国が権力を強める世界が、いちばん新たな冷戦を引き起こしやすく、国際協調も踏みにじられがちだ。アメリカ政府と中国政府が、技術協力よりも戦略的に競争し合うことを優先するならば、本書で詳しく説明した解決策を用いても、米中のためだけでなく、世界のために国際制度を強化する希望はあまり持てないだろう。米中両国でハイテク企業が政府から独立する（そして政府に対抗する）シナリオは、最大の危機が世界を襲うなかでも、新たな問題を解決するために、各国の協力が奨励される可能性が高い。いちばん予想しにくいのが、テクノユートピア主義者たちがもっと自分たちの意見を主張するようになる世界だ。なぜなら、その世界では、ごく限られた、非常に型破りであることが多い人たちに権力が集中するからである。

政治のリーダーたちは技術などの専門分野を理解も統制もしないため、各国政府は、前述の問題解決に取り組む力のある組織や個人と、コストや責任を共有しなければならない。

収益が上がるまで何年もかかるプロジェクトに投資する銀行やエネルギー会社のような組織は、首長の任期が短い政府よりも物事を長期的に考えなくてはならない。だからこそ、彼らの視点が貴重になるのだ。

とりわけエネルギー会社は、自分たちの将来の収益は再生可能なエネルギー源から燃料と電力を得ることにかかっていると理解している。非常に先進的なことで知られるＮＧＯの多くも、同じように長期的な視点で物事を考えている。また、同じ政府であっても、国レベルのリーダーや議員だけが政治を牛耳っているわけではない。

ドナルド・トランプがパリ協定からの離脱を表明したとき、アメリカ国内の州知事や市長たちが、自分たちは州や市が決めた気候目標を変えないと宣言した。カリフォルニア州の経済はインド、イギリス、フランスの経済よりも規模が大きいことを思い起こせば、地方自治体とはいえ、その決定の重要性が鮮明になる。ニューヨーク都市圏の経済もカナダやロシアの経済より規模が大きい。また、ソーシャルメディアの世界ならば、著名な活動家でなくても、個人が運動を始められるし、そうした草の根運動が、政治家や民間企業が看過できない規模にまで広がることもある。

こうした世界の課題に立ち向かう次世代の人たちが、グローバル化された世界で成人していることも我々にとっては幸運だ。１９９６年から２０１６年の間に生まれた25億人の

Z世代は、次の10年間、自分たちが政治や文化、世界経済に影響を与えていくのを目の当たりにするはずだ。Z世代は、新型コロナのパンデミックによる直接的な傷だけでなく、パンデミックが教育や仕事に与える長期的な影響による傷を負うだろうが、権力やコミュニケーションが細かく寸断された世界で暮らしていても、彼らほど世界的につながっている世代は他にない。Z世代の圧倒的多数は途上国で成人を迎える。そして、我々にとってはありがたいことに、彼らは政府や外国文化に触れることに対して、古い世代とは違った独自の期待を抱き、何が可能で、何が可能でないかについても彼らなりの意見を持つはずだ。

劇的な変化が叫ばれているときに、「子どもたちが我々の未来だ」という型にはまった主張をするのは常に簡単だが、この場合はそのとおりで、Z世代の経験は私の世代のものとはまったく違う。私は1970年代にボストンで育ち、ボストン以外の世界に住む子どもたちの姿は『ナショナル ジオグラフィック』誌に掲載されるような写真で知った世代だ。私だけでなく、友人もほとんどそうだったと思うが、私たちの世界観は、ほぼ大人たちのフィルターを通して作られていた。フィルターの向こう側に何があるのかを実際に自分の目で確かめ、他の土地に住む子どもたちと直接かかわり合う機会など、あまりなかった。しかし、今の欧米に住む若者たちは世界各地で作られた音楽を聴き、映像を見て、アジアやアフリカの子どもたちとリアルタイムでゲームをプレーしている。

　これは25年前のグローバリゼーションとは違う。Z世代は、これまでの若者たちが持ったことのない、視野が３６０度に広がる世界観を持っていて、自分と他人との間にいかに共通点があるのかがすぐにわかる。とりわけ狭量で想像力に欠けた大人たちが、抱えている問題を未来に先延ばしにしがちであることを、これまでのどの世代よりもよく知っている。グレタ・トゥーンベリのような著名な若い活動家の直接的な訴えかけを冷笑するのは簡単だが、ありがたいことに、世界中の若者たちは、大半の大人たちが何の意見も持たない問題に対して、何らかの見解を持っている。今の大人たちが作るツールを新たな目的で使い、今の大人たちが想像もできない発明をする若者たちの能力に、我々は未来を信じていいのだと思うべきだ。

　外敵に襲われるかもしれないという恐れはしばしば、その敵に打ち勝つため、あるいは少なくとも具体的な脅威を切り抜けるために、人々、民族、国家を結束させてきた。レーガンとゴルバチョフはそのことを知っていた。現在、世界の国々や人々は宇宙人に脅かされていないが、我々が作り出した世界共通の人類存亡の危機に直面している。その意味で、我々は相互に依存している。そして、この相互依存が人類史上の最大のチャンスの下地になるのだ。

必要は今こそ、協調の母にならなくてはならない。競争が可能なところでは競争し、協調が必要なところでは協力し合う、新たな国際制度を築く必要がある。我々はこうした世界的脅威を認識する最初の人間であり、それに打ち勝つことのできる最後の人間なのだ。

リスクの大きさを考えると、協調に失敗すれば、二度目のチャンスはないだろう。

追記
ロシアのウクライナ侵攻が意味するもの

この30年間、大国間で核戦争が起きる可能性を心配する必要はなかった。ところが、2022年2月21日、本書がいよいよ刊行というときに、ウラジーミル・プーチン大統領がヨーロッパの安全保障の現状と、ウクライナの独立をこれ以上容認するつもりがないと表明した。数日後、プーチンはロシア軍をウクライナに侵攻させ、欧米諸国はその報復としてロシアに経済制裁を科し、世界は新たな冷戦へと突入した。

この第二次冷戦は、その前の冷戦とは非常に異なっている。力が拮抗した国同士の戦いではなくなっているため、ある意味、危険度が低い。第一次冷戦の頃は、アメリカとソ連がアフリカ、アジア、ラテンアメリカだけでなく、ヨーロッパ大陸をも二分していた「鉄のカーテン」を挟み、世界のあらゆる場所で影響力を争っていた。現在、ヨーロッパは結束し、(完全ではないにしても)しっかりアメリカと足並みを揃えている。一方のロシアの影響力は、中東とロシア近隣の旧ソビエト連邦構成国を除けば、ひいき目に見ても弱い。

しかし、第二次冷戦はより危険でもある。なぜなら、軍事的直接行動が起きるリスクの緩和に貢献してきた国際制度の多くが、この冷戦を止める役割を果たさなくなっているからだ。

たとえば、オープンスカイ協定や中距離核戦力全廃条約など、核大国である米露間の透明性や均衡の基準を決めるための国際協定や条約から、アメリカまたはロシアが離脱している。それに、サイバー攻撃能力では両国とも肩を並べている。第一次冷戦で使われたどの兵器と比べても、サイバー兵器なら入手がはるかに簡単で使いやすい上、相手国を動揺させることが可能だ。

また、残念ながら驚きではないが、アメリカ国内の深い政治的分断が、ロシアとの戦いにも影響し、選挙で選ばれた政治家の多くが、アメリカの国家安全保障よりも自分たちの政治的都合を優先し続けている。こうしたアメリカの現実をプーチンは熟知しており、それをしっかりと計算に入れたうえで、ウクライナ再侵攻の決断を下している。

キューバ危機が起きたとき、私はまだ生まれていなかったため、核攻撃に備え、学校で避難訓練をした記憶がない。軍事対決に統制が利かなくなり、核により人類が滅びるかもしれないと心配したこともない。これまでの30年間、世界の政治家たちの間では、核の脅威は差し迫った問題ではなかった。

今はもう、そのようなことを言っていられない。悲しいことに、世界の2つの軍事大国が直接対決する可能性が目前に迫る世界に戻ってしまった。世界全体で軍事的緊張が高まるなか、ヨーロッパは再び戦いの前線となり、そのうち、この衝突が手に負えない状態になって、おぞましい結果になるのではないかと固唾《かたず》をのんで見守っている状態だ。

ごまかすつもりなどないのではっきり言うと、ロシアによるウクライナ侵攻は事態を複雑にした。破壊的な技術を統制するための財源や人的資源をかき集めるのは、ただでさえ難しいのに、ロシアに対して経済、金融、技術面で制裁が行われ、ロシア政府がグローバル・ガバナンスを崩すためにサイバー戦争を仕掛け、偽情報をたれ流している状況では、なおさら困難になる。分断が進んだ世界では、繁栄が遠のき、効率が悪くなるだけではない。指導者が無責任なことをしても咎《とが》めにくくなる。つまり、ならず者たちが罰則を恐れず、利己的に行動しやすくなる。

それでも、ロシアによるウクライナ侵攻が、危機対応に向けた協調路線から世界を脱線させることはないと信じるだけの理由はある。たとえ世界の警察が不在でも、アメリカの政治が機能不全で国としてまとまった政治的反応を示すことができなくても、緊張を緩和し、直接的な軍事行動を回避させるだけの米中間の信頼関係が欠けていてもだ。

結局のところ、アメリカとその同盟諸国は今まで以上に密接に協調している。大西洋を挟んだ国際関係が悪化している、北大西洋条約機構（NATO）はもうその目的を果たさなくなっている、ヨーロッパ諸国はアメリカ政府にただ乗りしている、アメリカは一方的で取引しか重視せずヨーロッパを置き去りにしている——といった懸念がここ何十年かで深まっていたが、同盟の重要性がここへきて再び鮮明になった。ヨーロッパの安全保障がロシアに脅かされているなか、なぜNATOが重要なのか、なぜアメリカ軍の存在が欠かせないのか、なぜ集団安全保障が必要なのかが極めて明らかになったのだ。

何としてでもロシア帝国を復活させたいプーチンを見て、これまでぬらりくらりで問題解決の意欲を失っていた民主国家グループが奮い立つ結果になった。西側諸国の結束によって固められた連携と意思統一のレベルは、前年にアメリカ軍がアフガニスタンを撤退したときに比べると、はるかに高い。時には、危機が必要なのだ。

それに中国がいる。2022年の北京冬季オリンピックの開幕に合わせ、習近平国家主席はプーチンとともに、名目上、これまでになく緊密な中露関係を築くという共同声明を出している。しかし、ロシアの大統領が今の世界秩序を破って、新たな冷戦を始めるつもりでいるのなら、中国の指導者たちは、それにはまったくの無関与でいたいはずだ。

中国のグローバル化した経済は西側と相互依存し続けることが前提になっている。ヨーロッパと揉め事を起こしているのはプーチンであって、習ではない。フランスのエマニュエル・マクロン大統領との会談で習は、中国はウクライナの領土を引き続き尊重することを明確にし、この紛争を外交的手段で解決すべきだと述べている。当然だが、自国の背後でロシア一強の「勢力圏」が確立するのを中国が認めるわけにはいかない。中国はプーチンの帝国主義的な領土拡大策を抑え、世界に安定をもたらす力になることができるだろうか。そうなるには、時に危機が必要だ。

今は危険なときだ。ヨーロッパが再び戦場になるのを見てはいられない。ベルリンの壁のかけらは、20世紀の冷戦の遺物として、なくてはならないものだった。おそらく、キーウの独立広場のがれきも、21世紀の遺物になるだろう。

しかし、この新しい冷戦は、新たなリーダーシップ、新たな国際的枠組み、新たな組織、新たなイデオロギーを生みやすくする衝突になる可能性も秘めている。約60年にわたり、世界はグローバリゼーション固有の危険をほぼ放置してきた。グローバリゼーションが進むなか、動物から人間へ、そして人間から人間へと病原体が伝播《でんぱ》して、新たな感染症が登場し、温室効果ガス排出が気候変動を加速させ、テクノロジーの爆発的な進歩により破壊的な新技術を生み、グローバル化の波に乗り遅れた国や人々が取り残された。そして、取り残された国の中の最強国がロシアだったのだ。

我々は、こうした問題に取り組むための実行可能で、長期的戦略を持っていなかった。それどころか、これまでは先延ばしにできないほど問題が切迫してから、重い腰を上げていた。行動に出るのは今なのだ。

イアン・ブレマー
２０２２年２月

謝辞

社会が進歩すればするほど、我々が直面するリスクは存亡の危機に近づいていく。だからこそ、私は政治を研究している。

そうでないとしたら、私は大バカ者だ……。しかし、近頃の私は以前よりも楽観的な気持ちを持っている。おそらくパンデミックを（ほぼ）乗り越えたからだろうか。それとも、年を重ねるごとに、周囲に感謝する気持ちが強くなるからなのだろうか。いずれにしても、いかに世界が崩壊していくかについてではない本を執筆するのは気持ちがいいものだ。いや、崩壊していく世界に対して我々が何をすればよいのかについての本を執筆するのは、と言ったほうが正確か。

「『我々』って誰のこと？　ポケットの中にネズミを隠してるんじゃないでしょうね？」と母なら言うだろう。

ネズミは隠していないが、我々が抱える難問に対して、常にしっかりとした意見を持っている友人や同僚が周りにいてくれることに深く感謝している。しかも、彼ら自身がこうした問題の解決に少なからぬ役割を果たしてくれている。カール・ビルト、ボルゲ・ブレンデ、マーク・カーニー、ヴィントン・サーフ、ジャレッド・コーエン、クリス・クーンズ、アイヴォ・ダールダー、デイヴィッド・ダラー、クリスタリナ・ゲオルギエヴァ、アダム・グラント、アントニオ・グテーレス、リチャード・ハース、クリストフ・ホイスゲン、ロバート・ケーガン、ザカリー・カラベル、ジョー・ケネディ、パラグ・カンナ、ダニエル・カーツ＝フェラン、クリスティーヌ・ラガルド、李開復、デイヴィッド・リプトン、デイヴィッド・ミリバンド、ジェームズ・マードック、エヴァン・オスノス、メーガン・オサリバン、ニコ・ハンド、ケビン・ラッド、エリック・シュミット、ムスタファ・スリマン、ラリー・サマーズ、ニック・トンプソン、スティーブ・ウォルト、ゲルノット・ワグナー、ファリード・ザカリアに感謝したい。

それから、ユーラシア・グループのすばらしいチームにも感謝したい。現在、このグループは約200人を超える大所帯になり、全員で力を合わせ、世界がどう機能しているのかの理解に努めている。簡単なように聞こえるが、実際は大変な作業なのだ。だが、1998年に私一人だった頃に比べると楽になっている。ケビン・アリソン、ゲリー・バッツ、ロヒテッシュ・ダーワン、ロバート・カーン、レオン・レヴィ、ミカエラ・マクエイド、マジアール・ミノヴィ、スコット・ローゼンスタイン、マリエッチェ・スハーケ、ポール・トリオロのチームメンバーに心から感謝する。

特にウィリス・スパークスの貢献は計り知れない。約20年にわたり、二人三脚で6冊の書籍を世に送り出してきた。彼とのつながりがなければ、ユーラシア・グループを今の形にまで築き上げることはできなかった。小さなグループだが、研究に注ぐ熱意はどこにもひけをとらない。パンデミックの最中であることを感じさせないほど綿密に連携し、優秀な研究を続けてくれたセバスチャン・ストラウス、そして、本書執筆のための調べ物を手伝ってくれた聡明なインターン、メーガン・オニールとペイジ・ウイリアムズの2人にも感謝したい。

そして、メディア担当のアレックス・サンフォードには、本書を読者に届けるまでの間、様々な広報活動で世話になった。ユーラシア・グループのコミュニケーション・ディレクター、グレッグ・ロス、そしてサム・マティーノとエダナ・ングは、本書のキャンペーン活動でやっかいになった。キム・トランとストラックス・マティッチは、私の日常生活が円滑に進むようスケジュールを管理してくれ、私の右腕サラ・ヘニングはどんなことがあってもひるまずに、何から何まで面倒を見てくれた。

そして私の（新しい！）出版社のCEOジョン・カープと敏腕編集者イーモン・ドーランの、すばらしい本づくりに情熱を傾け、努力を惜しまない様子は、他人の出版パーティーであっても伝わってきた。これからも、この2人とは一緒に仕事を続けるのではないかと私は思っている。それから、私の文芸エージェント、レイフ・サガリン。少なくとも10年、いやそれ以上、私を担当してくれているだろうか。彼には謙虚ながらも有能さがにじみ出てくるようなすばらしさがあって、私はいつも彼に敬服するとともに、一緒に仕事ができることをありがたく思っている。

最後になったが、パンデミックが3年目に突入しても、相変わらず私を楽しませてくれる、わが妻アンにも感謝の気持ちを込めて。パンデミックであらゆるものが閉まっていても、頼りになる存在であり続けてくれる友人や家族、それと、小さくても勇敢な愛犬ムースにも感謝したい。

解説

京都大学経営管理大学院　特別教授　御立　尚資

ブレマーの提示する「世界を読み解くキー・コンセプト」

畏友イアン・ブレマーは多作であり、その分析範囲は多岐にわたる。
しかし、彼の思考の骨格を成してきたのは、将来の世界を形作る重要な構造的変化を読み解き、それぞれを明確に提示するいくつかの「キー・コンセプト」だ。

多くの人々が、冷戦の終了を受けて、市場経済と民主主義体制が最強のモデルであると信じきっていた時代。彼は、国家資本主義と権威主義体制の国々の挑戦に対して、警鐘を鳴らしていた。

（"*The End of the Free Market: Who Wins the War Between States and Corporations?*" 邦訳『自由市場の終焉―国家資本主義とどう闘うか』２０１０年原著出版）

中国とロシアを中心とした国家資本主義の台頭、これが世界の未来に大きな影響を与える、というキー・コンセプトだ。

続けて、彼が提示したのは、Gゼロ、である。

米国が世界秩序維持の役割を果たさなくなる、あるいは果たせなくなることから、リーダーの不在がグローバルガバナンスの不全、そして地球社会の危機対応能力低下につながる世界を予見したものだ。

（*"Every Nation For Itself: Winners and Losers In a G-Zero World"* 邦訳『「Gゼロ」後の世界―主導国なき時代の勝者はだれか』2012年原著出版）

米国のリーダーシップのもと、G7、あるいはG20の場で、グローバル課題の解決策が議論され実行される、という状況は終わりを告げ、今では、Gゼロという言葉自体、かなり広く人口に膾炙《かいしゃ》するようになった。

そして、「国家資本主義」「Gゼロ」というコンセプトを踏まえて指摘したのが、「分断と対立」の構造であり、それがグローバリズムを破綻させつつあるという事実だ。

自由貿易体制の下、相対的に賃金が低い新興国の工業化が進み、今度は豊かになった新興国が先進国の高度な製品やサービスを購入するようになる。

このメカニズムに従って、20世紀終盤には、比較優位と分業によるグローバリゼーションが世界全体を豊かにし、数多くの新興国国民が絶対的貧困から抜け出すことができた。

これに伴い、グローバリゼーションの進展こそが、世界をより良くするというイデオロギー、すなわちグローバリズムも勢いを増した。

しかし、先進国内部では自らの仕事が新興国に移り、グローバリゼーションのデメリットだけを被る中間層が増え、メリットを享受できる富裕層との間で大きな分断が生じるに至った。

ネット上では、アルゴリズムによって、自らの見たい・聞きたい情報だけが提供され、立場の異なる人々の分断と対立がさらに強まる。

米国の国内政治状況は、まさにその典型例だ。

民主主義、市場主義の先進国の混乱を見た権威主義・国家資本主義国家は、自らのモデルの優位性を声高に語り、新興国に輸出しようとして、先進国との分断・対立がひどくなる。また、米国がグローバルな場でリーダーシップを発揮しようとしても、国内の分断がそれを妨げることとなる。

米国と中国、共和党支持者と民主党支持者。そして、本来情報の共有を進めるツールであったインターネットによる情報の断絶。

さまざまな「分断と対立」が今を読み解くキー・コンセプトである、とブレマーは指摘した。

（*"Us vs Them; The Failure of Globalism"* 邦訳『対立の世紀―グローバリズムの破綻』2018年原著出版）

現在と未来、キー・コンセプトとシナリオ

さて、「国家資本主義」「Gゼロ」「分断と対立」といった切れ味の良いキー・コンセプトは、基本的に「現在」を分析することから浮かび上がったものだ、と言っても良いだろう。

ブレマーが創設したユーラシア・グループでは、これらのキー・コンセプトを前提とし、さらにさまざまな要因を考慮に入れて、クライアントのために複数の将来シナリオとその発生確率を推定している。

例えば、ロシアのウクライナ侵攻に関して、ロシア黒海艦隊の旗艦が沈没した2022

年4月初めの段階で、その後3カ月のシナリオとして、

〝stalemate（こう着状態）〟60％
〝ceasefire（停戦）〟20％
〝escalation（激化）〟20％

という3つが提示されていた。

「現在の分析によるキー・コンセプト」を軸に、「未来のシナリオ」を設定するというアプローチだ。

今回の新著『危機の地政学』は、こういった手法から、かなりかけ離れた形で描かれている。

まず、現在の分析によるキー・コンセプト提示、ではなく、最初から「これから起こる危機」について語られる。

次なるパンデミック、気候変動による自然災害・難民の増加と地域紛争、破壊的な技術進化がもたらす新しい戦争や中間層の消滅。

シナリオ的に発生確率を述べるのではなく、タイミングは前後したとしても、将来起こるだろう世界を揺るがす諸要因について、きっぱりと言い切るスタイルが取られている。

もちろんのこと、これらが本当の人類にとっての危機というレベルに達する可能性が高いのは、「国家資本主義」「Gゼロ」「分断と対立」という構造的要因があるからに他ならない。

そして解決案の提示

もう一つ、本書がこれまでの書籍や分析と異なるのは、解決案の提示だ。パンデミック、気候変動、破壊的技術が複合的にもたらす危機は、人類という種の存続自体を脅かす可能性がある。

この前提で、ブレマーはさまざまな解決案の提示に踏み込んでいる。前の冷戦時、体制と意見の異なる米ソが核を巡っては一定の協力体制を敷いた。この事例から始まる本書の中で、米中が新冷戦に入ることを防ぐためには、どのような手があるか。

気候変動と難民増加に備えて、どのような準備を行い、そのインパクトを低減するのか。破壊的な新技術の急速な普及を睨みながら、データに関する国際機関設立をはじめとした危機回避策をどう積み重ねていくか。

分析よりも解決案の提案に力点が置かれる、これまでになかった書き振りである。おそらくは、彼自身の危機感の大きさの反映なのだろう。

特に、これからやってくる危機が、国境を越えた協力なしに乗り切れない地球規模のものであるにも関わらず、米中の対立とそれぞれの影響圏の分裂から、国際協力が行われない事態をどう防ぐか、に焦点が当てられている。

貿易、決済、軍事協力、ネット規制とコネクティビティ、科学技術、全てにわたって、「鉄のカーテン」の向こう側とは無関係に、自らの影響圏を維持することが目的化してしまうリスクについての言及が何度も繰り返される。

もちろん、本書でもブレマーの真骨頂たる新しいキー・コンセプトの提示は行われている。

「適度な危機」を逆手にとって、解決策の実現につなげていくべきだ、として「危機の価値（"Power of Crises"）」に着目するのが、今回の主眼目だ。

解決案を具体化する上で、当然さまざまな抵抗があることを見据えた上で、「危機を利用しよう。危機には価値があるのだ」という主張が、今回のキー・コンセプトであり、本書の原タイトル（"Power of Crises"）の意味するところである。

ちなみに、これまでの「構造要因」ではなく、「課題解決の要因」としてのキー・コンセプトであることも面白い。

歴史的俯瞰と綜合知

もう一つ、本書が従来のブレマーの書籍と異なるのは、さまざまな領域の知見を俯瞰して統合する、いわば「綜合知」の所産となっていることだ。

これからやってくるパンデミック、あるいはデジタル技術の進展、について語ったかと思うと、一転、国際連盟、国際連合の創設時からの歴史が語られる。

紀元1年からの世界の人口推移の話が出てきたかと思うと、米国の右派と左派の分断が詳細に描かれる。

それぞれ個々のトピックについては、当然、領域ごとの専門家がこれまでも詳細な著述をおこなってきている。

細かい知識を得る目的であれば、それらにあたれば良いし、自分が詳しい分野であれば、その部分はざっと読み飛ばせば良いだろう。

本書の価値を高めているのは、これら個々の事象やトピックを全体として眺めた時に、「どんな危機が近づいているのか」「どのように危機を防ぎ、管理するのか」について、大きなストーリーを提示する「綜合知」ないし統合力であり、そこに着目することが読者にとっての価値を増す。

元来、時代が大きく変化するタイミングで、未来について語るためには、この綜合知的アプローチが不可欠である。

さまざまな分野の識者がグローバルヒストリーを語るようになってきていることも、このことと無関係ではない。

ブレマーの今回の新基軸が今後も続いていくことを期待するところだ。

私事になるが、ここ数年、大学院やエグゼクティブ教育の場で、将来のリーダー層に対して、個々の事象を統合して、大きなストーリーを組み立てる「時代認識の手法」を教えてきた。

その立場から見ると、本書は大変良くできた実例であり、効果的な教科書になりえる書籍であることも付記しておきたい。

日本にとっての意味

ちょうど、本書の英語版刊行のタイミングでロシアのウクライナ侵攻が始まり、追記の中でもそれについて触れられている。

ロシアによる蛮行が今後の世界をさらに複雑にした一方で、西側諸国がかつてないほどに緊密に協調している、という指摘だ。

まさに「危機」が西側諸国の協力関係強化につながる価値を持ったということだろう。

その後、ペロシ米下院議長の台湾訪問が引き金になり、中国軍による台湾近辺での従来にない軍事演習が続き、日本を含む東アジアでも、緊張が一挙に高まった。

西南諸島は台湾と目と鼻の先であり、台湾有事に出動する米軍の重要拠点が我が国にあることから、もし台湾を巡って、米中軍事衝突が起こった際には、我が国領土に対する軍事攻撃を当然想定せざるを得ない。

また、その前段階からサイバー攻撃やさまざまな情報戦が繰り広げられることは言うまでもない。


日本として、米国と協調しつつ、西側諸国連合をどう強化していくか。

自らを守る能力をいつまでにどれだけ強化するか。

国として、この状況にどう備えるか、の議論は間違いなく加速化していくだろう。

さらに、多くの日本企業にとっても、自らのビジネスをどう組み替えていくか、不測の事態に備えてどういうリスク低減策、レジリエンス強化策を打っていくか、検討と実行が待ったなしの事態となっている。


従来にない状況下で、これまでにない施策を立て、実行していく。

この際には、当然国民や社員の不安感は高まり、国内での分断も起こっていくだろう。

その際に、我々は、いくつもある「危機」をどう変革の原動力に変え、国内・国外での立場を超えた協力関係作りに進んでいくのか。

本書が残した我々にとっての最大の宿題は、日本にとっての「危機の価値」をどう高め、活用していくために知恵を絞るか、という点だろうと思う。

ぜひ各界のリーダーが、イアン・ブレマー本人とも、この点に焦点を当てた議論を繰り広げることを期待したい。

日本語版監訳者あとがき

ユーラシア・グループ日本代表　稲田誠士

イアン・ブレマーの前著（『対立の世紀―グローバリズムの破綻』）の発刊から約4年を経たいま、振り返って彼が「Gゼロ」と呼ぶ世界の情勢認識の正確さとその影響がこれほどまでに顕著になるとは誰も想像できなかったような、未曽有の不確実性の時代に、私たちは生きている。本著でも述べられているように、特に日本は米中の対立の間で、半導体をはじめとする戦略的重要物資を巡るサプライチェーンの安定性の確保、また中国による武力行使も現実的な脅威となりつつある台湾問題、そして「隣国」ロシアを巡る状況など、世界の諸問題の当事者としてその判断と行動が求められている状況にある。

その判断と行動の主体となるべきは日本政府のみでは決してなく、企業経営者をはじめとするビジネスパーソン、そして生活者としての私たち一人ひとりがその当事者であるということ、そのことに否が応でも気付かされたのが、このコロナ禍を経たGゼロ世界における日本ではないのだろうか。

本著解説の御立尚資氏と意見交換をした際、同氏は日本が現下置かれているこの状況を、国際場裏における虚々実々な駆け引きによって「ビジネスのゴール・ポストが日々動いているような状態」だと評された。まさにビジネスのルールが変わることをもはや所与のものとして、私たちは日々の判断を進めていかなければいけない、その危機感の共有がより企業経営者の間で進められたことがここ数年の大きな動きだと感じる。

つい最近までは、いわゆる第4次産業革命によって世界経済の統合と高度化が進展することによって、国家間の政治的な対立は減ぜられるだろうという、いわゆる「黄金のM型アーチ理論」的な発想が生まれるような時代の空気もあったのかもしれない。しかしこのコロナ禍を経た世界に目を向ければ、そのようなユートピア的な発想とは逆に、まさに今より政治の時代を迎えつつあり、その勢いはより増しているというのが現実であろう。

私たちユーラシア・グループがご支援をさせていただいている多くの日本の企業関係者と日々やりとりを重ねる中で、ここ数年大きな変化を感じるのは、まさにこのGゼロの時代が加速化する中での当事者意識の高まりである。教養としての地政学を超えて、経営判断に不可欠なツールとしてポリティカル・インテリジェンスがあり、そしてそのインテリジェンスを活用した最適な経営判断によって、潜在的なリスクや機会損失を最小化することができる、そのような認識がビジネスパーソンの間に広がりつつあることに、私たちとしては大変心強く感じている。

経済安全保障を巡る動きをはじめとして、日本がまさにGゼロ世界における当事者として、そしてブレマー自身が強調しているように日本が西側諸国における信頼あるリーダーとして、大きく一歩を踏み出そうとしている中で、彼がいう「危機の力」をどうこの日本の文脈において活かしていけるのか、これからもその問題意識を日本のビジネスパーソンと広く共有しながら、共に考えていければと思う。

なお本書の翻訳は新田享子氏、そしてユーラシア・グループ日本オフィスのメンバーの松田裕子氏と田村豪氏による共同作業によって行われた。また日経BP赤木裕介氏のご尽力により、ブレマーのこの書を前著に引き続き再び日本の読者の皆様に届けることができたことを、ユーラシア・グループ日本オフィスを代表してお礼を申し上げたい。

終章

1 Jeff Desjardins, "Animation: Human Population Growth Over All of History," Visual Capitalist, January 31, 2018, visualcapitalist.com/animation-population-growth-history/

2 For a persuasive elaboration of this theory, see Robert Wright, *Nonzero: The Logic of Human Destiny* (New York: Pantheon Books, 1999)

3 "172 Countries and Multiple Candidate Vaccines Engaged in COVID-19 Vaccine Global Access Facility," World Health Organization, August 24, 2020, who.int/news/item/24-08-2020-172-countries-and-multiple-candidate-vaccines-engaged-in-covid-19-vaccine-global-access-facility

4 *Greenness of Stimulus Index*, February 2021, Vivid Economics, 44-45, vivideconomics.com/wp-content/uploads/2021/02/Greennes-of-Stimulus-Index-5th-Edition-FINAL-VERSION-09.02.21.pdf

45 Mark Muro, Jacob Whiton, and Robert Maxim, "What Jobs Are Affected by AI? Better-Paid, Better-Educated Workers Face the Most Exposure," The Brookings Institution, November 20, 2019,
brookings.edu/research/what-jobs-are-affected-by-ai-better-paid-better-educated-workers-face-the-most-exposure/

46 Janna Anderson and Lee Rainie, "Artificial Intelligence and the Future of Humans," Pew Research Center, December 10, 2018,
pewresearch.org/internet/2018/12/10/artificial-intelligence-and-the-future-of-humans/

47 Radina Gigova, "Who Putin Thinks Will Rule the World," CNN, September 2, 2017,
cnn.com/2017/09/01/world/putin-artificial-intelligence-will-rule-world/index.html

48 Nicholas Thompson and Ian Bremmer, "The AI Cold War That Threatens Us All," *Wired*, October 23, 2018,
wired.com/story/ai-cold-war-china-could-doom-us-all/

49 同前

50 Fareed Zakaria, "The Blacklisting of Huawei Might Be China's Sputnik Moment," FareedZakaria.com, May 23, 2019,
https://fareedzakaria.com/columns/2019/5/23/the-blacklisting-of-huawei-might-be-chinas-sputnik-moment

51 Clive Thompson, "YouTube's Plot to Silence Conspiracy Theories," *Wired*, September 18, 2020,
wired.com/story/youtube-algorithm-silence-conspiracy-theories/

52 Tate Ryan-Mosley, "Why Facebook's Political-Ad Ban Is Taking on the Wrong Problem," *MIT Technology Review*, September 6, 2020,
technologyreview.com/2020/09/06/1008192/why-facebooks-political-ad-ban-is-taking-on-the-wrong-problem/

53 Jim Guszcza, "AI Needs Human-Centered Design," *Wired*,
wired.com/brandlab/2018/05/ai-needs-human-centered-design/

54 "Major Countries Propose Priorities for Biden Administration, World Leaders: Leaders of Australia, India, Japan and the United States Shape a New Era of Cooperation," Boston Global Forum, January 7, 2021,
https://bostonglobalforum.org/news-and-events/news/major-countries-propose-priorities-for-biden-administration-world-leaders-leaders-of-australia-india-japan-and-the-united-states-shape-a-new-era-of-cooperation/

https://qz.com/india/1351263/supreme-court-verdict-how-indias-aadhaar-id-became-mandatory/
34 David Ariosto, "The World's Largest Democracy Scans Voters' Eyes," GZERO Media, May 6, 2019,
gzeromedia.com/the-worlds-largest-democracy
35 "Ain't Nuthin But a 5G Thang," GZERO Media, March 11, 2019,
gzeromedia.com/aint-nuthin-but-a-5g-thang
36 Jessica Rosenworcel, "Choosing the Wrong Lane in the Race to 5G," *Wired*, June 10, 2019,
wired.com/story/choosing-the-wrong-lane-in-the-race-to-5g/
37 Nicholas Thompson and Ian Bremmer, "The AI Cold War That Threatens Us All," *Wired*, October 23, 2018,
wired.com/story/ai-cold-war-china-could-doom-us-all/
38 "Global Unmanned Aerial Vehicle (UAV) Market Report 2021-2026," Globe Newswire, June 28, 2021,
globenewswire.com/en/news-release/2021/06/28/2253654/28124/en/Global-Unmanned-Aerial-Vehicle-UAV-Market-Report-2021-2026-Rising-Demand-for-Contactless-Deliveries-of-Medical-Supplies-and-Other-Essentials-Using-Drones-Owing-to-COVID-19.html
39 "Cyber Threats with David Sanger," GZERO Media, August 6, 2018,
gzeromedia.com/videos/cyber-threats-with-david-sanger
40 Robert D. Kaplan, "Why We Need Someone Like Ike," *Wall Street Journal*, July 17, 2019,
wsj.com/articles/why-we-need-someone-like-ike-11563404275
41 "Six Russian GRU Officers Charged in Connection with Worldwide Deployment of Destructive Malware and Other Disruptive Actions in Cyberspace," The United States Department of Justice, October 19, 2020,
justice.gov/opa/pr/six-russian-gru-officers-charged-connection-worldwide-deployment-destructive-malware-and
42 "Cyber Threats with David Sanger," GZERO Media, August 6, 2018,
gzeromedia.com/videos/cyber-threats-with-david-sanger
43 Matt Richtel, "W.H.O. Fights a Pandemic Besides Coronavirus: An 'Info demic,'" *New York Times*, February 6, 2020,
nytimes.com/2020/02/06/health/coronavirus-misinformation-social-media.html
44 Nicky Woolf, "DDoS Attack That Disrupted Internet Was Largest of Its Kind in History, Experts Say," *The Guardian*, October 26, 2016,
theguardian.com/technology/2016/oct/26/ddos-attack-dyn-mirai-botnet

credit-system-and-why-it-controversial

25 同前

26 Paul Mozur, Raymond Zhong, and Aaron Krolik, "In Coronavirus Fight, China Gives Citizens a Color Code, with Red Flags," *New York Times*, March 1, 2020,
nytimes.com/2020/03/01/business/china-coronavirus-surveillance.html

27 Joe Parkinson, Nicholas Bariyo, and Josh Chin, "Huawei Technicians Helped African Governments Spy on Political Opponents," *Wall Street Journal*, August 15, 2019,
wsj.com/articles/huawei-technicians-helped-african-governments-spy-on-political-opponents-11565793017
「ファーウェイ社員、アフリカで国内スパイ支援」ジョー・パーキンソン、ニコラス・バリヨ、ジョッシュ・チン、ウォールストリートジャーナル、2019年8月15日
https://jp.wsj.com/articles/SB11472602075991454478804585489442449476102

28 John Laidler, "High Tech Is Watching You," *Harvard Gazette*, March 4, 2019,
https://news.harvard.edu/gazette/story/2019/03/harvard-professor-says-surveillance-capitalism-is-undermining-democracy/

29 "Big Brother Is Watching You. (And You. And You. And You, Too.)," GZERO Media, June 10, 2019,
gzeromedia.com/big-brother-is-watching-you-and-you-and-you-and-you-too

30 Dan Avery, "Most Americans Are Recorded 238 Times a Week by Security Cameras and a Majority of Filming Happens When Driving, Study Reveals," *Daily Mail*, September 25, 2020,
dailymail.co.uk/sciencetech/article-8774151/Most-Americans-recorded-238-TIMES-week-security-cameras-study-reveals.html

31 Kashmir Hill, "The Secretive Company That Might End Privacy as We Know It," *New York Times*, January 18, 2020,
nytimes.com/2020/01/18/technology/clearview-privacy-facial-recognition.html

32 Nicholas Wright, "Coronavirus and the Future of Surveillance," *Foreign Affairs*, April 6, 2020,
foreignaffairs.com/articles/2020-04-06/coronavirus-and-future-surveillance?utm_medium=newsletters&utm_source=on_the_ballot&utm_campaign=on_the_ballot_2020_prospects&utm_content=20200408&utm_term=prospects-OTB-021020

33 Ananya Bhattacharya and Nupur Anand, "Aadhaar Is Voluntary?but Millions of Indians Are Already Trapped," *Quartz India*, September 26, 2018,

Frontier: Applications and Value of Deep Learning," McKinsey Global Institute, April 17, 2018,
mckinsey.com/featured-insights/artificial-intelligence/notes-from-the-ai-frontier-applications-and-value-of-deep-learning
14 "How Robots Change the World," Oxford Economics,
https://resources.oxfordeconomics.com/how-robots-change-the-world?source=recent-releases
15 Nicholas Davis, "What Is the Fourth Industrial Revolution?," World Economic Forum, January 19, 2016,
weforum.org/agenda/2016/01/what-is-the-fourth-industrial-revolution/
16 Carl Benedikt Frey, "COVID-19 Will Only Increase Automation Anxiety," *Financial Times*, April 21, 2020,
ft.com/content/817228a2-82e1-11ea-b6e9-a94cffd1d9bf
17 "Coronavirus: Spain Set for Basic Income to Ease Crisis Pain," BBC News, May 18, 2020,
bbc.com/news/world-europe-52707551
18 "Life Expectancy of the World Population," Worldometer,
worldometers.info/demographics/life-expectancy/
19 John Gramlich, "10 Facts about Americans and Facebook," Pew Research Center, June 1, 2021,
pewresearch.org/fact-tank/2021/06/01/facts-about-americans-and-facebook/
20 Ashley Gold, "Exclusive: False Fire Rumors Keep Spreading on Facebook Despite Ban," *Axios*, September 16, 2020,
axios.com/facebook-false-fire-rumors-keep-spreading-despite-ban-a014ee1c-8bd7-4fe1-a644-928f2a580e19.html
21 Hafez Ghanem, "Shooting for the Moon: An Agenda to Bridge Africa's Digital Divide," The Brookings Institution, February 7, 2020,
brookings.edu/blog/africa-in-focus/2020/02/07/shooting-for-the-moon-an-agenda-to-bridge-africas-digital-divide/
22 Nicholas Thompson and Ian Bremmer, "The AI Cold War That Threatens Us All," *Wired*, October 23, 2018,
wired.com/story/ai-cold-war-china-could-doom-us-all/
23 Karl Nicolas Lindenlaub, "The Syrian Online War of Narratives," Atlantic Council, July 8, 2020,
atlanticcouncil.org/blogs/menasource/the-syrian-online-war-of-narratives/
24 Amanda Lee, "What Is China's Social Credit System and Why Is It Controversial?," *South China Morning Post*, August 9, 2020,
scmp.com/economy/china-economy/article/3096090/what-chinas-social-

2 Owen Hughes, "This AI Tool Helps Hospitals Predict COVID-19 Bed and Ventilator Demand," ZDNet, April 21, 2020,
zdnet.com/article/this-ai-tool-helps-hospitals-predict-covid-19-bed-and-ventilator-demand/

3 Seth Stephens-Davidowitz, "Google Searches Can Help Us Find Emerging COVID-19 Outbreaks," *New York Times*, April 5, 2020,
nytimes.com/2020/04/05/opinion/coronavirus-google-searches.html

4 Jo Best, "AI and the Coronavirus Fight: How Artificial Intelligence Is Taking on COVID-19," ZDNet, April 9, 2020,
zdnet.com/article/ai-and-the-coronavirus-fight-how-artificial-intelligence-is-taking-on-covid-19/

5 Simon Sharwood, "Pan-European Group Plans Cross-Border Contact-Tracing App?and Promises GDPR Compliance," *The Register*, April 6, 2020,
theregister.com/2020/04/06/pan_european_privacy_preserving_proximity_tracing_plan/

6 "Top 10 Insights," State of Aadhaar,
stateofaadhaar.in/top-10-insights.php

7 "Urban Development Overview," World Bank,
worldbank.org/en/topic/urbandevelopment/overview#1

8 "Road Traffic Deaths Data by Country," Global Health Observatory Data Repository, World Health Organization,
https://apps.who.int/gho/data/node.main.A997?lang=en

9 James Bridle, "How Britain Exported Next-Generation Surveillance," *Matter*, December 18, 2013,
https://medium.com/matter/how-britain-exported-next-generation-surveillance-d15b5801b79e

10 "Will Smith: 'Racism Is Not Getting Worse, It's Getting Filmed,'" *Hollywood Reporter*, August 3, 2016,
hollywoodreporter.com/tv/tv-news/will-smith-colbert-race-relations-obama-politics-sings-summertime-916816/

11 Starre Vartan, "Racial Bias Found in a Major Health Care Risk Algorithm," *Scientific American*, October 24, 2019,
scientificamerican.com/article/racial-bias-found-in-a-major-health-care-risk-algorithm/

12 "Algorithmic Bias Persists," The Gender Shades Project, MIT Media Lab, Massachusetts Institute of Technology,
media.mit.edu/projects/gender-shades/overview/

13 Michael Chui, James Manyika, Mehdi Miremadi, et al., "Notes from the AI

a%20lobbying%20group,levels%20by%20the%20year%202050
49 Justin Worland, “The Leaders of These Sinking Countries Are Fighting to Stop Climate Change. Here’s What the Rest of the World Can Learn,” *Time*, June 13, 2019,
https://time.com/longform/sinking-islands-climate-change/?utm_medium=socialflowtw&xid=time_socialflow_twitter&utm_campaign=time&utm_source=twitter.com
50 Avery Hartmans and Rosie Perper, “Elon Musk Said His and Grimes’ New Baby Is Named X ? A-12. Grimes Broke Down the Meaning Behind Each Letter of the Bizarre Moniker,” *Business Insider*, May 5, 2020,
businessinsider.com/x-ae-a-12-elon-musk-grimes-baby-name-meaning-2020-5
51 “The World Urgently Needs to Expand Its Use of Carbon Prices,” *The Economist*, May 23, 2020,
economist.com/briefing/2020/05/23/the-world-urgently-needs-to-expand-its-use-of-carbon-prices
52 Lucy Handley, “Walmart Has a Grand Plan to Help Suppliers Club Together to Buy Green Energy,” CNBC, October 23, 2020,
cnbc.com/2020/10/23/walmart-wants-suppliers-to-buy-renewable-energy-collectively.html
53 Lucy Handley, “Unilever Is Using Geolocation Data and Satellite Imagery to Check for Deforestation in Its Supply Chain,” CNBC, September 24, 2020,
cnbc.com/2020/09/24/unilever-in-data-pilot-to-check-for-deforestation-in-its-supply-chain.html
54 “One Trillion Trees to Combat Climate Change: Why It’s Not So Outlandish,” Salesforce, January 22, 2020,
salesforce.com/news/stories/one-trillion-trees-to-combat-climate-change-why-its-not-so-outlandish/
55 Henry Fountain, “‘Going in the Wrong Direction’: More Tropical Forest Loss in 2019, *New York Times*, June 2, 2020,
nytimes.com/2020/06/02/climate/deforestation-climate-change.html
56 “Final Announcement of the Recommendation for the New Governance Body Composition,” Taskforce on Scaling Voluntary Carbon Markets,
iif.com/tsvcm

第4章

1 Harry Kretchmer, “How Drones Are Helping to Battle COVID-19 in Africa?and Beyond,” World Economic Forum, May 8, 2020,
weforum.org/agenda/2020/05/medical-delivery-drones-coronavirus-africa-us/

overpopulation-bangladesh
39 "Leasing the Rain," William Finnegan, *The New Yorker*, March 31, 2002, newyorker.com/magazine/2002/04/08/leasing-the-rain
40 "Impact Story: Addressing a Water Crisis in Bolivia," Stockholm Environment Institute, May 23, 2018,
sei.org/featured/growing-water-crisis-bolivia/
41 Rutger Willem Hofste, Paul Reig, and Leah Schleifer, "17 Countries, Home to One-Quarter of the World's Population, Face Extremely High Water Stress," World Resources Institute, August 6, 2019,
wri.org/insights/17-countries-home-one-quarter-worlds-population-face-extremely-high-water-stress
42 Laura Millan Lombrana, "Where Climate Scientists See Danger, Russia Sees an Opportunity," *Bloomberg*, March 15, 2021,
bloomberg.com/news/articles/2021-03-15/where-climate-scientists-see-danger-russia-sees-an-opportunity?sref=75vWZjCW
43 "'Climate Apartheid' between Rich and Poor Looms, UN Expert Warns," BBC News, June 25, 2019,
bbc.com/news/world-48755154
44 Damian Carrington, "'Climate Apartheid': UN Expert Says Human Rights May Not Survive," *The Guardian*, June 25, 2019,
theguardian.com/environment/2019/jun/25/climate-apartheid-united-nations-expert-says-human-rights-may-not-survive-crisis?CMP=Share_iOSApp_Other
45 Daniel Grossman, "Geoengineering: A Worst-Case Plan B? Or a Fuse Not to Be Lit?," Yale Climate Connections, June 8, 2021,
https://yaleclimateconnections.org/2021/06/geoengineering-a-worst-case-plan-b-or-a-fuse-not-to-be-lit/
46 "Net-Zero Emissions Must Be Met by 2050 or COVID-19 Impact on Global Economies Will Pale beside Climate Crisis, Secretary-General Tells Finance Summit," United Nations, November 12, 2020,
un.org/press/en/2020/sgsm20411.doc.htm
47 Leo Kelion, "Apple's 2030 Carbon-Neutral Pledge Covers Itself and Suppliers," July 21, 2020,
bbc.com/news/technology-53485560
48 Valerie Volcovici, "Business Roundtable CEO Group Announces Its Support for Carbon Pricing to Help Fight Climate Change," *Business Insider*, September 16, 2020,
businessinsider.com/us-ceo-group-says-it-supports-carbon-pricing-to-fight-climate-change-2020-9?r=US&IR=T#:~:text=Business%20Roundtable%2C%20

Mountain Ice Vanishes," *National Geographic*, December 9, 2019, nationalgeographic.com/science/article/water-towers-high-mountains-are-in-trouble-perpetual
28 "Indus Water Treaty: Everything You Need to Know," ClearIAS, November 26, 2016,
clearias.com/indus-water-treaty/
29 Jeffrey Gettleman, "India Threatens a New Weapon against Pakistan: Water," *New York Times*, February 21, 2019,
nytimes.com/2019/02/21/world/asia/india-pakistan-water-kashmir.html
30 Hannah Ritchie, "India Will Soon Overtake China to Become the Most Populous Country in the World," Our World in Data, April 16, 2019,
https://ourworldindata.org/india-will-soon-overtake-china-to-become-the-most-populous-country-in-the-world
31 Abrahm Lustgarten, "The Great Climate Migration Has Begun," *New York Times Magazine*, July 23, 2020,
nytimes.com/interactive/2020/07/23/magazine/climate-migration.html
32 "Schengen Area," VisaGuide.world,
https://visaguide.world/europe/schengen-visa/schengen-area-countries-list/
33 "The World's Refugees in Numbers," Amnesty International,
amnesty.org/en/what-we-do/refugees-asylum-seekers-and-migrants/global-refugee-crisis-statistics-and-facts/
34 Mike Ives, "A Remote Pacific Nation, Threatened by Rising Seas," *New York Times*, July 2, 2016,
nytimes.com/2016/07/03/world/asia/climate-change-kiribati.html
35 "Climate Displacement in Bangladesh," Environmental Justice Foundation,
https://ejfoundation.org/reports/climate-displacement-in-bangladesh
36 Jonathan L. Bamber, Michael Oppenheimer, Robert E. Kopp, et al., "Ice Sheet Contributions to Sea-Level Rise from Structured Expert Judgment," *Proceedings of the National Academy of Sciences*, June 4, 2019,
pnas.org/content/116/23/11195
37 "The Cost of Doing Nothing: The Humanitarian Price of Climate Change and How It Can Be Avoided," International Federation of Red Cross, September 19, 2019,
https://reliefweb.int/report/world/cost-doing-nothing-humanitarian-price-climate-change-and-how-it-can-be-avoided
38 Poppy McPherson, "The Dysfunctional Megacity: Why Dhaka Is Bursting at the Sewers," *The Guardian*, March 21, 2018,
theguardian.com/cities/2018/mar/21/people-pouring-dhaka-bursting-sewers-

vision2030.gov.sa/v2030/overview/

19 Adam Tooze, "Welcome to the Final Battle for the Climate," *Foreign Policy*, October 17, 2020, https://foreignpolicy.com/2020/10/17/great-power-competition-climate-china-europe-japan/

20 Elisabeth Behrmann, "Twilight of Combustion Engine Comes for Germany," *Automotive News Europe*, April 11, 2019, https://europe.autonews.com/automakers/twilight-combustion-engine-comes-germany

21 Alexandra Valencia, "Ecuador's Moreno Scraps Fuel Subsidy Cuts in Big Win for Indigenous Groups," Reuters, October 14, 2019, reuters.com/article/us-ecuador-protests/ecuadors-moreno-scraps-fuel-subsidy-cuts-in-big-win-for-indigenous-groups-idUSKBN1WT265, and Davide Natalini, "Gilets Jaunes May Be the Start of a Worldwide Revolt against Climate Action," *The Conversation*, April 1, 2019, https://theconversation.com/gilets-jaunes-may-be-the-start-of-a-worldwide-revolt-against-climate-action-112636

22 Adam Tooze, "Welcome to the Final Battle for the Climate," *Foreign Policy*, October 17, 2020, https://foreignpolicy.com/2020/10/17/great-power-competition-climate-china-europe-japan/

23 Alberto Boretti and Lorenzo Rosa, "Reassessing the Projections of the World Water Development Report," *npj Clean Water*, Nature.com, July 31, 2019, nature.com/articles/s41545-019-0039-9

24 Jen Christensen, "Fact Check: Pence Says There Are No More Hurricanes Now than 100 Years Ago," Facts First, CNN, October 8, 2020, cnn.com/2020/10/08/politics/fact-check-pence-hurricanes/index.html?utm_source=feedburner&utm_medium=feed&utm_campaign=Feed%3A+rss%2Fcnn_allpolitics+%28RSS%3A+CNN+-+Politics%29

25 Desmond Ng, "Why Jakarta Is the Fastest Sinking City in the World," Channel News Asia, February 28, 2020, channelnewsasia.com/cnainsider/why-jakarta-is-world-fastest-sinking-city-floods-climate-change-781491

26 Robert Muggah, "The World's Coastal Cities Are Going Under. Here's How Some Are Fighting Back," World Economic Forum, January 16, 2019, weforum.org/agenda/2019/01/the-world-s-coastal-cities-are-going-under-here-is-how-some-are-fighting-back/

27 Alejandra Borunda, "The World's Supply of Fresh Water Is in Trouble as

bloomberg.com/opinion/articles/2020-01-02/power-sector-shows-world-the-way-on-carbon-emissions?sref=75vWZjCW

10 Neil Giardino, "Amazon Rainforest Lost Area the Size of Israel in 2020," ABC News, February 5, 2021, https://abcnews.go.com/International/amazon-rainforest-lost-area-size-israel-2020/story?id=75683477

11 Henry Fountain, "'Going in the Wrong Direction': More Tropical Forest Loss in 2019," *New York Times*, June 2, 2020, nytimes.com/2020/06/02/climate/deforestation-climate-change.html

12 Daisy Dunne, "Scientists Discover New 'Human Fingerprint' on Global Drought Patterns," World Economic Forum, July 14, 2020, weforum.org/agenda/2020/07/human-fingerprinting-drought-rainfall-africa-asia-america

13 Justin Worland, "The Leaders of These Sinking Countries Are Fighting to Stop Climate Change. Here's What the Rest of the World Can Learn," *Time*, June 13, 2019, https://time.com/longform/sinking-islands-climate-change/?utm_medium=socialflowtw&xid=time_socialflow_twitter&utm_campaign=time&utm_source=twitter.com

14 Abrahm Lustgarten, "The Great Climate Migration Has Begun," *New York Times Magazine*, July 23, 2020, nytimes.com/interactive/2020/07/23/magazine/climate-migration.html

15 *Living Planet Report 2018: Aiming Higher*, World Wildlife Fund, wwf.org.uk/sites/default/files/2018-10/wwfintl_livingplanet_full.pdf

16 "Share of Oil Reserves, Oil Production and Oil Upstream Investment by Company Type, 2018," International Energy Agency, January 17, 2020, iea.org/data-and-statistics/charts/share-of-oil-reserves-oil-production-and-oil-upstream-investment-by-company-type-2018

17 Joshua W. Busby, Sarang Shidore, Johannes Urpelainen, and Morgan D. Bazilian, "The Case for US Cooperation with India on a Just Transition Away from Coal," The Brookings Institution, April 20, 2021, brookings.edu/research/the-case-for-us-cooperation-with-india-on-a-just-transition-away-from-coal/
and Evelyn Cheng, "China Has 'No Other Choice' but to Rely on Coal Power for Now, Official Says," CNBC, April 29, 2021, cnbc.com/2021/04/29/climate-china-has-no-other-choice-but-to-rely-on-coal-power-for-now.html

18 "Saudi Vision 2030: An Ambitious Vision for an Ambitious Nation,"

第3章

1 Nina Lakhani, "'People Are Dying': How the Climate Crisis Has Sparked an Exodus to the US," *The Guardian*, July 29, 2019,
theguardian.com/global-development/2019/jul/29/guatemala-climate-crisis-migration-drought-famine

2 John Gramlich and Alissa Scheller, "What's Happening at the U.S.-Mexico Border in 7 Charts," Pew Research Center, November 9, 2021,
pewresearch.org/fact-tank/2021/11/09/whats-happening-at-the-u-s-mexico-border-in-7-charts/

3 Jack A. Goldstone and Larry Diamond, "How Will Demographic Transformations Affect Democracy in the Coming Decades?," Hoover Institution, Spring Series, Issue 719, May 14, 2019,
hoover.org/research/how-will-demographic-transformations-affect-democracy-coming-decades?utm_source=Fareed%27s+Global+Briefing&utm_campaign=3e6af6e493-EMAIL_CAMPAIGN_2019_05_13_09_09&utm_medium=email&utm_term=0_6f2e93382a-3e6af6e493-84041237

4 Anthony Cilluffo and Neil G. Ruiz, "World's Population Is Projected to Nearly Stop Growing by the End of the Century," Pew Research Center, June 17, 2019,
pewresearch.org/fact-tank/2019/06/17/worlds-population-is-projected-to-nearly-stop-growing-by-the-end-of-the-century/

5 "Climate Change Is an Increasing Threat to Africa," United Nations, October 27, 2020,
https://unfccc.int/news/climate-change-is-an-increasing-threat-to-africa

6 Thomas Fuller and Christopher Flavelle, "A Climate Reckoning in Fire-Stricken California," *New York Times*, September 10, 2020,
nytimes.com/2020/09/10/us/climate-change-california-wildfires.html?action=click&module=Top%20Stories&pgtype=Homepage

7 Al Shaw, Abrahm Lustgarten, Pro-Publica, and Jeremy W. Goldsmith, "New Climate Maps Show a Transformed United States," ProPublica, September 15, 2020,
https://projects.propublica.org/climate-migration/

8 Joseph Stromberg, "What Is the Anthropocene and Are We in It?" *Smithsonian*, January 2013,
smithsonianmag.com/science-nature/what-is-the-anthropocene-and-are-we-in-it-164801414/

9 David Fickling, "The 2010s Wrecked the Planet. Don't Despair Yet," *Bloomberg*, January 1, 2020,

the COVID-19 Crisis," Wilson Center, May 19, 2020,
wilsoncenter.org/blog-post/elections-during-pandemic-south-korea-shows-how-safely-hold-national-election-during
21 Roz Krasny and Tony Czuczka, "US Officials Air Concerns about WHO's COVID Origin Report," *Bloomberg*, March 28, 2021,
bloomberg.com/news/articles/2021-03-29/u-s-officials-air-concerns-about-who-s-covid-origin-report
「新型コロナ起源巡るWHO報告書、米政府高官が作成方法に懸念表明」ロズ・クランスキー＆トニー・シュズズーカ、ブルームバーグ、2021年3月29日
https://www.bloomberg.co.jp/news/articles/2021-03-29/QQPFUHDWLU6901
22 "172 Countries and Multiple Candidate Vaccines Engaged in COVID-19 Global Access Facility," World Health Organization, August 24, 2020,
who.int/news/item/24-08-2020-172-countries-and-multiple-candidate-vaccines-engaged-in-covid-19-vaccine-global-access-facility
23 Emily Rauhala and Yasmeen Abutaleb, "U.S. Says It Won't Join WHO-linked Effort to Develop, Distribute Coronavirus Vaccine," *Washington Post*, September 1, 2020,
washingtonpost.com/world/coronavirus-vaccine-trump/2020/09/01/b44b42be-e965-11ea-bf44-0d31c85838a5_story.html
24 "Fact Sheet: President Biden to Take Action on Global Health through Support of COVAX and Calling for Health Security Financing," White House press release, February 18, 2021,
whitehouse.gov/briefing-room/statements-releases/2021/02/18/fact-sheet-president-biden-to-take-action-on-global-health-through-support-of-covax-and-calling-for-health-security-financing/
25 "COVID-19: The EU's Response to the Economic Fallout," European Council, Council of the European Union,
consilium.europa.eu/en/policies/coronavirus/covid-19-economy/
26 "5 Ways the EU and Member States Work Together against COVID-19," European Council, Council of the European Union,
consilium.europa.eu/en/covid-eu-solidarity/
27 "Covid: What's the Problem with the EU Vaccine Rollout?," BBC News, March 4, 2021,
bbc.com/news/explainers-56286235
28 Maria Cheng, "World Leaders Call for Pandemic Treaty, Short on Details," Associated Press, March 30, 2021,
https://apnews.com/article/pandemics-mario-draghi-rwanda-coronavirus-pandemic-covid-19-pandemic-9b5db1741b963094736ff1e2606b4326

10 Bill Gates and Melinda French Gates, "COVID-19: A Global Perspective," Bill and Melinda Gates Foundation, September 2020, gatesfoundation.org/goalkeepers/report/2020-report/#GlobalPerspective
11 Ginette Azcona, Antra Bhatt, and Serge Kapto, "The COVID-19 Boomerang Effect: New Forecasts Predict Sharp Increases in Female Poverty," UN Women, September 2, 2020, https://data.unwomen.org/features/covid-19-boomerang-poverty
12 *Results Report 2020*, The Global Fund, theglobalfund.org/media/10103/corporate_2020resultsreport_report_en.pdf?u=637356227598900000
13 Stewart M. Patrick, "The Time to Start Preparing for the Next Pandemic Is Now," *World Politics Review*, October 12, 2020, worldpoliticsreview.com/articles/29123/u-s-must-update-pandemic-playbook-after-failed-trump-coronavirus-response
14 Sue Sturgis, "Swine Flu Genes Traced to North Carolina Factory Farm," *Facing South*, May 5, 2009, facingsouth.org/2009/05/swine-flu-genes-traced-to-north-carolina-hog-farm.html
15 "The Iranian Regime Risks Exacerbating the Outbreak of COVID-19," *The Economist*, February 24, 2020, economist.com/middle-east-and-africa/2020/02/24/the-iranian-regime-risks-exacerbating-the-outbreak-of-covid-19
16 Donald G. McNeil Jr., "Scientists Were Hunting for the Next Ebola. Now the U.S. Has Cut Off Their Funding," *New York Times*, October 25, 2019, nytimes.com/2019/10/25/health/predict-usaid-viruses.html
17 Aryn Baker, "'Could It Work as a Cure? Maybe.' A Herbal Remedy for Coronavirus Is a Hit in Africa, But Experts Have Their Doubts," *Time*, May 22, 2020, https://time.com/5840148/coronavirus-cure-covid-organic-madagascar/
18 Sam Meredith, "Belarus' President Dismisses Coronavirus Risk, Encourages Citizens to Drink Vodka and Visit Saunas," CNBC, March 31, 2020, cnbc.com/2020/03/31/coronavirus-belarus-urges-citizens-to-drink-vodka-visit-saunas.html
19 Charles Piller, "Undermining CDC," *Science*, October 14, 2020, sciencemag.org/news/2020/10/inside-story-how-trumps-covid-19-coordinator-undermined-cdc
20 Do Kyung Ryuk, JeongHyeon Oh, and Yewon Sung, "Elections During a Pandemic: South Korea Shows How to Safely Hold a National Election During

第2章

1 "Timeline: How the Global Coronavirus Pandemic Unfolded," Reuters, September 28, 2020,
reuters.com/article/us-health-coronavirus-timeline/timeline-how-the-global-coronavirus-pandemic-unfolded-idUSKBN26K0AQ

2 "Remarks by the President on Research for Potential Ebola Vaccines," White House Press Release, The White House, Office of the Press Secretary, December 2, 2014,
https://obamawhitehouse.archives.gov/the-press-office/2014/12/02/remarks-president-research-potential-ebola-vaccines

3 Betsy McKay, "Ebola Crisis Offers Lessons, Warnings on Epidemics, Bill Gates Says," *Wall Street Journal*, November 4, 2014,
wsj.com/articles/ebola-crisis-offers-lessons-warnings-on-epidemics-bill-gates-says-1415051462

4 Five ThirtyEight, "How (Un)Popular Is Donald Trump?," January 20, 2021,
https://projects.fivethirtyeight.com/trump-approval-ratings/?ex_cid=rrpromo

5 Jonathan Cheng, "China Is the Only Major Economy to Report Economic Growth for 2020," *Wall Street Journal*, January 18, 2021,
wsj.com/articles/china-is-the-only-major-economy-to-report-economic-growth-for-2020-11610936187
「中国GDP、2020年は前年比2.3%増　主要国で唯一のプラス成長」ジョナサン・チェン、ウォールストリートジャーナル、2021年1月18日
https://jp.wsj.com/articles/SB11744022780577284343404587228442600087770

6 Jennifer Rankin, "EU Says China Behind 'Huge Wave' of COVID-19 Disinformation," *The Guardian*, June 10, 2020,
theguardian.com/world/2020/jun/10/eu-says-china-behind-huge-wave-covid-19-disinformation-campaign

7 Laura Silver, Kat Devlin, and Christine Huang, "Unfavorable Views of China Reach Historic Highs in Many Countries," Pew Research Center, October 6, 2020,
pewresearch.org/global/2020/10/06/unfavorable-views-of-china-reach-historic-highs-in-many-countries/

8 "Mortality Analyses," Johns Hopkins Coronavirus Resource Center,
https://coronavirus.jhu.edu/data/mortality

9 "Extreme Poverty Set for First Rise Since 1998, World Bank Warns," BBC News, October 7, 2020,
bbc.com/news/business-54448589

campaign=4de6dd711f-EMAIL_CAMPAIGN_2019_09_17_09_04&utm_medium=email&utm_term=0_6f2e93382a-4de6dd711f-84041237

43 Jack Nicas, "Apple Removes App That Helps Hong Kong Protesters Track the Police," *New York Times*, October 9, 2019,
nytimes.com/2019/10/09/technology/apple-hong-kong-app.html

44 Emile Dirks and Dr. James Leibold, "Genomic Surveillance," Australian Strategic Policy Institute, June 17, 2020,
aspi.org.au/report/genomic-surveillance

45 ui-Lee Wee, "China Is Collecting DNA from Tens of Millions of Men and Boys, Using U.S. Equipment," *New York Times*, June 17, 2020,
nytimes.com/2020/06/17/world/asia/China-DNA-surveillance.html?action=click&module =Top%20Stories&pg type=Homepage

46 "The Chinese Surveillance State, Part 1," *New York Times*, May 6, 2019,
nytimes.com/2019/05/06/podcasts/the-daily/china-surveillance-uighurs.html?module=inline

47 Lynsey Chutel, "China Is Exporting Facial Recognition Software to Africa, Expanding Its Vast Database," *Quartz Africa*, May 25, 2018,
https://qz.com/africa/1287675/china-is-exporting-facial-recognition-to-africa-ensuring-ai-dominance-through-diversity/

48 Paul Mozur, Jonah M. Kessel, and Melissa Chan, "Made in China, Exported to the World: The Surveillance State," *New York Times*, April 24, 2019,
nytimes.com/2019/04/24/technology/ecuador-surveillance-cameras-police-government.html%20%20%20cfr.org/blog/exporting-repression-chinas-artificial-intelligence-push-africa

49 Michael Steinberger, "Does Palantir See Too Much?," October 21, 2020, *New York Times Magazine*,
nytimes.com/interactive/2020/10/21/magazine/palantir-alex-karp.html

50 Niall Ferguson, "Is the United States in a New Cold War with China?," Silverado Policy Accelerator: Debate Series, November 17, 2020, YouTube, 18:15,
youtube.com/watch?v=DtqO7KFhMJE

51 Robert D. Kaplan, "A New Cold War Has Begun," *Foreign Policy*, January 7, 2019,
https://foreignpolicy.com/2019/01/07/a-new-cold-war-has-begun/

52 Richard Percival, "'Cold War Has Begun!' China Warning Issued as Tensions Erupt 'It Will Shape This Century,'" *Express*, September 29, 2020,
express.co.uk/news/world/1341266/china-news-US-europe-EU-war-germany-Peter-Beyer

https://wired.jp/membership/2020/08/11/the-future-of-americas-china1/
34 "U.S. Resettles Fewer Refugees, Even as Global Number of Displaced People Grows," Pew Research Center, October 12, 2017,
pewresearch.org/global/2017/10/12/u-s-resettles-fewer-refugees-even-as-global-number-of-displaced-people-grows/
35 *World Report 2020: China*, Human Rights Watch,
hrw.org/world-report/2020/country-chapters/china-and-tibet#
36 Viola Zhou and Arman Dzidzovic, "China's Draft Bill on Permanent Residency Unleashes Hostile Comments against Foreigners," *Inkstone*, March 9, 2020,
inkstonenews.com/society/chinas-draft-bill-permanent-residency-unleashes-hostile-comments-against-foreigners/article/3074244
37 Natan Sharansky with Ron Dermer, *The Case for Democracy: The Power of Freedom to Overcome Tyranny and Terror*(New York: Public Affairs, 2004), 40-41.
『なぜ、民主主義を世界に広げるのか——圧政とテロに打ち勝つ「自由」の力』ナタン・シャランスキー著、藤井清美訳、ダイヤモンド社、2005年
38 "How Much Is a Hardline Party Directive Shaping China's Current Political Climate?," Document 9: A ChinaFile Translation, *China File*, November 8, 2013,
chinafile.com/document-9-chinafile-translation
39 Alice Su, "Spied on. Fired. Publicly shamed. China's Crackdown on Professors Reminds Many of Mao Era," *Los Angeles Times*, June 27, 2020,
latimes.com/world-nation/story/2020-06-27/in-chinas-universities-targeted-attacks-on-intellectuals-raise-memories-of-the-cultural-revolution
40 "China Cuts Uighur Births with IUDs, Abortion, Sterilization," Associated Press, June 29, 2020,
https://apnews.com/article/ap-top-news-international-news-weekend-reads-china-health-269b3de1af34e17c1941a514f78d764c?utm_campaign=SocialFlow&utm_source=Twitter&utm_medium=AP
41 Austin Ramzy and Chris Buckley, "'Absolutely No Mercy': Leaked Files Expose How China Organized Mass Detentions of Muslims," *New York Times*, November 16, 2019,
nytimes .com/interactive/2019/11 /16/world /asia /china -xinjiang -documents.html
42 Andrew Grotto and Martin Schallbruch, "The Great Anti-China Tech Alliance," *Foreign Policy*, September 16, 2019,
https://foreignpolicy.com/2019/09/16/the-west-will-regret-letting-china-win-the-tech-race/?utm_source=Fareed%27s+Global+Briefing&utm_

engagement-with-xi-s-china-is-over
「対中関与の時代は終わったーキャンベル米NSCインド太平洋調整官」ピーター・マーティン、ブルームバーグ、2021年5月27日
https://www.bloomberg.co.jp/news/articles/2021-05-27/QTQLEKT0G1KY01

26 "China's Xi Jinping Tells People's Liberation Army to Get Ready for Combat," Radio Free Asia, March 10, 2021,
rfa.org/english/news/china/combat-03102021110542.html

27 Helen Davidson, "China Could Invade Taiwan in Next Six Years, Top US Admiral Warns," *The Guardian*, March 9, 2021,
theguardian.com/world/2021/mar/10/china-could-invade-taiwan-in-next-six-years-top-us-admiral-warns

28 Reality Check team, "Afghanistan: What Has the Conflict Cost the US and Its Allies?" BBC News, September 3, 2021,
bbc.com/news/world-47391821

29 "Members and Prospective Members of the Bank," Asia Infrastructure Investment Bank,
aiib.org/en/about-aiib/governance/members-of-bank/index.html

30 Cissy Zhou, "India-China Tensions Will Not Influence AIIB as Newly Re-elected President Vows to Keep Lender an 'Apolitical Institution,'" *South China Morning Post*, July 29, 2020,
scmp.com/economy/global-economy/article/3095106/china-india-tensions-will-not-influence-aiib-newly-re

31 Evan A. Feigenbaum, "Reluctant Stakeholder: Why China's Highly Strategic Brand of Revisionism Is More Challenging than Washington Thinks," Macro-Polo, April 27, 2018,
https://macropolo.org/analysis/reluctant-stakeholder-why-chinas-highly-strategic-brand-of-revisionism-is-more-challenging-than-washington-thinks/

32 Peter A. Petri and Michael Plummer, "RCEP: A New Trade Agreement That Will Shape Global Economics and Politics," The Brookings Institution, November 16, 2020,
brookings.edu/blog/order-from-chaos/2020/11/16/rcep-a-new-trade-agreement-that-will-shape-global-economics-and-politics/

33 Evan Osnos, "The Future of America's Contest with China," *The New Yorker*, January 6, 2020,
newyorker.com/magazine/2020/01/13/the-future-of-americas-contest-with-china
「米中対立：21世紀の覇権争いが向かう未来」エヴァン・オスノス、Wired、2020年8月11日

「明日の世界の支配者は」ジャック・アタリ談、日本経済新聞、2020年6月11日
https://www.nikkei.com/article/DGXKZO60199640Q0A610C2TCT000/

19 Graham Allison, "The Thucydides Trap: Are the US and China Headed for War?," *The Atlantic*, September 24, 2015,
theatlantic.com/international/archive/2015/09/united-states-china-war-thucydides-trap/406756/
「米中戦争勃発の可能性は『16分の12』だ！　500年間のケース分析は警告する」グレアム・アリソン、クーリエ・ジャポン、2016年9月26日
https://courrier.jp/news/archives/63030/

20 See Graham Allison's excellent book, *Destined for War: Can America and China Escape Thucydides's Trap?*(New York: Houghton Mifflin Harcourt, 2017).
『米中戦争前夜：新旧大国を衝突させる歴史の法則と回避のシナリオ』グレアム・アリソン著、藤原朝子訳、ダイヤモンド社、2017年

21 Evan Osnos, "The Future of America's Contest with China," *The New Yorker*, January 6, 2020,
newyorker.com/magazine/2020/01/13/the-future-of-americas-contest-with-china
「米中対立：21世紀の覇権争いが向かう未来」エヴァン・オスノス、Wired、2020年8月11日
https://wired.jp/membership/2020/08/11/the-future-of-americas-china1/

22 Katherine Butler, "Coronavirus: Europeans Say EU Was 'Irrelevant' During Pandemic," *The Guardian*, June 24, 2020,
theguardian.com/world/2020/jun/23/europeans-believe-in-more-cohesion-despite-eus-covid-19-failings?CMP=share_btn_tw

23 Lulu Yilun Chen, "Alibaba's Jack Ma Sends Boxes of Coronavirus Test Kits and Masks to U.S.," *Time*, March 16, 2020,
https://time.com/5803791/jack-ma-alibaba-coronavirus/

24 Kat Devlin, Laura Silver, and Christine Huang, "U.S. Views of China Increasingly Negative Amid Coronavirus Outbreak," Pew Research Center, April 21, 2020,
pewresearch.org/global/2020/04/21/u-s-views-of-china-increasingly-negative-amid-coronavirus-outbreak/?utm_source=Eurasia+Group+Signal&utm_campaign=68ea440b29-EMAIL_CAMPAIGN_2020_06_15_11_06&utm_medium=email&utm_term=0_e605619869-68ea440b29-134306173

25 Peter Martin, "Biden's Asia Czar Says Era of Engagement with China Is Over," *Bloomberg*, May 26, 2021,
bloomberg.com/news/articles/2021-05-26/biden-s-asia-czar-says-era-of-

brookings.edu/blog/the-avenue/2018/03/14/the-us-will-become-minority-white-in-2045-census-projects/

10 "Voting Laws Roundup: February 2021," Brennan Center for Justice, February 8, 2021,
brennancenter.org/our-work/research-reports/voting-laws-roundup-february-2021

11 Zack Friedman, "These 20 States Are Raising the Minimum Wage Starting Today," January 1, 2021,
forbes.com/sites/zackfriedman/2021/01/01/minimum-wage-increases-in-these-21-states/?sh=3d5c0ab81551

12 Evan Osnos, "Making China Great Again," *The New Yorker*, January 1, 2018,
newyorker.com/magazine/2018/01/08/making-china-great-again?reload=true

13 Alyssa Leng and Roland Rajah, "Chart of the Week: Global Trade Through a US-China Lens," The Lowy Institute, December 18, 2019,
lowyinstitute.org/the-interpreter/chart-week-global-trade-through-us-china-lens

14 "China Becomes Top Filer of International Patents in 2019 amid Robust Growth for WIPO's IP Services, Treaties and Finances," World Intellectual Property Organization, April 7, 2020,
wipo.int/pressroom/en/articles/2020/article_0005.html

15 Patrick Wintour, "China Starts to Assert Its World View at UN as Influence Grows," *The Guardian*, September 24, 2018,
theguardian.com/world/2018/sep/24/china-starts-to-assert-its-world-view-at-un-as-influence-grows

16 Zach Hrynowski, "Several Issues Tie as Most Important in 2020 Election," Gallup, January 13, 2020,
https://news.gallup.com/poll/276932/several-issues-tie-important-2020-election.aspx

17 Glenn Kessler, "Fact Check: Clinton Did Call TPP the 'Gold Standard,'" Fact Checker: The Truth Behind the Rhetoric, *Washington Post*, September 26, 2016,
washingtonpost.com/politics/2016/live-updates/general-election/real-time-fact-checking-and-analysis-of-the-first-presidential-debate/fact-check-clinton-dod-call-tpp-the-gold-standard/

18 Jacques Attali, "China Is Not the Only Candidate for a 21st Century Superpower," Nikkei Asia, June 11, 2020,
https://asia.nikkei.com/Opinion/China-is-not-the-only-candidate-for-a-21st-century-superpower

注記

第1章

1 Pew Research Center, "Partisan Antipathy: More Intense, More Personal," October 10, 2019,
pewresearch.org/politics/2019/10/10/partisan-antipathy-more-intense-more-personal/

2 Lydia Saad, "Americans' Political Ideology Held Steady in 2020," Gallup, January 11, 2021,
https://news.gallup.com/poll/328367/americans-political-ideology-held-steady-2020.aspx

3 "Income Distribution and Poverty," OECD.StatExtracts,
https://web.archive.org/web/20150402093506/http://stats.oecd.org/index.aspx?queryid=46189

4 *2021 Edelman Trust Barometer*, Global Report, Edelman,
edelman.com/sites/g/files/aatuss191/files/2021-01/2021-edelman-trust-barometer.pdf

5 Tim Lau, "Citizens United Explained," Brennan Center for Justice, December 12, 2019,
brennancenter.org/our-work/research-reports/citizens-united-explained

6 Terry Gross, "A 'Forgotten History' of How the U.S. Government Segregated America," May 3, 2017,
npr.org/2017/05/03/526655831/a-forgotten-history-of-how-the-u-s-government-segregated-america

7 Lisa J. Dettling, Joanne W. Hsu, Lindsay Jacobs, et al., "Recent Trends in Wealth-Holding by Race and Ethnicity: Evidence from the Survey of Consumer Finances," Board of Governors of the Federal Reserve System, September 27, 2017,
federalreserve.gov/econres/notes/feds-notes/recent-trends-in-wealth-holding-by-race-and-ethnicity-evidence-from-the-survey-of-consumer-finances-20170927.htm

8 "Not All Women Gained the Vote in 1920," PBS.org, July 6, 2020,
pbs.org/wgbh/americanexperience/features/vote-not-all-women-gained-right-to-vote-in-1920/

9 William H. Frey, "The US Will Become 'Minority White' in 2045, Census Projects," The Brookings Institution, March 14, 2018,

―― サ行 ――

―― タ行 ――

索引

イアン・ブレマー
Ian Bremmer
ユーラシア・グループのプレジデント及び創業者。

スタンフォード大学にて博士号（旧ソ連研究）、フーバー研究所ナショナル・フェロー。

コロンビア大学、東西研究所、ローレンス・リバモア国立研究所を経て、
ニューヨーク大学教授。現在はコロンビア大学国際公共政策大学院にて教鞭を執る。

1998年、地政学リスク・コンサルティング会社、ユーラシア・グループをニューヨークに設立。

毎年発表される「世界10大リスク」でも定評がある。

主な著書に『「Gゼロ」後の世界』『対立の世紀』がある。

稲田誠士
いなだ・せいじ
ユーラシア・グループ日本代表。
外務省および首相官邸において経済外交や国家安全保障関連業務に従事の後、
外資系コンサルティング会社および金融機関にて勤務。また世界経済フォーラムにおいて
ESGやデジタル・テクノロジー分野の提言活動に従事した後、2020年より現職。
内閣官房国家戦略会議「平和フロンティア部会」委員、
総務省「デジタル変革時代のICTグローバル戦略懇談会国際戦略ワーキンググループ」
構成員などを歴任。

ユーラシア・グループ
ユーラシア・グループは、地政学的リスク分析を専門とするコンサルティング会社の
さきがけとして、1998年に発足。以来、各国・地域の政治経済的変動が市場に与える
影響について、定量・定性双方のアプローチから専門アナリストが分析・調査を行うことにより、
地政学や経済安全保障分野におけるリスク・マネジメント関連の
アドバイス・コンサルティング業務を提供している。
欧米のおよそ200社の顧客に加え、約55社の日本の顧客を抱えており、
大手総合商社、エネルギー関係企業、重工業、自動車等の各種製造業、金融機関、
政府系機関などの広範な企業・団体を対象に業務を提供するほか、
政官界のリーダーとも頻繁に国際政治経済情勢に関する情報交換を行っている。
ウェブサイト www.eurasiagroup.net

新田享子
にった・きょうこ
翻訳家。三重県生まれ、サンフランシスコを経て、現在はトロント在住。
テクノロジー、政治、歴史、文学理論と幅広い分野のノンフィクションの翻訳を手がけている。
ウェブサイト www.kyokonitta.com

危機の地政学
感染爆発、気候変動、テクノロジーの脅威

2022年10月3日　1版1刷
2022年10月21日　　2刷

著　者　イアン・ブレマー
監　訳　稲田誠士
翻　訳　ユーラシア・グループ日本
　　　　新田享子

発行者　國分正哉
発　行　株式会社 日経BP
　　　　日本経済新聞出版
発　売　株式会社 日経BPマーケティング
　　　　〒105-8308 東京都港区虎ノ門4-3-12

装幀　水戸部功
本文デザイン　野田明果
翻訳協力　株式会社トランネット
本文DTP　有限会社マーリンクレイン
印刷・製本　シナノ印刷株式会社

ISBN978-4-296-11394-1
Printed in Japan

本書籍に関するお問い合わせ、ご連絡は下記にて承ります。
https://nkbp.jp/booksQA